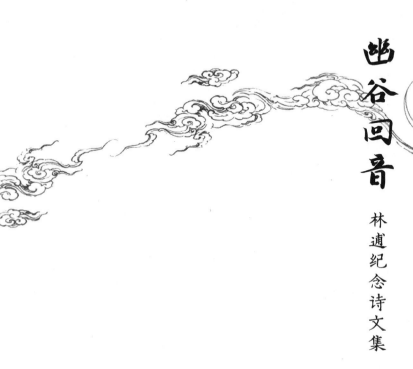

幽谷回音

林逋纪念诗文集

朱夏楠　高鹏程　主编

北京燕山出版社

图书在版编目（CIP）数据

幽谷回音：林逋纪念诗文集 / 朱夏楠，高鹏程主编 . -- 北京：北京燕山出版社，
2020.11

ISBN 978-7-5402-5823-8

Ⅰ . ①幽… Ⅱ . ①朱… ②高… Ⅲ . ①林逋 - 纪念文集 Ⅳ . ① K825.6-53

中国版本图书馆 CIP 数据核字 (2020) 第 206122 号

编委会

邵方毅　施孝峰　马钧　王亦健　俞赞江　秦可　何旭珲　荣荣

幽谷回音 ：林逋纪念诗文集

主　　编：朱夏楠　高鹏程

责任编辑：王月佳

装帧设计：张　悦

出版发行：北京燕山出版社有限公司

社　　址：北京市丰台区东铁匠营苇子坑 138 号 C 座

电　　话：010-65240430（总编室）

印　　刷：廊坊市新景彩印制版有限公司

开　　本：710mm×1000mm　1/16

字　　数：205 千字

印　　张：15

版　　次：2020 年 12 月第 1 版

印　　次：2020 年 12 月第 1 次印刷

定　　价：50.00 元

序

　　奉化裘村黄贤，是一座静卧在象山港畔的安静村落。枕山面海，景色宜人。相传秦末汉初，商山四皓之一夏黄公曾在此隐居，村名亦由此而来。清《忠义乡志》的记载也印证了这一说法："黄贤村有商山，山西有黄公里，因汉'四皓'之一的夏黄公居此得名。"由此可见，这个小小的村落已经在山风海涛的洗礼中绵延了两千多年。

　　黄贤，也是宋代著名隐逸诗人林逋故里。林逋（967—1028），字君复，家谱载，自五代始，世居福建长乐，传至11世，钘、钏、镮、钛兄弟四人迁居奉化、象山，林逋父钛定居奉化黄贤村。逋系林氏第12世孙，故宅在奉化大脉岙口（今大茅岙）。迄今黄贤一带依旧人口相传着"梅鹤太公"的故事。

　　有关林逋的籍贯另有一说为钱塘（今杭州）人。但无确证。当代著名诗人，吴越文化学者柯平对林逋的生平也做过精彩的考证，且自成一说。这里谨从通常的说法。

　　无论如何，一座小小的村落，竟然与两位重量级的隐士相关，不能不让人注目。尤其是林逋，不光诗词光耀千古，其"梅妻鹤子，弗趋荣利"

的道德文章更是垂范后世。

史载，林逋"少好学，通经史百家。性孤高恬淡，无视名利。及长，漫游江淮，40余岁后隐居杭州西湖，结庐孤山。常驾小舟遍游西湖寺庙，与高僧诗友往来。以湖山为伴，20余年足不及城市。丞相王随、郡守薛映均敬其为人，又爱其诗，时趋孤山与他唱和，并出俸银为之重建新宅。大中祥符五年（1012），宋真宗闻其名，赐粟帛，并诏府县常加抚恤。人多劝他出仕，均婉言谢绝。终生不仕不娶，唯喜植梅养鹤，旧称'梅妻鹤子'。卒谥'和靖先生'，葬孤山故庐侧"。

林逋善绘画，工行草，尤长诗。诗风淡远，多写隐逸生活和闲适心情。《山园小梅》"疏影横斜水清浅，暗香浮动月黄昏"传诵颇广。后人辑有《林和靖诗集》，其中《将归四明夜坐与任君话别》《送丁秀才归四明》等为思乡之作。这里的"归"字，也从另一个角度印证了林逋的籍贯，以及他作为我们奉化"大里黄贤"乡贤的身份。

近年来，围绕"乡村振兴和乡村旅游"主题，各地都在深入挖掘当地乡贤文化资源，广泛开展乡贤遗产保护、乡贤家规家训整理、乡贤文化研讨等活动，用乡贤的嘉言懿行垂范乡里、涵育家风，用乡贤文化凝聚道德力量，传播主流价值，有力地促进了美丽乡村建设。

乡贤文化是扎根于中国传统乡村社会的一种文化现象，蕴含着见贤思齐、崇德向善的精神力量，是一个地域的精神文化标记，是连接故土、维系乡情的精神纽带，是探寻文化血脉、张扬固有文化传统的精神原动力。"矜其乡贤，美其邦族"是我们面对乡贤文化应有的态度。作为林逋故里的奉化裘村黄贤，也积极围绕乡贤文化做好旅游文章。

2017年，奉化区文联、作协会同裘村当地政府部门，举办了一场名为"暗香浮动"的林逋诗会，邀请十余位文化学者、诗人作家，对林逋的作品及艺术成就进行学术交流，对林逋的生平事迹做了进一步探讨。诗会还征集了一批纪念林逋的诗文作品并举办朗诵会，向这位乡贤表达了晚辈后学的敬意。

为进一步缅怀乡贤，宣传乡贤文化，共建美丽乡村，讲好乡愁故事，由宁波市文联和奉化区委宣传部牵头，宁波市作协组织有关专家人员对林逋遗存的诗文做了仔细梳理，精心选择了一些具代表性的作品，同时，

幽谷回音

林逋纪念诗文集

在广泛征集有关林遄的纪念文章的基础上，遴选了一部分文质兼美的作品论文，汇编成了这部《幽谷回音——林遄纪念诗文集》。

我们希望借本书再次向这位乡贤表达一份敬意。同时，也借此呼吁相关部门和地方政府，能够继续充分、深入发掘地方乡贤文化，打造出以乡愁为基因、以乡情为纽带、以乡贤为楷模、以乡村为空间，以实现乡村经济发展、社会稳定、村民安居乐业为目标的集传统与创新于一体的新乡村文化形态。在此基础上，积极探求这些美丽村落和传统文化与旅游相结合的路子，探索出一条经济振兴和文化繁荣相互促进的路子。

"云山苍苍，江水泱泱；先生之风，山高水长。"希望我们能继续用乡贤们的嘉言懿行垂范乡里，涵育乡风。共同守护好我们的古老家园，讲述好我们的美丽乡愁。

是为序。

目录

二　当代宁波作家纪念散文　　　059

上卷

幽谷回音

一 林逋代表诗作及后世评价

>>> 代表诗作

< 诗作 >

· 小隐自题

竹树绕吾庐，清深趣有余。鹤闲临水久，蜂懒采花疏。

酒病妨开卷，春阴入荷锄。尝怜古图画，多半写樵渔。

· 宿洞霄宫

秋山不可尽，秋思亦无垠。碧涧流红叶，青林点白云。

凉阴一鸟下，落日乱蝉分。此夜芭蕉雨，何人枕上闻。

· 猫儿

纤钩时得小溪鱼，饱卧花阴兴有余。

自是鼠嫌贫不到，莫惭尸素在吾庐。

·山中寄招叶秀才

夜鹤晓猿时复闻，寥寥长似耿离群。月中未要恨丹桂，岭上且来看白云。
棋子不妨临水着，诗题兼好共僧分。新忧他日荣名后，难得幽栖事静君。

·园池

一径衡门数亩池，平湖分张草含滋。微风几入扁舟意，新霁难忘独茧期。
岛上鹤毛遗野迹，岸旁花影动春枝。东嘉层构名今在，独愧凭阑负碧漪。

·山园小梅

众芳摇落独暄妍，占尽风情向小园。疏影横斜水清浅，暗香浮动月黄昏。
霜禽欲下先偷眼，粉蝶如知合断魂。幸有微吟可相狎，不须檀板共金樽。

·孤山寺瑞上人房写望

底处凭阑思眇然，孤山塔后阁西偏。阴沉画轴林间寺，零落棋枰葑上田。
秋景有时飞独鸟，夕阳无事起寒烟。迟留更爱吾庐近，只待春来看雪天。

·牵牛花

天孙滴下相思泪，长向秋深结此花。圆似流泉碧蒻纱，墙头藤蔓自交加。

·黄家庄

黄家庄畔一维舟，总是沿流好宿头。野兴几多寻竹径，风情些小上茶楼。
遥村雨暗鸣寒犊，浅渚沙平下晚鸥。更有锦帆荒荡事，茫茫随分起诗愁。

＜词作＞

·霜天晓角

冰清霜洁，昨夜梅花发。甚处玉龙三弄，声摇动、枝头月？
梦绝金兽，晓寒兰烬灭。要卷珠帘清赏，且莫扫，阶前雪！

· 点绛唇 · 金谷年年

金谷年年，乱生春色谁为主？余花落处，满地和烟雨。

又是离歌，一阕长亭暮。王孙去。萋萋无数，南北东西路。

· 相思令 · 吴山青

吴山青，越山青。两岸青山相送迎，谁知离别情？

君泪盈，妾泪盈。罗带同心结未成，江头潮已平。

>>> 后世评价

《宋史》卷四百五十七《林逋传》："林逋字君复，杭州钱唐人。少孤，力学，不为章句。性恬淡好古，弗趋荣利，家贫，衣食不足，晏如也。初放游江、淮间，久之归杭州，结庐西湖之孤山，二十年足不及城市。"

《蔡宽夫诗话》 林和靖《梅花》诗："疏影横斜水清浅，暗香浮动月黄昏。"诚为警绝，然其下联云："霜禽欲下先偷眼，粉蝶如知合断魂。"则与上联气格全不相类，若出两人，乃知诗全篇佳者，诚难得。唐人多摘句为图，盖以此。大抵和靖诗喜于对意，如"伶伦近日无侯白，奴仆当时有卫青""破殿静披蘘臼古，斋房闲试酪奴春"之类，虽假对，亦不草草，故气格不无少贬。然五言如"夕寒山翠重，秋净雁行疏"，长句如"桥横水木已秋色，寺倚云峰更晚晴""烟含晚树人家远，雨湿春蒲燕子低"，何害为工夫太过。

《苕溪渔隐丛话》 林和靖言：余顷得宛陵葛生所数笔，每用之如麾百胜之师，横行于纸墨间，所向无不如意。惜其日夕且弊，作诗以录其功云："神锋虽缺力终存，架琢珊瑚欠策勋。日暮闲窗何所似，灞陵憔悴故将军。"殊有悯劳念旧之意。

《梁溪漫志》 陈辅之云："林和靖'疏影横斜水清浅，暗香浮动月

幽谷回音 林逋纪念诗文集

黄昏'，殆似野蔷薇。"是未为知诗者。予尝踏月水边，见梅影在地，疏瘦清绝，熟味此诗，真能与梅传神也。野蔷薇丛生，初无疏影，花阴散漫，乌得横斜也哉！

《后村诗话》 五言尤难工。林和靖一生苦吟，自摘出十三联，今唯五联见集中。如"隐非秦甲子，病有晋春秋""水天云黑白，霜野树青红""风回时带笛，烟远忽藏村"。如"郭索""钩辀"之联，皆不在焉。七言十七联，集十逸其三，向非有摘句图傍证，则皆成逸诗矣。梅圣俞作《集序》，谓先生诗未尝自贵，就辄弃之，所存百无一二，盖实录云。

《诗话总龟》 山谷云：欧阳文忠公极赏林和靖"疏影横斜水清浅，暗香浮动月黄昏"之句，而不知和靖别有咏梅一联云："雪后园林才半树，水边篱落忽横枝。"似胜前句，不知文忠何缘弃此而赏彼。文章大概如女色，好恶止系于人。苕溪渔隐曰："王直方又爱和靖'池水倒窥疏影动，屋檐斜入一枝低'，似谓此句于前所称，直可处伯仲之间。余观此句，略无佳处，直方何为喜之，所谓一解不如一解也。"

《升庵诗话》 林和靖梅诗："疏影横斜水清浅，暗香浮动月黄昏。"《苇航纪谈》云："'黄昏'以对'清浅'，乃两字，非一字也。月黄昏谓夜深，香动，月为之黄而昏，非谓人定时也。盖昼午后，阴气用事，而花敷蕊散香。凡花皆然，不独梅也。"

《来马湖集》 "水田飞白鹭，夏木啭黄鹂"，唐李嘉祐诗也。摩诘增"漠""阴"二字。"竹影横斜水清浅，桂香浮动月黄昏"，南唐江为诗也，和靖易"疏""暗"二字，脍炙人口，遂掩前人。将人有重轻？抑文有显晦也？

《紫桃轩杂缀》 林和靖书法秀劲，诗律精细，观其自序《深居杂兴》诗曰："诸葛孔明、谢安石，蓄经济之才，虽结庐南阳，携妓东山，未尝不以平一宇内，跻致升平为意。鄙夫则不然，胸腹空洞，嵚然无所存置，但能行樵坐钓外寄心于小律诗，时或鬘景物于衡门，则睨二君而反有得色。其自负深矣。"余于"暗香""疏影"外，极爱其"夕寒山翠重，秋净雁行高"，又"鹤闲临水久，蜂懒得花疏""昼岩松鼠静，春堙竹鸡深""水风清晚钓，花日重春眠""早烟村意远，春涨岸痕深"。七言则"四壁苔衣钓具腥，已甘衡泌号沈冥""伶伦近日无侯白，奴仆当时有卫青""花月病怀看酒谱，云萝幽信寄茶经""茅君使者萧闲甚，独理丛毛向户庭""闲搭纶巾拥缥囊，此心随分识兴亡""黑头为相原无谓，白眼看人也不妨""云歊石花生剑壁，雨敲松子落琴床""青猿幽鸟遥相叫，数毕湖山又夕阳"，俱有事外远致。

《居易录》 东坡云："西湖处士骨应槁，只有此诗君压倒。"按林诗"疏影""暗香"一联，乃南唐江为诗，止易"竹"字为"疏"，"桂"字为"暗"耳。虽胜原句，毕竟不免"偷江东"之诮，如坡言逋生平竟无一诗矣。然如"沙泥行郭索，云木叫钩辀""昼岩松鼠静，春堙竹鸡深"，又《咏梅》"雪后园林才半树，水边篱落忽横枝"，皆不失佳句也。

二 历代文人相关雅集

>>> 相关诗歌

陈尧佐 北宋初期人，录自《全宋诗》

·林处士水亭

城外逋翁宅，开亭野水寒。冷光浮荇叶，静影浸鱼竿。
吠犬时迎客，饥禽忽上阑。疏篱僧舍近，嘉树鹤庭宽。
拂砌烟丝袅，侵窗笋戢攒。小桥横落日，幽径转层峦。
好景吟何极，清欢尽亦难。怜君留我意，重叠取琴弹。

魏野 北宋初期人，时与林逋齐名，录自《全宋诗》

·书友人屋壁

达人轻禄位，居处傍林泉。洗砚鱼吞墨，烹茶鹤避烟。
闲惟歌圣代，老不恨流年。静想闲来者，还应我最偏。

梅圣俞　北宋前期人，录自《宛陵集》

·对雪忆往岁钱塘西湖访林逋三首

昔乘野艇向湖上，泊岸去寻高士初。折竹压篱曾碍过，却寻松下到茅庐。

旋烧枯栗衣犹湿，去爱峰前有径开。日暮更寒归欲懒，无端撩乱入船来。

樵童野犬迎人后，山葛棠梨案酒时。不畏尖风吹入牖，更教床畔觅鸥夷。

·送林大年寺丞宰蒙城先归余杭（原注：逋之侄孙）

东方有奇士，隐德珠在渊。川壑为之媚，草树为之妍。

殁来十五载，独见诸孙贤。煌煌出仕途，皎皎如淮蝗。

今为蒙城宰，归同浙江船。何时渡杨子，夜入明月边。

有骂不化鸟，有琴何用弦。真趣还自得，治民唯力田。

·送林大年殿丞登第倅和州

和靖先生负美才，族孙今似汉庭枚。败亡项籍江边庙，应愧文场战胜来。

刘筠　北宋前期人，录自《全宋诗》

·题林处士肥上新屋壁

久厌候靖静室来，卜居邻近钓鱼台。旧山鹤怨无钱买，新竹僧同借宅栽。

斗酒谁从杨子学，扁舟空访戴逵回。抽毫有污东阳望，但惜明时老洞才。

范仲淹　北宋

·寄赠林逋处士

唐虞重逸人，束帛降何频。风俗因君厚，文章至老淳。

玉田耕小隐，金阙梦高真。罢钓轮生蠹，憔冠鉴积尘。

饵莲攀鹤顶，歌雪扣琴身。墨妙青囊秘，丹灵绿发新。

幽谷回音

林逋纪念诗文集

岭霞明四望，岩笋入诸邻。几俺簪裙盛，诸生礼乐循。

朝迁唯荐鹗，乡党不伤麟。吊古夫差国，怀贤伍相津。

剧谈来剑侠，腾啸骇山神。有客瞻冥翼，无端预荐绅。

未能忘帝力，犹待补天均。早晚功名外，孤云可得亲。

·与人约访林处士阻雨因寄

闲约诸公扣隐扃，江天风雨忽飘零。方怜春满王孙草，可忍云遮处士星。

蕙帐未容登末席，兰舟无赖寄前汀。湖山早晚逢晴齐，重待寻仙入翠屏。

·和沈书记同访林处士

山中宰相下崖扃，静接游人笑傲行。碧嶂浅深骄晚翠，白云舒卷看春晴。

烟潭共爱鱼方乐，樵爨谁欺雁不鸣。莫道隐君同德少，樽前长揖圣贤清。

·附：林逋回赠诗《送范寺丞仲淹》

林中萧寂款吾庐，亹亹犹钦接绪余。去棹看当辨江树，离尊聊为摘园蔬。

马卿才大常能赋，梅福官卑数上书。黼座垂精正求治，何时条对召公车？

宋祁　北宋

·重怀和靖林逋

高士非求死，天教陨少微。云疑隐居在，犹傍岭头归。

苏轼　北宋

·书林逋诗后

吴侬生长湖山曲，呼吸湖光饮山渌。不论世外隐君子，佣儿贩妇皆冰玉。

先生可是绝俗人，神清骨冷无由俗。我不识君曾梦见，瞳子了然光可烛。

遗篇妙字处处有，步绕西湖看不足。诗如东野不言寒，书似西台差少肉。

平生高节已难继，将死遗言犹可录。自言不作封禅书，更肯悲吟白头曲。

我笑吴人不好事，好作祠堂傍修竹。不然配食水僊王，一盏寒泉荐秋菊。

蔡襄　北宋

·经林逋旧居二首

（其一）

修竹无多宅一区，先生曾此隐西湖。诗言不喜书封禅，亦有余书补世无？

（其二）

山色凝岚水色清，山云长与水云平。先生来举持竿手，钓得人间亢俗名。

张峋　北宋

·吊和靖故居

颓垣已芜漫，人事日萧寂。赖近青莲宫，残僧识遗迹。

傍连岚岭秀，面对湖光溢。惟应此如昨，万变非畴日。

悠悠夏已深，故沼荷初积。振古尽如斯，徒然怅今昔。

李彭　北宋

·李彭二首

林占，处士和靖先生之孙也，与子厚善，今死矣，作两绝句吊之

（其一）

爱君浑似金华客，谓我犹堪供奉班。萧寺愚溪两寂寞，一尊聊复对西山。

（其二）

危脆芭蕉何足道，姓名今不减西湖。茂陵遗稿他年在，曾有书言封禅无。

邹浩　北宋

· 次韵参寥访和靖先生故居

湖边高节与谁邻，落落寒松往往皱。

就使衡门已尘土，不妨千古自阳春。

王琮　北宋

· 舟过孤山

寂寞梅花处士坟，竹围岩脚一泉深。隃瞻翠辇曾游处，水钥年年护绿阴。

王之望　南宋

· 与同舍游净明，是日大寒，予独乘马，诸公以孟浩然相戏，以其乡人故也，关丈有诗次韵

惨淡阴风暗广川，冲寒直到白云边。寒驴苦忆长安道，古寺深行小有天。

岘首诗人穷入画，孤山处士句堪传。疑君便是林君复，妙字清题故宛然。

释宝昙　南宋

· 访孤山林和靖梅坞陈迹

西湖湖水清可斟，孤山山人瘦有余。梅花五更清夜梦，周易一卷前身书。

经年竹户与僧语，僧房绕湖三百区。客来放鹤未忍去，更为修竹聊须臾。

衡山道士古须发，苦语不似公肤腴。芙蓉为裳月为佩，荷芰结星游龙车。

朝驰八纮莫四极，上挈太古中唐虞。子房自是赤松后，渊明初无彭泽趋。

平生自谓公不死，意不一见成空虚。买舟今夕定不寐，直恐长啸来清都。

杨万里 南宋

·隆兴元年同岳大用甫抚干雪后游西湖，早饭显明寺，步至四圣观访林和靖故居，观鹤听琴，得四绝句，时去除夕二日。

（其一）

紫陌微乾未放尘，青鞋不惜浣泥痕。春风已入寒蒲节，残雪犹依古柳根。

（其二）

道堂高绝俯空明，上下跻攀取意行。净阁虚廊人寂寂，鹤声断处忽琴声。

（其三）

冰壶底里步金沙，真到林逋处士家。未辨寒泉荐秋菊，且将瘦句了梅花。

（其四）

湖暖开冰已借春，山晴留雪要娱人。昨游未当清奇在，路冻重来眼却新。

周紫芝 南宋

·读林和靖集书其尾

泉石膏肓挽不回，笑看嵩少仕途开。暮年封禅无遗藁，平日江湖只钓台。

月自黄昏人已老，鹤无消息客谁来？吴儿不解高人意，秋菊何当荐一杯。

杨冠卿 南宋

·壬寅仲冬晦日同吴监丞游延祥宫，延祥，盖和靖所居也

霜日炫晴昼，湖光掠眼明。散策事幽讨，出门聊意行。

柳塘和靖居，宫殿若化成。霞裾赤城仙，笑语相逢迎。

云腴饮甘液，琅函披内经。趺坐纵名谈，妙处俱忘形。

须臾启灵锁，台沼列万楹。迤路通深杳，宫花不知名。

石泉鸣佩环，松篁奏竽笙。髣髴如钧天，音韵锡鞳澋。

吾皇香案臣，笔力雕阳春。危亭倚高寒，意气干青云。

幽谷回音

林逋纪念诗文集

饮酣视八极，神驰白玉京。日月看跳丸，羲轮忽西倾。
归来十里塘，问讯江梅英。断桥流水香，一枝疏影横。
烟淡月昏黄，清於玉壶冰。锦囊搜好句，山阿纪前盟。

苏泂　南宋

·次韵刍父大篇

我生两脚半八区，归来狭视东南隅。东南禹迹今绿芜，百岁几见人欧苏。
闻石蕴玉川含珠，山乃秀润源不枯。胸蟠万卷味道腴，落纸所至云锦铺。
尔来大似天眷吾，贶以佳友令相娱。邢子韵胜开冰壶，湘湖与我初索途。
谓此巨浸其是欤，今夕不饮可得乎。吾侪固不如林逋，吟诗写壁无处无。
杂菹便食不用厨，湘湖岂即输西湖。贯钱沽酒劳老夫，酒酣肆笔衫袖乌。
不觉月堕三更余，荷香染袂露湿肤，开堂复驾红尘车。君勿笑人生意
气倾堪舆，所得未必如所图。

程公许　南宋

·李贰车约饮东湖

西湖绕遍又东湖，永夜论文酒浅斟。最爱霜林梅蘸水，拟撑小艇访林逋。

陈藻　南宋

·和林君作起叔梅诗韵

林逋没后几星霜，苦要吟梅弄媚光。两处湖光看共色，一家诗句嗅同香。
花开再绝谈玄白，驾老那能逐乘黄。又恐来冬随计吏，仙霞不管似羊肠。

赵师秀 *南宋*

· 林逋墓下

梅花千树白，不是旧时村。倾我酤来酒，酹君仙去魂。

短碑藤倚蔓，空冢竹行根。犹有归来鹤，清时欲与论。

李涛 *宋人，年代不详，录自《两宋名贤小集》*

· 访林龙发

车马喧阗桃李村，谁人复识老梅尊。

时中只有梅亭住，来访西湖处士孙。

施枢 *南宋，录自《芸隐横舟稿》*

· 月夜忆梅花

夜深寒月照窗纱，忽忆林逋处士家。

鸥鹭正眠烟树冷，不知谁可伴梅花。

刘克庄 *南宋后期人，录自《后村先生大全集》*

· 寄题小孤山二首

（其一）

梅花种子无穷尽，和靖何曾占断休。若向鼻端参得透，孤山不必在杭州。

（其二）

鼻祖耳孙同嗜好，买山世世种梅花。直从和靖先生户，割上寒斋处士家。

·病后访梅九绝

其一

梦得因桃数左迁，长源为柳忤当权。幸然不识桃并柳，却被梅花累十年。

其二

先生岁晚被人疑，梅畔浑无一字诗。明月清风愁并案，野花啼鸟怕随司。

其三

区区毛郑号精专，未必风人意果然。犬彘不吞舒亶唾，岂堪与世作诗笺。

其四

和靖林间欶嗽时，一边觅句一边饥。而今始会天公意，不惜功名只惜诗。

其五

老子无粮可御冬，强鸣饥吻和寒蛩。舍南舍北花如雪，止嚼清香饱杀侬。

其六

与梅交绝几星霜，瞥见南枝喜欲狂。便欲佩壶携铁笛，为花痛饮百千场。

其七

一联半首致魁台，前有沂公后简斋。自是君诗无警策，梅花穷杀几人来。

其八

春信分明到草庐，呼儿沽酒买溪鱼。从前弄月嘲风罪，即日金鸡已赦除。

其九

菊得陶翁名愈重，莲因周子品尤尊。后来谁判梅公案，断自孤山迄后村。

朱南杰 南宋后期人，录自《两宋名贤小集》

·过长河堰

帆指长河风力微，渔舟个个有鱼归。一声水际笛三弄，几处梅边竹四围。

桑伐远扬蚕事熟，花消浓艳柳绵飞。西湖只在钱塘外，又见孤山梅子肥。

朱继芳　南宋后期人，录自《南宋六十家小集》

·和秋房题半湖楼二首

（其一）

四明仙客此楼居，毕竟西湖压鉴湖。曾谓家童欺贺老，当如沙鹤认林逋。
蒲根钓水知深浅，柳外行人乍有无。此景天公厌多取，只分一半与吾徒。

（其二）

天目飞来第几峰，峰前着屋贮虚空。湿云低亚钩栏角，缺月斜窥户牖中。
一水东西添柳岸，两山南北欠樵风。住家欲和千年计，顷刻阴晴便不同。

利登　南宋后期人，录自《骳稿》

·临平春日有怀

少年贱生理，嗜书强解事。长怀希南风，趋数惭北鄙（原注：《史记》：
舜歌南风，纣歌北鄙）。

乾坤双鬓改，日月寸心死。昝从鹿豕游，乃复叨一第。

两年三作别，云雾生马耳。临平二月春，花事归桃李。

独寻处士梅，三亩湖边水。一官未得仕，畏首复畏尾。

旁观未知羞，自愧已无地。悬知簪绂禽，扰扰事万起。

终当绿雾中，友彼乘龟子。南柯不世勋，仅足雄众蚁。

陈郁　南宋后期人

·题林可山为倪龙辅所作梅村图后

当年一句月黄昏，香到梅边七世孙。应爱君诗似和靖，为君依样画西村。

姜夔　南宋后期人，录自《白石道人歌曲》

江左咏梅人，梦绕青青路。因向凌风台下看，心事还将与。

忆别庚郎时，又过林逋处。万古西湖寂寞春，惆怅谁能赋。

姚勉　南宋后期人，录自《雪坡文集》

·题小西湖

主人胸次一西湖，新展苏堤小画图。待种梅花三百本，请君雪里访林逋。

方回　南宋晚期人，录自《桐江续集》

·初六日过湖

世换湖光无减少，时来春色与增加。荒榛德佑权臣宅，老树咸平处士家。

舒岳祥　南宋晚期人，录自《阆风集》

·题王任所藏林逋索句图

图上着帽隐几而坐，若有所思，案上置笔砚纸墨，案前有古罍插梅花，此和靖也。背后一童子坐，举足加火炉上。后有一鹤，就地欲眠，引颈反顾。与周道士本同格。

清新半树横枝句，冷淡暗香疏影诗。谁见当时苦吟态，只应童鹤在旁知。

身后不遗封禅藁，吟梅全是自题真。画工岂识凌云意，童子趋炎鹤附人。

千秋万古梅花树，直到咸平始受知。若道此图真此老，何人觊面敢题诗。

艾性夫　南宋晚期人，录自《孤山吟稿》

·和靖祠与故宅皆无梅

得见梅花即见逋，我来竟日为梅无。却於无处分明见，月满孤山水满湖。

吴惟信　南宋后期人，录自《全宋诗》

·重拜和靖墓

片玉沉山草亦珍，断碑残石当麒麟。君王别为开门户，不欲梅花见路人。

俞德邻　南宋末人，录自《佩韦斋文集》

·为郭元德题和靖探梅图

前年我亦访湖山，山色湖光竟尘俗。荒坟三尺走狐狸，那复寒泉荐秋菊。
真祠并入梵王家，香月亭前马牛牿。水边篱落忽横枝，遥睇犹艰况斤斫。
鸡园释子皆鹰腾，挟弹扬鞭骤平陆。仓皇走避尚遭嗔，赛卫何堪共驰逐。
三百年间一梦同，人与梅花几荣辱。

白珽　元代初期人，录自《湛渊集》

·吊林处士墓

千古西湖见一贤，断碑犹在草芊芊。人间岂少题梅者，石上谁来醉菊泉。
陈柏墓门疑是宅，唐衣庙貌望如仙。可怜辽鹤无消息，寂寞春风二百年。

·山居怀林处士

昔有林处士，结庐邻峰巅。年年不入城，梅花有佳联。童鹤三数口，
负郭十亩田。弟侄列朝裙，咸平好时年。人品既已高，奉养常充然。
嗟我何为者，日用买山钱。

爱诗不能佳，未了区中缘。空有一寸心，羡杀处士贤。饱看贵人面，不若饥看天。搰床呼伯雅，且此相周旋。有田足几时，卓哉坡翁言。

陈刚中　元代前期人，录自《徐氏笔精》

· 题和靖墓

北邙翁仲拱朱门，玉盌时惊古帝魂。争似孤山一抔土，梅花依旧月黄昏。

王恽　元代初期人，录自《秋涧集》

· 读林和靖诗集

枯梢振惊飚，茅斋寒日短。幽怀久不乐，访友桥南馆。
探囊得遗集，尘臆欣一浣。赓歌竟遗编，佳处时再歎。
先生玄豹姿，清风满朝简。仿佛诗骨清，云岭松雪偃。
湖光与山绿，几席供奇产。呼吸贮肝脾，元气笔下绾。
逸情薄云月，幽律发葭管。静观周物灵，远览谿襟散。
清遗郊岛寒，淡入陶韦坦。孤山富梅竹，香动春江暖。
篇中几致意，似慰平生眼。客来佳话余，横琴浮茗椀。
是中有真趣，风味亦不浅。庐洛与寺合，意适欲忘返。
长空渺孤鹤，客与归舟晚。如斯六十春，笑傲一何衍。
相去羲皇间，不到牛鸣远。暮归傍窗眠，清兴江湖满。
隽永惬初心，有味参玉版。灯花喜共妍，一笑成微莞。
人生无百岁，胡为日忧懑，扰扰声尘中，任事同蜾蠃。

王逢　元代初期人，录自《梧溪集》

·题林和靖诗意图

研池冰合草堂深，月在梅花鹤在阴。一日盛传诗句好，百年谁识紫芝心 [原注：和靖未（本）尝娶，传经业于犹子，至登第；以其事如元鲁山，故云]。

钱选　元代前期人，录自《赵氏铁网珊瑚》

·观梅图

不见西湖处士星，俨然风月为谁明。当时寂寞孤山下，两句诗成万古名。

仇远　元代前期人，录自《赵氏铁网珊瑚》

·题和靖先生观梅图无怀上人徵予作

痴童腥鹤冷相随，笑指南枝傍小溪。到处一般香影色，孤山只在断桥西。

幽谷回音　林逋纪念诗文集

张羽　元代后期人，录自《徐氏笔精》

·题和靖墓

水绕荒山路半斜，墓园无主属官家。我来正是梅开日，满目蓬蒿不见花。

周鼎　明代前期人，录自《成化杭州府志》

·过巢居阁

疏影横斜句入神，梅花应只是前身。如今尘满巢居阁，桃李东风别样春。

景徐周麟 日本14世纪诗人，录自《翰林葫芦集》

·题林和靖二首

（其一）

下有巢由上有尧，梅花门户雪连朝。春风不似东封驾，吹过西湖第四桥。

（其二）

茅舍柴门一鹤看，余杭山水鬓凋残。帝曾封禅冬无雪，不识梅花独自寒。

·题林逋索句图

吟倚梅边捻断髭，尤无遗恨一联诗。齿牙不挂东封事，童挟何书又后随？

·冻鹤

昨夜霜风裂缟衣，长松千尺不能飞。昂然独冷鸡群暖，坞上家家紧掩扉。

同翘翎同鹤清癯，竹里梅边影更孤。招就村僧地炉暖，伞身和靖冻吟图。

明极楚俊 日本14世纪诗人，录自《明极楚俊遗稿》

·梅隐

千树琼英绕砌开，肯容花片点苍苔。逋仙不善藏形迹，吟出暗香疎影来。

·次东山岩门照公喜客至韵

遥忆东山近海涯，孤筇破晓出烟霞。未惭短褐黏春藓，且喜寒灯灿夜花。

论道旨从言外得，评诗力向句中加。隔墙况有梅舒玉，吟作西湖处士家。

一休宗纯 日本14世纪诗人，录自《狂云集》

·画梅

画出横斜吟里肠，孤山风月在扶桑。先生可悔千秋誉，犹有梅花渡海香。

张云璈 清代中期人，录自《金牛湖渔唱》

梅鹤当年共结庐，尚想天竺别移居。生平不献相如赋，怎肯临终更上书？

>>> 相关文章

梅尧臣 北宋前期人，录自日本藏本《和靖先生诗集》

·和靖先生诗集序

  天圣中，闻宁海西湖之上有林君，崭崭有声，若高峰瀑泉，望之可爱，即之愈清，挹之甘洁，而不厌也。是时予因适会稽，还访于雪中。其谭道孔孟也；其语近世之文韩李也；其顺物玩情，为之诗则平淡邃美，读之令人忘百事也。其辞主乎静正，不主乎刺讥；然后知趣尚博远，寄适于诗尔。君在咸平景德间已大有闻。会天子修封禅，未及诏聘，故终老不得用。于时贵人巨公，一来相遇，无不语合，仰慕低回不忍去。君既老，朝廷不欲彊起之，而令长史劳问。及其殁也，谥曰：和靖先生。先生少时多病，不娶无子。诸孙大年能拾掇所为诗，请予为序。先生讳逋，字君复，年六十一。其诗时人贵重，甚于宝玉。先生未尝自贵也，就辄弃之，故所存百无一二焉。呜呼，惜哉！皇祐五年六月十三日序。

舒亶 北宋中期人，录自《乾道四明图经》

·西湖记

　　湖在州城之西南隅，南隅废久矣，独西隅存焉，今西湖是也。其纵南北三百五十丈，其横东西四十丈，其周围总七百三十丈有奇。其中有桥二，绝湖而过，曰憧憧。天禧间，直馆李侯夷庚之所建也。然僻在一隅，初无游观，人迹往往不至。嘉祐中，钱侯君倚始作而新之，总桥三十丈，桥之东西有廊，总二十丈。廊之中有亭，曰众乐，其深广几十丈。其前后有庑，其左右有室，而又环亭以为岛屿，植花木，于是遂为州人胜赏之地。方春夏时，士女相属，鼓歌无虚日。亭之南小洲，前此有屋，才数椽，乃僧定安守桥之所，后浸广，今遂以为僧院寿圣是也。其西又有佛祠四，并其东，皆乡士大夫之所居。其北有红莲阁，大中祥符中，章郇公尝倅是州，实刱之，有记在焉。阁之北即郡酒务，故时使人即湖以汲水，劳费甚。乃堤，湖之中畜清流，作楼于其上，以辘轳引而注之，至今以为便。然是湖本末，图志所不载，其经始之人，与其岁月，皆莫得而考。

晁补之 北宋中期人，录自《鸡肋集》

·跋林逋荐士书后

　　余尝出钱塘门，遵湖至北山，一径趋崦，委曲深远，菱荇鱼鸟可乐。过林君居，拜墓下，尘埃榛莽，山风萧然。至竹阁读其栋间诗，裵回旁徨，有余慕也。吾师疾固见耦，而耕者曰：不可与同。群至点鼓瑟希，则喟然叹曰，吾与点，志亦要，志之所向仕，不仕何有？林君遭太平，可以仕，岂其天性自疏，莫可尸祝，不在枯槁伏藏也。其推挽，后来欲其闻达，则反复致志，如恐不及，贤（惜）哉。诗曰，皎皎白驹，在彼空谷。生刍一束，其人如玉。安得林君者而从之？元丰五年七月十四日晁补之记。

施德操 北宋晚期人，录自《北窗炙輠录》

钱塘有两处士，其一林和靖，其一徐冲晦。和靖居孤山，冲晦居万松岭，两处士之庐正夹湖相望。予尝馆于冲晦之孙仞，仞之居即冲晦之故庐也。有一庵岩峣于岭之上，东望江，西瞰湖，瞰湖之曲正与孤山相值，而和靖之室隐见于烟云杳霭之间。遐想当时之事，使人慨然也。和靖虽庐孤山，后有一室正在凌云涧之侧，和靖多居此室耳。然冲晦比和靖，则和靖名字尤高，而冲晦以数学显。冲晦数学当时士大大皆宗之。然仞尝亲与余言曰：先祖有诫，子孙世世不得离钱塘。以钱塘永无兵燹。

沈诜 南宋前期人，录自陈贽《林和靖先生诗集》

·诗集跋

和靖先生，孤风凛凛，可闻而不可见；尚可得而见者，有诗存焉。耳（闻）是邦泯然无传，岂不为缺典哉？因得旧本，访其遗逸，且与题识而附益之，刊瑢（假）漕廨，庶几尚友之意云。绍兴壬子七月既望龟溪沈诜书。

周紫芝 南宋中期人，录自《竹坡诗话》

·梅花

东南之有腊梅，盖自近时始。余为儿童时，犹未之见，元祐间鲁直诸公方有诗，前此未尝有赋此诗者。政和间李端叔在姑溪，元夕见之僧舍中，尝作两绝，其后篇云：程氏园当尺五天，千金争赏凭朱栏。莫因今日家家有，便作寻常两等看。观端叔此诗，可以知前日之未尝有也。

陆游　南宋前期人，录自《渭南文集》

·跋林和靖诗集

　　和靖人物文章，初不赖东坡公以为重，况黄、秦哉？若李端叔者，尤不足录，读竟使人浩叹，书之所以慰和靖于泉下也。嘉泰甲子六月二十四日放翁识。

邓牧　南宋末诗人，录自《伯牙琴》

·代祭和靖祠文

　　呜呼，咸平迨今，二百余年。

　　夫岂无人享荣显于其间？泯焉弗宣。

　　而先生声名，与孤山俱传。

　　问寒梅之几花，俨清风其在前。

　　士以智力取胜者，然乎岂然？

　　往诵先生之诗，寝食殆捐。

　　倚而和之，未几绝编。

　　是犹折杨皇荂之仅入里耳，自拟于咸池钧天。

　　今也使奉祀祠下，我心恧焉。

　　三拜敬荐，秋菊寒泉。

　　怀哉怀哉，何以作（酢）先生于九原。

李祁　元代中期人，录自《云阳李先生文集》

·巢居阁记

　　钱塘之胜在西湖，西湖之奇在孤山，而山之著闻四方，则由故宋和靖林处士始。处士家是山，有阁曰巢居。考之郡志，可见已。人亡代远，阁宇俱废。前提学余君谦始复其故址，而祠事之。其后十年，祁来谒祠下，取径出祠复，履山之颠，见其墓（台）隆然而方，意其尝为坛壝者。或以语祁曰，此巢居之故地也。俯仰今昔，缅然兴怀，乃谋有以复其旧。越明年而始成。既成而落之。俯视其下，则云树四合，群枝纷挐，而斯阁也，翼然出乎其上，真有若巢之寄于木末者。于是始畅然曰，吾乃今知处士之所以名斯阁矣。洪荒既远，淳风日漓，而古人不复可见（谓巢居古俗）。处士生于数千百载之下，高蹈之风，邈焉。寡俦仁义之与居，道德之是求，远荣名乎朝市，守寂寞于樊（梵）邱，殆将心古人之心行古人之行矣。名阁之意，或者其在是乎。嗟夫，古人之与今人，世之相后（迥）若是，其甚辽绝也；志之所趋若是，其甚乖背也。而能因处士之风，以知古人之尚，使桧巢之俗，犹将发髴（髻）乎见之，则斯阁之不可以不复也审矣。然则祁之所以为是者，盖将以窬寐古人，而非徒以事游观，从时好也。以为有好时者，非予之心也。登斯阁者，其亦尚知予哉。至正年记。

陶南村　元代后期人，录自《说郛》

　　和靖先生岂有颔珠者？而杨琏真伽亦发其墓焉。闻棺中一无所有，独有端砚一事。余童时尚见一碑，镌和靖先生墓五大字，仆草中。久之，余山中（余谦）以浙省儒学提举，有心力，于先生墓上悉力起发，水滨仍建学士桥，傍山建祠宇，塑先生像于其中。今复数年矣，闻又荒落，贤人何不幸哉。

陈赟　明代前期人，录自正统八年所编《林和靖先生诗集》

· 林和靖先生诗集
　　因过孤山寺访先生诗集，所在无有知者。后又屡访于人皆不得。正统改元，余官满，将上京师，偶过江口之总持招提，僧房中见旧书一帙，取而观之，曰《林处士集》，不觉惊喜。求之数年不得，而忽此得之，

幽谷回音

林逋纪念诗文集

似不偶然。欲假一录，僧曰：留此亦无所用之，就以相奉。因持归，披玩数日，真所谓大羹玄酒之味，清庙朱丝之音也。然诸体颇相混淆，字亦不无讹谬，欲重加编辑，以行期逼，弗果。今幸厕词林之末，退直之暇，手自缮录，以类相从，厘为四卷，题曰《重编西湖林和靖先生诗集》。切意士大夫之欲见而未得者尚众，非刻之梓，何以传与人人？顾力有所不能，方欲与杭城诸公之仕于朝者图之，适广州府通判钱塘王公叔华以报政至，会间误及，欣然首肯曰：和靖乡之先贤，素所景慕，谨当成兹美事。然不可无序以见本末也。因不暇辞，而序所以重编之意如此，盖亦有所感焉。

郎瑛　明代中期人，录自《七修类稿》

·和靖诗刻

　　世重宋板诗文，以其字不差谬。今刻不特谬，而且遗落多矣。予因林和靖诗而叹之，旧名止曰《漫稿》，上下两卷，今分为四卷，旧题如《送范寺丞仲淹》，今改为《送范仲淹寺丞》者最多，已非古人之意矣。今拾遗《和运使陈学士游灵隐》等古诗四章，宋刻首篇者也。今见律绝多，而遂以此为拾遗可乎？梅都官序文，乃书名于先，故后年月之下有一也字，乃文章也；今皆削之，而以年月赘其名，且序中易去几字，是可为都官之文乎？至如东坡之跋：诗如东野不言寒，书似西台差少骨，盖西台乃南唐李建中，今因不知李而改为西施，谬解远矣，又非可惭笑者乎？摘句五言者有十三联，七言有十七联，今皆无之。则梅序谓百无一二，今尤寡矣。呜呼！一书如此，他书可知，宁不尚古。

田汝成　明代中期人，录自《西湖游览志》

·放鹤亭

　　在孤山之北，嘉靖中钱塘令王钗作。其巅有岁寒岩，其下有处士桥。

先是至元间儒学提举余谦既茸处士之墓，复植梅数百，本于山构梅亭于其下。郡人陈子安以处士无家，妻梅而子鹤，不可偏举，乃持一鹤放之孤山，构鹤亭以配之。并废。

黄绾　*明代中期人，王阳明门人，录自黄宗羲《明文海》*

予尝读西湖处士林逋诗曰：山木未深猿鸟少，此生犹拟别移居。直过天竺溪流上，独树为桥小结庐。曰：志肥幽遁，以孤山为不足隐乎？及读史曰：逋词澄浃峭特，既就稿辄弃之。或谓当录示后世，曰：吾方晦蹢，且不欲以此名一时，况后世哉！以今所传乃好事窃记者，曰：是真埋光铲采者之为深矣乎。他书又曰：逋隐西湖，朝命守臣王济体访，逋闻投启，赘其文以自炫，济短之，止以文学荐，诏赐帛而已。呜呼！是胡言行之殊，致逋将不得为同文仲先之俦欤！夫自淳古，既迈圣道，日漓人怀。胜私以诡贤，窾声以相吓，故一知所好，而竞心生焉，知尚道德，则竞在于道德，知尚风节，则竞在于风节，知尚功名富贵，则竞在于功名富贵。以至行义经术词章，技能之所在，概莫不然。夫竞则妒嫉至，妒嫉不已而毁言兴，是以世士美懿，鲜或弗亏，虽圣人不免，独逋也哉？且逋尝不礼许洞，洞作讪讥，至今浮薄之口犹诵之，何伤也？君子惟求自立而已，不求自立，而欲求人之无毁，也难矣。虽然，由逋之迹，以考逋之心，盖亦违世不恭之流欤！邻老林君，好尚甚雅，辑其诗将以锓梓，且自谓其支裔云。

张时彻　*明代中期人，录自《嘉靖宁波府志》*

隐学山，县东南四十五里东钱湖畔，下有放生池，旧名栖真，周徐堰王隐学于此。

隐潭，县西北五十里。潭居两岩之下。两岩相抗，壁立数百仞，仰以窥天，仅如数尺，瀑泉如练，循崖而落，水寒石洁，耸人毛骨。每遇旱祷，

其潭有小蛇出没，旋应如响。宋朝尝遣中使投金龙玉简于潭，以祈灵贶。皇祐中杜说记之。

龙隐潭，县西北六十里。潭有三，由雪窦山而上，见其上潭，由小晦上，其中、下潭皆可见，俱在两崖间。两崖相抗，壁立数百仞，泉瀑倾下，声如震雷。其下潭岩瀑尤奇，潭之上有巨岩隆起，半覆潭上，瀑泻潭外，水深黑，寒气逼人。前有平石如案，方三四丈，旁有石笋高七八丈，人号为石笔峰。至此四顾，毛骨悚然，人以为真龙所宅也。旱祷辄应，国朝致祭。

林处士宅，县东八十里黄贤村，宋处士林逋所居，后隐于杭之西湖。

考盘居，县东五里，五季时有隐君子避世辞爵，自匿姓名，作室栖止，扁曰考盘。逮没，土人即其居祀之，仍名曰考盘庙云。

李日华 明代晚期人，录自《西湖志纂》

·重修放鹤亭记

昔人次第隐逸，以声光泯绝，邈不可追，如披裘石户，推居太上。余曰，此程品之论也，亦憎夫借径终南，佐命句曲者耳。夫隐品当程而隐，材尤当核。璞惟引虹，是以贵其不雕；剑惟犯斗，是以惜其终掩。彼碌碌铮铮者，譬如猿蹲树杪，豰饮岩阿，顽然有生，一无表见，则真深山野人，何从觅句？希之异而命之隐君哉！宋和靖先生，嵚崎磊落之士也。应制科，不第，退隐钱塘明圣湖。初亦婚娶，生子洪，着有山家清供一编，每称先人非不妻而妻梅，不子而子鹤也。祥符天圣间，二虏日骄，韩范之略未能绥靖，忠佞糅杂，丁夏之党互为水火。先生咿吟漆室，纡轸于怀，故发其遗书，有曾无封禅之句。所赍之志，概可见矣。当日有绘湖景装轴，鬻钱湖上，于林麓端标数字，云：林君复放鹤处。先生见之曰：世亦知有老逋耶？后人想象其处作亭，非先生自亭也。先生一日倚杖柴门，得句云：夕寒山翠重，秋净雁行高。吟讽满意，抵掌曰，平生读武侯传，未尝不心折其鸿树，然视余今日麑句于翠绿中，觉神韵孤上，翻似过之。过之者，轶之也，亦骛之也。先生未尝忘世，世亦不能忘先生。想见冒雪冲虚，绦旋不设，八瀛照影，指纵由心，飘萧尘環之表，先生与鹤其俱在耶？闽崔君仲征，沈瀓耿亮，风采毅如，生平宦辙，所经惠泽，煦若春霖。丰棱凛于霜锷，一触珰熔幾燎。昆墟幸霈新恩，大节昭布，来佐嵯司，贲我邦国。回翔湖山之上，狎主骚坛之盟。其品与材与和靖先生而两，虽其显晦夷沮，判乎各遭，然皆金玉其音，而糠粃万有者也。

崇祯壬申（崇祯五年，即 1632 年）嘉平月，友人陈则梁以书来云：崔使君割廉标胜，孜孜未替，前月一新湖心亭，蓝山人田叔监之，韩太史求仲记之。今又新放鹤亭，徐文学仲炱（昭）监之，吾子当记之。余谢不敏，既而曰，是诚在我，余既慕崔使君之品与材，每坐驰明圣湖头，即胸中着两和靖，而生平诠次隐逸，所耿耿欲吐，如是敢附见之。

杭世骏　*清代中期人，录自《订讹类编》*

·林和靖有妻子

林和靖有妻有子，《宋史》谓其不娶，以梅为妻，以鹤为子，非也。杨升庵云：林洪著《山家清供》，其中言：先人和靖先生云云，即和靖先生之子也。盖丧偶后不再娶耳。

王复礼　*清代前期人，录自《御览孤山志》*

和靖种梅三百六十余树，花既可观，实（杨梅）亦可售，每售梅实一树，以供一日之需。书云"期三百有六旬有六日"，盖计年以栽树也。集中有咏梅诗八首，词一首。

胡祥翰　*清代晚期人，录自《西湖新志》*

孤山在重湖之间，碧波环绕，独立不群，因名孤山。四面皆水，宛如仙境。其地多梅，寒香稠迭，又名梅屿。

林逋，《宋史》隐逸传称钱塘人，其实四明奉化黄贤村人，故诗集中常拳拳于四明。又有《将归四明夜坐与任君话别》一题。至不娶之说，诗集中屡自言多病，以保摄身体。其侄子有名宥者，集中亦有诗，安知不以侄为子，而其子孙因多有流传耶？石帚（姜白石）之嘲，似近轻薄，或非事实云。

中卷

幽谷回音

一 当代宁波作家纪念诗歌

·与林逋书·月色（外一首）

陈礼明

与林逋书

这月色辽阔悠远，适合你乘行

适合我透过

湿漉漉枯老千年的黑色枝条

读你

斑驳的白——

他们说，这是鹤

我说是白鸟，一条光的

幻影

一道冬夜里

悬在头顶的闪电

一个身体里生长的尖厉声音

撕扯着每一块骨头

撕扯着
十二月的江南

你的江南
一碰即碎的江南
风一吹便了无踪迹的江南

·与林逋书·黄昏

光艰难地爬过皱纹，一部分留下了
似你的迷惘留在了故乡
你总有太多的理由不谈及
过去，那个不见尽头的空洞
风很大，人出来时已失去了羽毛

我们什么都不说，也不喝酒
红色的豆芽在虚无中爬外
像火焰被标记了刻度
生长的欲望，不是绿色是否意味着毁灭
而你有太多的理由，掸去北国的
风尘，让马蹄变得冰冷
让你的字像冰冻的种子随处撒落，不期何时
开放一冬的梅花

你依然平静，像是时间的书架
我想用力撕去每一页
每一页都是惨白的月色，每一页的
月色都会爬上我的脸。而你总有太多的
理由说起黄昏，那个巨大的湖泊

有多少爱情就有多少尘泥，有多少离别
就有多少浮萍。你的心囚禁已久
我听得见枯枝折断的声音。大地在干裂
在我的身后，它快要追上我的梦境

· 与林逋书

高鹏程

我在西湖边拜谒过你的死。也在大里村寻访过你的生。
作为一个
生前即为自己垒好墓冢的人
你活着，已在生死之外。
而在生死之间，你只是一株寒梅，一只孤鹤。

不仕是这个世间已不值得为之再写封禅之书
不娶是因为这个世上已无可娶之人。
不出仕。不出名。最后，索性连诗也不写了
要隐，就要隐得彻底一些
干脆躲到梅花内部去。

若干年后，及至我赶到
长亭日暮，众芳摇落
夕阳拖着长长的尾音，像一曲离歌。又像是
那一声远去的鹤唳
我知道这个世界依旧不值得你留恋

你所恋之物、之人、之事
已经像你笔下的江水，了无牵挂
我从对岸来，却无法成为你的粉蝶

倒像是一只被寒流驱赶的霜禽，试图在你的故乡
拣一根干净梅枝栖身

但又能怎样呢？这个世界的污浊无处不在
连同我衣衫上的风尘
连同我衣衫下
那颗行色仓皇的心
即便是象山港的潮水，也有拍击不到的地方

只有你留下的澡雪精神
像一缕梅香，
被一场初冬的新雪唤醒
荡涤着金樽与檀板交织的市声
荡涤着出尘与入世，悲欣交集的人生

·林逋，或另一个隐逸的词（外一首）

寒寒

我了解了那果敢的鹤
自雾峰外翔
——蒙塔莱《雨中》

此地有合谋的美
和寂静。源自近千年前
那一段历史的清凉：
孤山，烟雨，疏影，暗香
微吟，离歌，梦绝……
究竟发生了什么？
当万物趋向暮霭

被弃用的政治，逆袭梅枝闪动
俯拾皆是
幽独自身的最高意象

昼夜不息的流水之上
命运，它赐予了你神秘而
寥廓的形象。你的奉化多贤夏黄公
正从体制的前朝，蓄势抵近
你的孤岛。笔墨明澈
白云悠悠啊
又何必谈论理想？
那棺木中遗存的一方端砚
一支玉簪，再加上几丝激越
一捏盈盈的温柔
往生，似乎就圆满了

"夕阳无事起寒烟"。恰是
一种写作，是对虚无的反抗
甚至，它可以告慰曾经的
谦卑的，崇高的苦难。多年以后
当我们又集体陷入一个荒谬的时代迷宫
在几近垮掉的香气里，应念而落的
又何止是那花蕊的塌陷。所幸
那鹤鸣旋之际，栖隐或逸乐亦已成为
一种修辞，或一种声音
它一再授权我们：
自许地漫游
自由地呼吸——

· 天色破晓之前

天色破晓之前
你便酝酿着一场美丽的谋划，而彼端
另一个你又在拼命说不，如此坚定
又如此掷地有声。全然不顾
窗子内外的格斗，正暗涌不绝

那片百余公里之外的梅香雪海
又怎能抵得过生活中的滚滚洪流？
在持久的缄默里，你开始反诘自己

所以。那般寂寥、那般落寞的流水青坞
那些关于孤山林和靖的争执种种
变幻着各种形状的雷峰塔，正踟躇中的断桥白堤
以及，熠熠生辉、所有黑暗中凝成的夜的精灵
……如此之多，纷纷化作两翼绚烂多彩的飞蛾
开始向夜的洞穴一一道别。而你起身
看见那盏灯，正迎着曙光

2009 年 2 月

· 海边的隐士（组诗）

林杰荣

海边的玩火者

我把写诗归为一种玩火的方式
我的姓氏是易燃物

我愿意与一个从未谋面的同姓人隔海相望
或许，他就曾站在我站过的位置
或许，我的姓就是他漂洋过海带来的种子

下雪的时候，我看到梅花
我总以为体弱多病的他又咳出了血
而海边的雪是经不起烫的
经不起一个浑身燃烧的人
嘴角滴落的哪怕比水更轻的字句

我不知道他对游泳的态度
但他应当是崇尚自由飞翔的
他养了很多白鹤，为自己养了翅膀
可以轻易飞过象山港
飞到他的祖籍和最终落葬的地方

一个从未看过族谱的人
对祖先的敬意源自对一团火的想象
当我为海边的事物写下第一行诗
我就知道，诗歌与火
都是非常容易传染的危险品

在黄贤村寻找隐士

对于一个称"贤"的村子
不能不去探究它的祖上和秉性
长居海边当然会沾染大海的辽阔
我的目光应当放得更远
从商山收回那段恢宏的飞瀑
静静地隐入林间

幽谷回音 林道纪念诗文集

寻找几个更早隐在这里的人

夏黄公最早，他给村子取名
教会以农为生的人，包容咸涩的海风
林逋在这里种梅养鹤
把黄贤的月色养出了五种心情
抗倭的长城也是先贤
如果它早就掩埋锈迹斑斑的冷兵器
也能算作半个隐士

他们隐在黄贤村，也隐在历史里
而黄贤村的历史
全都隐在他们淡淡的名字里
或许他们都只想做个没有名字的人
在涨潮与退潮之间
默默关注村子一成不变的宁静

（注：夏黄公，"商山四皓"之一，汉时隐居于黄贤村，黄贤村名由
此而得；林逋，宋时著名诗人，出生于奉化黄贤村；海上长城，曾为
抗倭所用，建于黄贤村。）

悬山岛

起初我把它当作一水之隔的普通渔村
晚饭前后，总有几条柴狗在滩涂上嬉闹
也曾见过村妇直接以海水浣衣
她们或许尝惯了生活的咸味

据说张苍水曾在此栖身
听涛的时候，不妨

听一听早已隐匿的民族气节

它或许曾是孤悬东海的顽固的礁岩

受军事磨砺，成长

养出了匹夫的家国情怀和一座岛的精气神

我数度坐船绕过这座小岛

风浪中，它是朴实而内敛的渔家子

咸腥的海风一早扑倒了硝烟味

此刻，还剩夕阳和晚归的渔船

（注：张苍水，名张煌言，南明兵部尚书，著名抗清英雄，兵败后曾在悬山岛栖身）

· 让我们聊聊梅花

南慕容

春天来了，让我们聊聊梅花

聊聊给小桥补妆，替疏篱簪髻的梅花

聊聊苍崖绿苔上，竹边明窗下，曲水澹阴旁

从线装书里探出身子的梅花

聊聊一个在林间吹笛的人

当他内心的雪景瞬间被梅花照耀

聊聊一个古代的诗人，一辈子只植梅花和养鹤

如果没有梅花，鹤也将飞走

聊聊一个古代的女子，当她在膝上横琴

用淡淡的泪水滋养铜瓶里的幽独与清欢

还可以聊聊武侠书里的梅花山庄

剑气催开阵阵幽香，那季节里的江湖恩仇

聊聊红心寺的晋梅，国清寺的隋梅

大明堂的唐梅

聊聊万里之遥的故人，曾为梅花醉过几场？

聊聊山家的除夕，插了梅花便过年

最后聊聊，那个舟中披霞，踏雪寻梅的人

当他姗姗来迟，我已不再

不再在书信里寄赠一枝春天

·致林逋（外一首）

钱利娜

他把血中的铁，锻造成一座晚钟

钟声里倒挂着又一个黄昏

把苍穹拉近了，便是一只土瓮

为建造城堡和围墙忙碌的你们

在瓮底暴露出蝼蚁的触角

脸上有春风几度扫过的皱纹

也有频繁的小争执，像即将到来的黑夜

流星掠过双眼

山川未改，他要绝尘而去

一支船桨，是他搭建的扶梯

通向寺庙，佛道之中

有无尽的旷野，可寄余生

但宾客还在从城中赶来

一只鹤喊他回家，沏茶、待客

他向朋友说起爱情，它的纯粹

正嵌入一朵梅花的影像

年复一年，开得一样好

但你们的美人

也曾暗香浮动，罗带同心
一旦有恨，便开始落入迟暮之境

· 遗物

端砚里磨出的诗句
他用一把火烧了
种下的梅研习了雪的脾性
把欲望压得更低，缓缓地开吧
他的背影很瘦
身家很穷，他要和草木缔结姻缘
要近僧似疯，布衣终生

他发明了一个新的比喻：梅妻鹤子
但鹤没有答应
结出的青梅不是他的授意，蜜蜂也没办法
酿出他长久的苦思

· 黄贤组诗

颜梅玖

长相思（有赠）

终于在此找到了我想要的生活
孤山向我张开了它的怀抱
我在半山坡搭建茅屋，圈地为王
陪伴我的，还有梅和白鹤
每当梅花盛开

我就想起第一次的梅园相见

有一次，我在诗中写道：

"疏影横斜水清浅，暗香浮动月黄昏。"

我想起你的脸庞

犹如梅花浴着晨光

我爬上山顶大声呼喊你的名字

除了山谷的风，刮起哀鸣的风暴

"罗带同心结未成，江边潮已平。"

多年过去了，我养了一颗闲适的心

我写诗，种梅，作画

自横小舟，漫游寺庙

沉溺于草木轮回的想象。如果有轮回

我想，你该是一株山园小梅

亲爱的，没有哪种牺牲

能配得上你我四十年无声的长谈

我的梦中啊，只有你

我的坟墓里，也只够放一支

你小小的玉簪

海上长城

走近海上长城，似乎仍可以听到

戚家军雄浑的马蹄声

相对于破碎，黄贤长城是完整的

在黄贤，最动人心魄的

不是葱茏的古树，淙淙溪水

也不是商山飞瀑和

清碧灵秀的明珠湖泊

而是年轻的长城

此刻，它跨域在大海之上

仿佛把自己托付给了时间之水

在黄贤，一切都是陪衬

倾颓的废墟如今披上了一件新袍

烽火台是新的，垛口是新的

城墙是新的

但这具历史的遗骨

仍弥漫着古战场的气味

现在，它用沉默坚守时间的契约

它沐着曙光，将龙头探向茫茫的大海

像一个古老而伟大的思想

明珠湖

我们沿溪而下

想在明珠湖找到两只北宋的仙鹤

穿青色长袍的林先生，可能还坐在小舟上

捧着泛黄的书本

一千年前的风吹来了陈年旧事

清亮的波纹轻轻晃动，仿佛余温未散

梅树漫过山坡，柏树还在山脚

十万桃花开在湖边，香味浓郁

鸥鹭在湖中漫步，清洗翅膀

两只蚱蜢暗生情愫，在水边喜悦了一下午

这里万物懒散。云朵也学习庄子，不慌不忙地

从湖的这一边，踱到另一边

幽谷回音

林遒纪念诗文集

我们幻想自己是古人
偏安好逸，一世光阴顺着溪水慢慢流远

·从黄贤到孤山（组诗）

哑者无言

故土

有故事的地方，岁月
必然深远，人物必然传奇
奉化黄贤，小村的安静中
藏着一位名士的生平
和他留给一方水土的永久记忆

不同的版本里，一位先贤的
童年、少年、青年
从青山绿水中蜿蜒而至
那些清苦和励志
成为故事中锦上添花的注脚

处士宅中，灯下书生捧出
经史子集里的言外之音
上林书院，斑驳的匾额演绎
耕读传家的另类解读
清鹤桥下，流水向东，顺着历史流淌不息

一个青年一步一回头地
离家而去。此去经年
再回首，他乡已是故乡，故乡

已是他乡。再回首
已是满目苍茫两鬓寒霜

隐者

远离庙堂之高，也就远离了
高处的寒气和纷扰
远离乡野之远，也就远离了
尘世的粗粝和琐碎

刚刚安稳下来的朝代
刀回鞘，马归林。已可窥见
盛世的端倪。可惜书生
已携经卷离去

面对内心的荒芜
一个人灵魂里的刀耕火种
必然要成为当世的异类
后世的佳话

时间的选择题，答案并不唯一
文人的洁癖，与品德修为无关
世俗执念，最终
都遵从内心呼唤的指引

寻一山结庐，安置一具
不从众的肉身
山静林幽，正好养荞胸中
另一番万千丘壑

幽谷回音

林遗纪念诗文集

梅影

孤山的梅，若有姓，必是姓林

它们的主人和靖先生，皇帝赐予的名号

只能作为后人敬仰的一个尊称

也只有暗香浮动的梅

才适合覆盖孤山的孤独

时光如秋风翻书，慢慢就薄了

人和树的推心置腹，像未知的谜团

给传说和演义备足了曲折的包袱

只可惜，北宋没有一张宣纸

可以盛下一个隐者疏影横斜的笔墨

自我就是世界，就是所有

在亭台楼阁之外，建陋室修身

取梅树下井水煮茶，和着流水岁月浅斟慢饮

梅影重重之下，万顷西湖，千百人影

也只是隐者眼底一幅小小的山水画

鹤踪

这带着仙气的灵禽，最难寻知己

从画中走来，再回到画中去，不食人间烟火

一只鹤庐前踱步，陋室就有了宫殿的恢宏

一只鹤引颈鸣叫，像把一个人内心的清孤，交给苍穹

无法猜度，养鹤者需要多大的耐心

才会把这高冷之物感化成君子之交的挚友

孤山的梅林，有痴梅如妻的布衣
也有爱鹤如子的隐者，对影成三，鼎足而立

这带着仙气的灵禽，最难寻知己
像一个历史的度量衡器，专为一个人称量

· 你的诗在这里找得到清新潮湿出处

原杰

当远来的蝶终于找到花园 已是深秋
它迟缓地在枝丫间回环往复
一棵又一棵树就不停地掉叶
直到街上孩子提着灯笼追赶星星
无法返乡的人抬头望见了月

背井离乡 却不能或不想带走年少时的影子
坐在你坐过的溪石上观看
又长了一千年皱纹的流水并无老意
清澈躁动 欢愉明亮
你的诗在这里找得到清新潮湿出处

真正的诗人是护花者 在春天育梦
梅已教会人们不误春风
面对一幢又一幢矗立的大厦
追寻宁静圣洁
我们学着把灵魂与精神搬到更高处

不用担心在越来越新的故乡
变成越来越旧的异乡人

幽谷回音

林逋纪念诗文集

服饰有异而多音无改
孩儿梦依然有耳廓边透明的绒毛灵动
风乍起 草齐嗖嗖挤往同一个方向

·与和靖先生书（外一首）
袁志坚

孤山上游人摩肩接踵
说要图个清静
结果添堵
谁有孤傲之心呢
要不欠了情债
梦里不知几回催
要不破事缠身
做不了也放不落
逃个片刻便惶惶无路
哪能像你一样
二十年隐身不出
孑然一身
安于一隅

岂是一隅？岂是一身？
这方天地真不小
幽僻之处有人行
梅开不掩扉
客来放鹤飞
高吟素谈
岚轻樾翠
朝朝暮暮随流水

焉有声色醉

故时不可追

朋友交亲，难得始终

梅妻鹤子，千年不负

难追故时

何妨寄托身后

鹤唳西归

并非与世离绝

墓前花开，又是佳期

月下影斜，来绕百匝

深情如此不休

怎道汝心孤傲呢

栽梅、养鹤，处处皆可

人间的消息

只须听得见寂寥

一叶尚可知秋

何况这漫山遍野

多少呢喃轻语

在等待着白雪寒霜

· 与鹤书

我一步一步走下海湾

从夕光走向月色

披影为衣，无声无息

柔浪轻轻拍打

为神嚎鬼哭过后的崖岸

催眠

你一路暗中伴我
有时高飞，有时尾随
以为我藏起了羽翰
以为天使误堕浊世

在弃舟上，你延颈而立
在地之角，你翘首而望
你守护着我
守护着一个遗民的渺茫生机
守护着一个长夜的隔岁之梦

我不愿被梦囚禁
我只是来此招魂
看我也化身为鹤，与你比翼
让亡灵骑鹤游天
与生灵共舞

· 孤山寺北与君复诗（外二首）

曾谙安

月亮升起来的时候
钟声就褪色了
俯身张望阴郁的回廊
一千年前的叹息引来塞窣的碎光
于我
是不在场的激流之物

或许该有一个你惯常的位置

面向干净的山坡

如何避免频繁的造访

请暗示我

水天云黑白

隐匿不过是昏冥不定的返乡路

看过路长风

缠绕飘零的异乡神

我自悲苦的破晓而来

初次朝拜你

抵达暮色的芦苇中

放鹤经

只是一只孤鸟

在唱

树枝穿行于水波下

青苔填补着裂缝

放你出去

越过斑驳的语法

唤醒一个隐约作痛的人

他在很远的水畔深眠

恋人缺席已久

吟梅经

凌冬长达数十年

年年碎裂

笔端羞赧，无力吟诵簌簌

雪的船只降下来

微光灼烁

谁能见了你又忘记

他这样想

游丝和半影

来自单纯意念的痛楚

唯有暗香

填满大石崩塌的胸口

·林逋小像（外一首）

张巧慧

等梅消息，纵鹤放飞

他所抵御的小幸福、小温暖、小庸俗

我爱墓中的一方端砚

与一支玉簪

但我不爱这个男人

他虚构一座浊世中的庙宇

他爱美和孤寂

他爱干净

"那些触摸不到的，轻盈的

是美的……"

一个终身不仕不娶的人
种梅，养鹤；他属于自己
而我，还比他多爱着
美到凄凉的低处
和凄凉到美的污浊

黄贤村访梅

他缄口不提的老父亲
结庐的孤山和他多的墓地

奉化江畔，多少回不去的故土
多少望断眼的游子

南山之南，孤山寺北
霜降节气为古人写诗，写少年白发
写一片雪，早已融化

从宋朝飘来
还保留着遗世的香

·退守（外一首）

朱夏楠

他曾游走于白昼与黑夜之间
灯花短一寸，笔墨浓一分
像所有的士子那样，他也洞察游戏规则
囊萤映雪，汲汲于求
在经史子集里历练打磨，遥想等待救赎的黎民

柔软如仕途两侧初生的秦稷

可是后来，他退守了
退守成一棵只需要雨露的普通秦稷
他种下了梅，养起了鹤
向东走，太阳起得早一些
向西走，薄雾起得慢一些
没有什么非做不可
白昼与黑夜依旧，只是更漏停止了运作
神圣的东西还在
从故纸堆里跳脱而出
只是，少了依附
诗稿可弃，仕途可弃
连同世人的期许，亦可一一卸下
——从来就没有谁需要谁的救赎
野火新生，青草如故，万物苍茫依旧

是啊，到了入青山的时候了
舍筏登岸，他是真的走开了
他要的不是终南捷径，那里人满为患
他要的，是不执着于生死与名利的从容
是立身高山之上，白云之下
可以自由地选择来去

· 白鹤

那人的目光清亮而忧伤
离人世远一些
是不是就容易被天空接纳？

他试图掏空自己
让身体变得轻盈而透明
可却无法卸下脚上的泥
——五谷杂粮是今生的食粮

他轻叹一口气，低下头，轻轻抚弄
脚边游走着不同寻常的白云
那是从天空带来的自由

幽谷回音

林逍纪念诗文集

二 当代宁波作家纪念散文

原点：上林书院

陈礼明

一

关于林逋，我已经有好些年不想他。想想也是，我这么一个每天为生计忙碌的人，怎么会去念叨这么一位在风雪中一晃就会隐没的人。这之间的差别也太大了，比高富帅与矮穷矬之间的差距，比爱琴海与离恨天之间的差距还要大。

但陈佶告诉我，这位老先生或许在另一个平行世界里，或许就在书架后面。陈佶是我的儿子，他出生的时候我已经离开黄贤，他一年到头去黄贤也不会超过三次，且每次都几乎是路过。不过他的说法倒像是一种提醒，每次我站在书架前找书，总会保持听觉的超常。这实际上是一个很有意思的过程，夜深人静，虫声低吟中，万事万物各得其所，却也听到了自己平静的心跳。自然我不会透过书与书之间的小小缝隙，去观察书架后的光景，我还不想让自己变成某本科幻小说的主角。相对于那些在时间的轴线上结出南瓜或者苹果的主儿，我还是愿意做个普通人，连配角都不是。

所以说，少年的梦是充满弹性和创造的。只不过，因为所处的时空不同，我们有不同的介入方式。当我年少的时候，至少在12岁以前，我从未离开过我的家乡。这个位于象山港边上的小村庄以一种平和的叙述，成了我生活的背景，它每一天的变化都不易觉察，却也不会有突兀之处，好像它所有的变化都在常理之中。

我知道这里面体现出的是一种良善。但当时我确实这样认为，尽管我的家庭或多或少受到了冲击，受到了不公平的待遇。我始终想凡事皆有因果，所有的明天都是从今天出发，只要放在一个较长的时间维度里，所有的事情都会给出一个公平的结果。

我们毕竟不是为讨一时说法而活着的人，幸福只有自己可以享受到。

所以那时候我经过村西北大茅岙水库大坝脚的时候，每次都会为眼前的那一排坐北朝南的老屋所着迷。今天我已记不清这一排老屋到底有几间，是一层的还是两层的，事实上，当时我也没仔细去看。算是年少时的无知或马虎疏忽吗，怕也未必是。

隔着一条小溪，踩过几块水中或隐或现的块石，经过一截两旁长满丝瓜南瓜冬瓜藤的小路，就可到老屋向阳的庭院。那里栽种着几棵果树，可以肯定的有梨树、枣树，前者是因为开花时的烂漫，远远就让人感觉到蜂蝶闹在其间的热烈；后者是暑假末的采摘季节，常有几个孩童，大概是他们家的亲戚，经常拿着新摘的枣到小溪边洗，这对我们少吃的小孩子来说，实在是一个天大的诱惑。除此之外，其他还有什么树，我就不知道了。或许有石榴、有桃树，或许也有梅树，那也只是或许。因为像是一个不可能完成的任务，我从未到过那里，哪怕是渡过那条只有三四米宽的小溪。

大概在我刚识字的时候，也就是20世纪70年代末的一天下午，我在村南的石拱老桥商山桥玩，在桥边的树林里捡到了几张用稻草捆起来的日记纸，可能是有人匆忙中扔在那里的。我在长满苍色青苔的桥面石板上铺开来一看，是手抄的鬼故事——《画皮》，我听我正读高中的大姐说起过。11月，天色近黄昏，吹过来的风有点凉，透过略微潦草的字迹，我更能体会到字里行间流淌的寒意。我匆匆地用稻草再将这些纸扎起来，依然扔到那树林里，然后像一阵冷风，逃回了家。

少年的我，很怕鬼，比蛇还怕。

这多少受到了村里老人们的影响。有些东西是碰不得的，他们不止一次地说起，脸上带着那么一丝神秘的色彩。他们还说，在你不知道的某个角落，总有一双眼睛看着……说完后，他们自己前后左右地张望，生怕自己说漏了什么，被那双眼睛看到。他们说得没错。今天，我仍然能感觉到那双眼睛，只不过，这眼睛，不是邪恶的眼睛，这眼睛，是天使的眼睛，母亲的眼睛，这眼睛，看护着我，呵护着我，告诉我什么可以做，什么可以不做，什么不可以做。

但我和他们一样，当时显然理解错了话里头的意思。

更直观的感受来自比我没大几岁的兄长。他那时在邻村就学，每天凌晨天还未亮就出发，走上十多里路到学校，回来的时候大概也天黑了。于是一路上总会时不时地遇到"磷火"，这大概也是那时农村里的标配，许多人都碰到过。当他们绘声绘色地讲述整个过程，我能明显感到他们语气中表现出来的恐惧。这种恐惧很快在我心里留下了种子，以至于在相当长的一段时间里我都过得特别小心翼翼。

或许是因为眼前的那种悠悠然太过美好，与三四里外的村子完全不同风格，让我感到了某种不同世俗人间的气场，我第一次看到那排老房子的时候，就突然有了莫名的感觉，那里必定是一个神秘的所在，如果我不小心闯进去，可能会惊动什么鬼怪神仙，或者从某一幅画、某一个暗门进去一个狐狸的世界，而我也终将化为一堆小小的白骨，令我的父母悲痛欲绝。对我而言，这显然不是新奇美妙的体验，虽然也感受到了诱惑，但恐惧是大写的、加粗的。人因为恐惧，只想逃离，当你不得不接近时，就尽量保持一定的距离，以求得内心的平衡。而此时似从青湾的山中吹过来一阵冷风，入秋后的芦苇沙沙地响，我不由得加快了脚步。

因此，在很长一段时间里，我不知道这排房子为什么会孤零零地存在于此。它建于哪个年代，住的都是谁，对我都是一个谜。我也懒得去考证、去询问。随着村里一批老人的故去，这种成谜的可能性正在快速加强。

二

　　事实上，我也不知道什么时候这排房子被拆了，因为一个人他要成长，要外出求学工作，更因为在成长的过程中，对世界、对社会、对人生、对灵魂有了新的思考，我已不再逃避，少年时的那种恐惧感亦荡然无存，所以老屋自然而然地被淡忘了。及至前些年，自己有了汽车，一日偶然驾车路过（那地方没有公交车经过），见取而代之的是一个废弃了的水上乐园，心里突然咯噔了一下。当我站在原来的那个地方，时间仿佛在倒流，我还能清晰地记起它的模样，就好像此刻它依然存在着，从来就没有消失过。

　　其实这中间有一次，我应该能想到这里，但却疏忽了。

　　1998年，当我试着写林逋的时候，我曾在乡中听到村里的一位老人说，20世纪60年代修建大茅畲水库的时候，人们在这附近挖出过一块古匾，上有镶金大字，似乎在说明这里过去的繁荣，只不过当时的人们不识其中的价值，不知被扔到何处去了，更没人知道匾上写了些什么。但据说，当年杭州来了几个人，在这里做了一番调查，至于调查什么，不甚清楚。但老人说，终归是极重要的事，因为杭州人不止来了一年，来了好几年哪。

　　他说这个跟"梅鹤太公"有关。

　　他口中的梅鹤太公就是林逋。

　　多年之后，当我看过吴文江（1857—1897）先生编著的《忠义乡志》，我几乎第一时间对这排老房子做出了自己的揣测：这可能是上林书院的旧址。

　　《忠义乡志》卷七"书塾"，有上林书院的介绍：上林书院，大脉畲口。古黄贤林氏住大脉畲里，后徙今址，因呼旧居曰上林。康熙间为林姓香火院，祀其祖镮钗与和靖先生，寻改名书院，置田二十余亩，山三则，院屋中有三楹，两厅各五楹，今半圮。

　　大茅畲原来叫大脉畲。那么大脉畲口，不就是现在的大茅畲水库的坝脚位置吗？

　　但这样的揣测也只是个揣测。因为没有人能告诉我真实的情况怎样。说起来，吴文江编撰《忠义乡志》时，当时上林书院已半圮，到如今也

幽谷回音

林逋纪念诗文集

不过百二三十年，应该有人知道上林书院的情况并告知子孙后代，至少在他们的下一代中，有人还能详细道来，这样的传承应是不过分的。但为何就变得模糊了呢？或许答案也在这两个字中：半圮。

无疑，上林书院曾为林姓祭祖之地，于一族而言，重要性可想而知。但却已半圮，这里能传达出什么信号。是林姓式微，还是这地方被弃用，这两个备选项中，后者的可能性更大。因为，即使在目前，林姓依然是黄贤村的大姓。

为何弃用，自然与林姓子民"外迁"有关，虽然距离只有三四里地。

有一点可以确定，当初黄贤林氏的祖先来到这个象山港边的小村子时，他们的第一站断不是现在黄贤的位置，而是在大脉岙。《黄贤林氏家谱》记载，黄贤林氏世居福建长乐县。五代时，十世祖林登云，婚配赵氏育有四子。十一世林氏四兄弟则自闽迁浙东，长兄林锏，定居象山；二兄林钏，定居奉化钹耳山；三兄林镶和四弟林钬合居奉化黄贤大脉岙。镶钬便成为黄贤林氏始祖。

当时的大脉岙自然不是水库，虽是山岙，也有田四百余亩，黄贤溪哗哗地流过，怕也是男耕女织，一派田园风光。天空澄碧，青山苍翠，隐隐似一条巨龙潜行其间，这是否已在预示着什么。

其实，世事多变，在时间的长河中，许多事情都在悄无声息地变化，及至一定时期的日积月累，便怎么样也会有惊人的变化。战乱、天灾、疾病和贫穷让一部分村庄消失，让一部分人远走他乡，也可能让一部分人找到了安居乐业的良所。人们在流浪中选择，在选择中流浪，风水地理久盛不衰。有两类比较特殊的：一类是政治上的原因，历史上满门抄斩，诛九族的事屡见不鲜，为延续香火，能逃一个是一个；一类是避仇或避盗，那些人迹罕至之地，便成为他们的选择。于是在志书里便会经常看到，某个不起眼的山谷里，有一个村庄，村庄里只有区区几个人。

林登云大概是在吴越王钱镠下面为官。虽说是处在五代十国之乱世，但相比于其他区域，此时吴越王治下确是相对稳定。这个因一句"陌上花开，可缓缓归矣"，而可以列为中国古代最有名的段子手之一的王，开创了江浙繁荣的良好开局，杭州更是成了"乐土中的天堂"。但公元960年，大宋王朝粉墨登场，原有的一切秩序开始重构。因此林登云的几个儿子个个都远走他乡，耕读持家，也就很好理解了。

但吴越王无疑也成了林氏家族的一个印记，因为在他的治下，林氏家族达到了一个高潮，而之后，随着吴越王朝的结束，林氏家族的低潮竟也如影相随。这中间的落差，怕是容易在家族的后人心中激荡，泛起波浪。

在大脉岙，林氏应该没过多久，便南徙到三四里外的黄贤村今址（南宋《宝庆四明志》已列黄贤村）。我不知道在林氏南迁时，是不是在新址延续了原先在大脉岙的村名，如果没有，那当时是不是有黄贤村，有的话，当时村里住的是什么人。根据志书记载，黄贤陈氏可能还是稍迟于林氏迁入的。这个位于汉初"商山四皓"之一鄞大里黄公崔广隐居的商山脚的，并因此而得名的村庄，作为一段历史的密码构成，它与余姚黄墓渡（河姆渡）、鄞州黄古林（今属宁波海曙区）、宁海黄公渡等一起，连成一线，成为一个著名隐者的地名印记。如果是现在的地理环境，黄贤这个地方应在五代之前，就已成村了吧。虽然从地质构造来看，这一片出露地层以上侏罗统陆相火山碎屑岩系和燕山运动晚期侵入岩为主，属于非常成熟的区域，不大可能发生大的地质灾害。

但有一种可能，怕是如今的黄贤村口之南，当时仍是一大片湿地。

这应是有迹可寻的。

其一，再回到吴越王，他在内政建设上的主要成就之一体现在修筑海塘和疏浚内湖上，由是田塘众多，土地膏腴，有"近泽知田美"之语。他还鼓励扩大垦田，"境内无弃田"，岁熟丰稔。黄贤在其治下，修筑海塘，怕也是常规之举。

其二，五代僧人布袋和尚曾历时三年，在黄贤附近啸天龙山旁择时修筑海堤。《忠义乡志》对这处水利工程有记载："后梁岳林庄布袋和尚，在此得地二千余亩。啸天龙山在十庙契旁，岁久契为潮冲毁。"十庙契即为该海塘的三契之一。此也为佐证。

其三，在我年少时，黄贤村南的水稻田里，每隔一段距离，均有一堤，或曰门前塘，或曰黄贤塘，或曰温州塘等等，与现今的海塘黄家滩塘遥相呼应。这塘，那塘，实质上是人类千百年来，一次又一次驱赶海水，围海造田留下的痕迹。

幽谷回音

林道纪念诗文集

其四，村里的老人曾告诉我，有一年海啸，堤塘损毁，海水倒灌，就连商山桥边的农田里都能抓到青蟹。

如此种种，皆在印证着猜测。

但不管情况怎样，一个村庄以它自己独有的方式在长大，在成为历史的经典。

于是，林姓居民开始在新的地方繁衍生息了，像蚂蚁搬家一样，许多在大脉吞的遗存，也一点点地被"抽离"，出现在新的地方。自然，按照《黄贤林氏家谱》的记载，这个事情主要是林镮一脉在做了。

在黄贤，林镮生一子名通，字君明；林钺生一子名逋，字君复。其后，林逋堂兄林通育二子，长子林彰，官朝散大夫，次子林彬，官盈州令，而林逋则终身未娶而无后。

到清光绪年间，黄贤林姓有六十余户二百多人。据《忠义乡志》记载，那时，林姓已在黄贤村里建起了祖祠追远堂，祭祀黄公的庙也从大脉吞搬到了商山脚下，老庙叫南祠，新庙叫东祠。

我儿时，追远堂是还在的，后毁于一场大火。我记得那是20世纪七八十年代的一天中午，火势凶猛，烧了有几个钟头，等救火车到的时候，火仍猖狂。在这之前，村民们水桶面盆一起上，但终究无奈，除了几根粗大的柱子撑着厚重的木梁冒着青烟，一切都已灰飞烟灭。而东祠庙虽然现在还在，却不知何时起已是一个简版。

说起来，那些日子黄贤失去了许多宝贝。之前黄贤溪沿村的两旁都长满了参天大树，多数是枫杨，也有香樟。这些树若能活到今天，那是株株都可以进入古树榜的。但有一天，一声惊雷，劈中了其中一棵大树，没过两年，它竟然死了。我记得此树树干上有一大洞，是我们捉迷藏时的藏身之所。此树一死，其他树好像也生无可恋。当然，更主要的是人为因素——建设，往往是破坏。这当然是题外话，却也是中国人历经三十余年得出的教训。

当时的中国人，太穷了！

大概也没过几年，黄贤陈家的祖祠孝思堂也毁于一场大火。老古董终于一个不剩地走出了人们的视野。村里又有了一些新的"地标性"建筑，如1984年建造的梅鹤剧院，接过了接力棒，延续着泥土的记忆。

所以，上林书院的被淡忘，几乎是必然。

今天，我已不再与自己商量，便已认定当年大茅岙水库坝脚下的那排老房子就是上林书院。这有些任性，但除了这样，还有更好的结果吗？

为了追踪那个出走的人，我需要一个原点，而这里就是。

三

而在另一边，具体地说，在一千多年前的孤山小庐，当那个人一曲琴罢，起身伫立，安静地看着窗外雪压翠竹，风吹梅香，双鹭时起，他清凉的思绪不禁飞过野塘，直到湖山深处……彼时，他是否会想到，千年之后，一个无名小子，做出的这个莽撞推定。

当然，在这推断之前，还有其他的，诸如其祖父是林登云而不是担任吴越国忠懿王时官通儒院学士的林克己，如果他们不是同一个人的话；诸如林逋他是奉化黄贤人，而不是钱塘人。

历史自有其演进的路径，留存给后世的文本则更像是一本人写的天书，想要丝丝缕缕地去还原，仿若是种不可能。但或许也就是这种不可能，造就了我们的幸福，活在当下，成为一种哲学。

但我真的以为，人与人之间，有跨越时空的共鸣。当我起舞，他也起舞；当我沉醉，他也沉醉；当我不明所以，他也不明所以；当我极目远望，他也极目远望。人的希望和绝望，在于那一刹那间的转换。而那一天，当他的目光循着梅香，越过竹篱，远离这小小的所在，他是否看到了那个站在水库大坝下茫然失措的我。

或者有的，极短的一瞬。

更多的，他把空间留给了眼前的自然。

当然，还有记忆。

比如曹州十年。

那是一段"春风醉"的日子，他还年轻，有许多年轻人的想法。尽管这看起来像一场失落的赌博。

是失落，不是失败。

曹州位于今山东菏泽一带，距当时北宋政治中心开封较近，离当时辽宋的主战场澶州仅黄河之隔。可谓既是京郊，又临近国境之地，在兵荒马乱的年月，这里风险重重，命若草芥。但正如火烧后的森林，也适合种子萌芽，小树快速成长。

而且这片"森林"已"烧"了二百多年。

安史之乱之后，习惯于飞行的大唐帝国虽然仍延续了150年，但已像一颗石头在山坡上不断地滚落，不断地滚落，扬起的灰尘遮住了人们望远的视野。虽然出现了诸如代宗、宪宗、武宗、宣宗这样力挽狂澜的强人，但大唐的元气早已伤去，帝国的江山犹如一锅渐渐烧开的水，蒸汽愈冒愈烈，终于迎来了沸腾的至暗时刻——五代十国时期。

这是礼崩乐坏的时代，伦理道德尽皆被抛在一边，只要手中有兵有钱，就可以造反，就可以改朝换代。

乱世出英雄，更何况这是乱世之乱世。

仿佛每一个人都有随时被杀戮的可能，每一个人都有可能出人头地雄霸天下。哪怕你是个平民。刘知远、郭威、杨行密、马殷、徐知诰、钱镠……哪一个不是榜样。而在中下阶层武将文官中，平民出身的更是数不胜数。

林逋所处的时代，烽火仍在延续。尽管宋太祖赵匡胤依据宰相赵普的"先南后北、先易后难"的策略，先后灭亡荆南、武平、后蜀、南汉及南唐等南方割据政权，完成了全国大部的统一；并"杯酒释兵权"，罢去禁军将领及地方藩镇的兵权。宋太宗赵光义成功迫使吴越王钱俶和割据漳、泉二州的陈洪进于太平兴国三年（978）纳土归附。次年亲征太原，灭北汉，结束了五代十国的分裂割据局面；并进一步加强中央集权，改变唐末以来重武轻文的国策。硝烟正在散去，尘灰正在飘落，大地逐渐归于平静。但强辽仍在北方虎视眈眈，燕云十六州可谓赵宋统治者心中之痛。辽宋交界之地，连年兵荒马乱，战火连天。

战火纷飞之地，热血激荡喷涌。来自大宋王朝各地的热血青年，如飞蛾扑火，拥向杀戮之地。这是一个时代的特征，因为长期处于乱世，在许多有志青年的心里，生命的过程就是在战场上建功立业，人生的宿命在于马革裹尸，尤其是五代十国的那些官员后代，见惯了祖先在马背上的出生入死，经历了故国灭亡后家族和人生的沉浮动荡，沿着祖先曾

经的轨迹，将自己的一条薄命推向残酷的战场，只怕是一个极为自然的想法。这是多么悲壮的行动，这是多么悲壮的命运。更像扎在喉咙上的死结，似有别的无数选择，却无以选择。倘若在百五十年后，大宋王朝的子民仍有这般的血性，1127年或许就不会发生"靖康之耻"。只是那时候的人们早已习惯了风花雪月，莺歌燕舞。

命不由我，命在天涯。

今天，我们不能确切地知道林逋是什么时候到的曹州。作为一种猜测，如果他在曹州待了10年的话，从真宗大中祥符元年（1008）其41岁开始"二十年足不及城市"的隐居生活向前推，也就是在他二十六七岁的时候。

未肯求科第，深坊且隐居。

胜游携野客，高卧看兵书。

点药医闲马，分泉灌晚蔬。

汉廷无得意，谁拟荐相如。

看兵书，医闲马，难道只为分泉灌晚蔬？一首《赠任懒夫》，正很好地"呼"出了年轻林逋心中的呐喊。

这是一种回声，一种压抑很深的感情。

但那一天，林逋听到了压抑更久的声音。1004年正月，大宋的京城发生了一场地震，那来自地底的声音森然而恐怖。飞鸟从草丛里惊起，大地仿佛发出了一种骨肉撕离的喊声。这更像是召唤，人与自然在这时仿佛产生了更为紧密的联系。林逋隐隐地兴奋，有大事要发生了。

四

在不远的宫殿里，还有一个年轻人，却为此脸色变白。

那位年轻人就是宋真宗赵恒，这一年，他刚刚继位6年。

对宋真宗而言，1004年注定是一个非同一般的年份，因为历史是如此戏剧性地把他推上了澶渊高高的城墙，这座据北道之会，扼大河要津的城池后是一马平川，帝国的都城"裸露"在北来的风中。11月26日，当黄龙旗升起在城头上，连坐镇对面的中国历史上的著名女强人萧太后

幽谷回音

林逋纪念诗文集

也放亮了目光。但她还不至于心慌，相反，皇帝亲征的事又不是第一次，宋真宗的老爸宋太宗就干过。但又怎样，还不是在高梁河畔受伤中箭，仓皇而逃。更何况他老爸是身经百战，而赵恒呢，怕是从来都没上过战场的"软柿子"。

但最终有件事让她不得不心慌了，那就是两天之前萧挞凛的提前阵亡。这位辽军中的实力派偶像，败宋军无数，同样受的是一支利箭，只不过这支从宋将张瑰手中射出的箭，不是一般的箭，也不是毒箭，而是一支以床子弩射出的大箭，击中额部，他甚至都没有感觉到痛就断了气，鲜血从他的脸上流出，凝结成一朵红云，而这朵红云也让聪明的萧太后感到了无奈，甚至绝望。

"难道这里便是我的葬身之地？"她不由得长叹一声。

但历史这时候给了她一个机会，给了这支孤军深入他国边境一千里，人困马乏的军队一个机会。萧太后没有想到，她的议和请求，宋真宗爽快地答应了。

澶渊之盟几乎成了宋真宗的耻辱，但对这位看似懦弱的皇帝来说，这是一个必然的选择，尽管这看起来更像是一个特定时间特定地点的偶然。或许，经过几百年昏天暗地的杀戮，是到了该结束的时候，和平的曙光已升起在这片平原。

就这场战争而言，我们没有理由不去相信宋真宗彼时的妥协和软弱，白白丢失了一个上佳的机会，浪费了大好的局面。但问题是，即使这次胜利了，甚至将聪明的女子萧太后也给灭了，带着仇恨的辽人不会因此而停止侵扰，帝国的边境依然会飘摇于烽火之间。而连年的战争，不仅需要大量的资源和费用，挑战老百姓生存的底线。更重要的，是造成局势的动荡和政权的不稳。尽管有太祖和太宗打下的基础，但离陈桥兵变，也就四十多年的时间。这个时间，不会比五代时的各个朝代长出多少。更何况就在这么短的时间里，已有两位皇帝逝去，要说是非正常死亡，也不仅仅停留在猜测层面，宫廷的烛火抖抖晃晃。如果战争再无休止地继续下去，势必又有一批将领拥有超出一般的权力，什么时候再来一个兵变，不是没有可能的事，甚至更严重些，直接就割了你的人头挂上了城墙。"五代"变成"六代"甚至"七代""八代"都是很有可能的事。

　　胜之，和之，面对辽这样的强敌，于宋真宗而言，这是最好的机遇。"得饶人处且饶人""退一步海阔天空"，都是在这样的情境下的一种高风选择。如果你是战败者，就不会有这份从容，人与人之间如此，国与国之间亦如此。这不是投降主义。更何况与萧太后这样一个强大的对手签"誓书"，有一个好处，是她有能力确保盟约得到顺利的执行，而不像那些昏庸软弱的主，说不定回去就给干翻了，使盟约成为过期的支票，事情又重新回到起点。

　　我们难以猜测到宋真宗当时是不是这样的真实想法。但至少澶渊之盟后，大宋迎来了一百多年的辉煌，从而在中国历史上达到了一个顶峰，我们看到了《清明上河图》中的繁荣。至于那 30 万岁币，即宋每年向辽提供"助军旅之费"银 10 万两，绢 20 万匹，那真是小菜一碟。祝勇在《澶渊：战争与和平》中写道：根据后来宰相王旦的计算，这笔支出不及战争军费的 1%，如果按宋朝政府的年度全部财政收入计算，还不到 0.4%。用这点代价结束战争，实在划算。

　　和平真是个极好的东西，河北平原上的农民闻到了久违的气息，那是真正的阳光味道、青草味道、麦穗味道……安详而宁静。但和平仍需要武力去维护。一纸盟约，可以让辽宋之间相安无事，但旧有格局的改变，往往不是 A 吃了 B，或者 B 吃了 A，而是突然来了个 C，把 A 和 B 给灭了。

　　最好的防守是进攻。没有了强大的军队，越是害怕战争，战争就越会如影相随。只不过这时你已没有任何的胜机和胜算，你也不会再有这样的从容，留给你的只有屈辱和灭亡。此所谓，此一时，彼一时。有些事，只有在特定时间特定地点特定条件下是正确的。

　　这让人想起郑和的事。这位中国历史上最著名的航海家自永乐三年（1405）接受明成祖朱棣授予的神圣使命，开始七下西洋，远航太平洋和印度洋，沿途拜访了三十多个国家和地区，目前已知最远到达东非、红海，引领了 15 世纪末欧洲地理大发现之前世界上规模最大的一系列海上探险。虽然说这一路上更多是为了宣示皇权，做的看起来是赔本生意，巨大的开支让明朝的财政不堪重负，但 1477 年，当那个名叫刘大夏的兵部侍郎为

了彻底打消帝国重启远航事业的决心，一把火把郑和船队的所有档案全烧了时，留给人们的不只是一堆随风起舞的灰烬。当然，一个伟大的时代是如此遗憾地与我们擦肩而过，并不只是这个原因，但此间的空洞也已成了一个永远的"伤疤"，甚至今天，关于郑和船队真正到达过哪些地方，也只能根据其他资料的零星数据予以碎片化推断。或许，帝国的船队也绕过了好望角，进入了大西洋，甚至绕过潘帕斯高原之南的合恩角，又重新进入了太平洋。或真的是第一个绕行了地球。当然，今天我们无须去强调这些，并刻意去声明这个听起来不靠谱的第一，如果仅仅是要这么个名分，那又有什么用呢。但是，船队的资料是如此重要，可以说，正是花费了重金才得到的"宝藏"，如果保留了下来，总会有人去研究它，从而发现价值，创造价值，改变中国历史的进程。而问题是，刘大夏据说还是一个口碑不错的官，他对自己做的这事还相当满意，相当自信。

无疑，郑和下西洋，更像是无意中进行的一场风险投资，但投到后来，发现资金链有断裂的危险，就惊慌失措地收了手，回到平庸的状态。这样的收手，或许是有充足理由的，为了帝国的平稳运行。但是切记，所有的风投都是有意义的，哪怕是一次失败的尝试。风投的价值，不只在于获得资本的增值，更重要更有意义的，是看清人类的未来，给予今天的人明天的方向、明天的答案。带着逐利的想法，去做风投，或许只有短浅的目光和一地鸡毛。

人是需要有一定奉献精神的，不为当下，为未来的长河。这样，才能诞生伟大，伟大的人、伟大的精神、伟大的国家。

按照这个逻辑，在中国历史上，有一位人物能够造就伟大，但他却早早地落幕了，留下一个狼藉的声名，他就是那个短命王朝隋的皇帝杨广。

像我这样年龄的这一代人知悉杨广，更多是从单田芳老师的评书《隋唐演义》开始的。荒淫无度、横征暴敛是加在他名字前的定语。他的表弟唐高祖李渊还给他上了个谥号叫炀皇帝。谥法对所谥字号有着详细解释，关于"炀"的解释是"好内远礼曰炀，去礼远众曰炀，逆天虐民曰炀，好大殆政曰炀，薄情寡义曰炀，离德荒国曰炀"，看起来此人真是一无是处，坏得可以。

但这是真实的杨广吗？

唐初由魏征和长孙无忌主编的《隋书》或许能给我们一个可供参考的答案，书中指出杨广"爰在弱龄，早有令闻，南平吴会，北却匈奴，昆弟之中，独著声绩"，实在是一个不错的评价。不说他战功显赫，南下平陈，统一南北，攻灭吐谷浑，征讨契丹，东征高句丽、琉球等等，就说他组织开凿接通大运河，就是一桩显著功业，大大开拓了隋朝疆域，也加快了南北经济和文化交融。但这个还不是重点，他实施的机构改革，即"三省六部制"，被大唐捡了个现成，时至今日，仍被日本沿用。他还开创了科举制度，为历朝沿用，影响至今。可以说这是中国历史上极其重大、影响极其深远的事情。仅此，他就可以彪炳史册。

　　可是，他为未来做了许多，但却忘了当下。他太性急了，太好大喜功了，本该按部就班做的事，怎可一股脑儿全上了？以至于劳民伤财，让百姓苦不堪言，怨声载道。

　　寒鸦飞数点，流水绕孤村。

　　斜阳欲落处，一望黯消魂。

　　如此情境，再骄傲好看的头颅只怕也只能黯然垂落。

　　再远大的理想，也要植根于土地，也要顾及生活在这片土地上的黎民百姓，也要张弛有致。有些事情要做，但不是现在。现在，先让自己活下来。

　　活着，是一切的基础。

　　这么说，并不是为杨广洗地。他在劫难逃，不止因此。史书记载的他的种种可恶，只怕并不能删去大部。但比起个人的品行，他对时势的认识和选择，只怕也是起了决定性的作用。

　　所以刘大夏能有那份自信。

　　所以宋真宗说："数十岁后，当有能扞御之者。吾不忍生灵重困，姑听其和也。"

　　这一刻最纠结的只怕是宰相寇准。这一趟，他辛辛苦苦将皇帝老儿"逼"到澶渊的城墙上，以此大振宋军的士气。如今，宋军明显占了上风，对方明显处在弱势，正好乘胜追击，乘机收回后唐节度使石敬瑭作为礼物送给辽国的幽云十六州部分或全部，甚至更遥远的草原腹地，成就一番伟业，在扩疆拓土的同时，也可为宋太宗报一箭之仇。但处在他的位置，

出于对帝国领导者利益的考虑，出于对天下苍生的体恤，他不得不去权衡和考虑战争的残酷破坏和由此带来的巨大损失。当宋真宗答应议和请求时，他并没有一味地阻拦。

五

历史的旋涡，将人卷入矛与盾的纠缠，犹如一条缠绕的线束，伸向遥远。

但1004年的那个冬天，那次握手言和，对林逋来说，比之寇准，他似乎有了更深一层的失落。

一个时代就这样结束了。新的时代确已悄然而至。

天下已定，不会再有我林逋什么事了。

或许林逋发出这样的喟叹，更多只是我的想象。

但我想，与其他故国遗臣子弟不同，林逋去那里并不只为得到一官半职。对当官，他可没多大的兴趣，"只觉得青山绿水与我情相宜"。他也断不是抱着去那里见见世面，交几个知心朋友，为自己以后的事业做一些人脉上的准备。尽管当时曹州因其地理位置上具有的得天独厚的战略重要性，会集了一大批从全国四面八方赶来的优秀青年，还有官府重用培养的年轻官员，使得他有机会认识其中的佼佼者，并结下深厚的友情，甚至包括李建中、李及和薛映。

但他无疑是个非常人，他来到此地，仿佛有更重要的事要做。而且，这件事不仅仅关于他自己，至少不是为自己扬名立万。

梅尧臣在林逋诗集的序言中写道："君在咸平景德间，已有大闻。"

那么，他因什么而大闻？

是他的诗名？这确有可能。虽然他早期的诗作遗留不多。宋史称他作诗"既就稿，随辄弃之"，然好事者往往窃记之，得三百余首传世。这中间，归隐之前特别是放游早期的作品极少，感情平实，起伏不大，有较浓的生活色彩，基本是放游生活的写照，如《寿阳城南写望怀历阳故友》：

楚山重叠矗淮渍，堪与王维立画勋。

白鸟一行天在水，绿芜千阵野平云。

孤崖拂阁晴光见，极浦渔舟晓未分。

吟罢骚然略回首，历阳诗社久离群。

这是林逋经宣城、芜湖、当涂、和县、含山、寿县、无为、潜山、池阳、金陵等地，直至曹州途中，在寿县逗留时，回忆历阳故友的感怀。大概是他在历阳待的时间不是太短，他还参加了当地的一个诗社，与当地的诗人一起读书唱和行乐，度过了一段快乐逍遥的日子。多年之后，他在《春日怀历阳后园游兼寄宣城天使》写道：

昔年行乐伴王孙，事尽清狂是后园。

一榻竹风横懒架，半轩花月到顽盆。

佳人暗引莺言语，芳草闲迷蝶梦魂。

今日凄凉旧春色，可堪烟雨近黄昏。

在过去的有一段时间里，我一直以为此诗或是个密码，以解开他的不婚之谜。一句"佳人暗引莺言语，芳草闲迷蝶梦魂"，的确能将人引入"歧路"。但后来一想，倘若在历阳这个地方，真发生了一段令他刻骨铭心的爱情，多年之后他断不会如此轻松地回味这段美好的时光。但作为一个客居者，能在一个较短的时间内融入当地诗歌文人圈子，一方面，固然靠有人邀请或引见；另一方面，自身须得有一定的诗名吧。

而正是这种放游，让林逋的诗名更大。所以，陆放翁在《渭南文集》中云，至祥符、天禧间，"天下文学名天下者，陕郊魏仲先、钱塘林君复"。

但陆放翁毕竟是后人，对林逋这样的一个人，他的了解估计也是在各种典籍的考证中获得，也会有空白和个人的好恶。巧的是他所提及的两人，无论是魏野魏仲先，还是林逋林君复，都是当时的隐者，且为宋真宗所重视。这是比较有趣的，实在有太多的耐人寻味。

我这么说，并不是说林逋以诗名天下有不确定的说辞，事实上，从现存的诗歌看，林逋的诗歌的确在当时处于领先者的行列，不仅仅是那句传诵千年的"疏影横斜水清浅，暗香浮动月黄昏"。但林逋之所以大闻，难道仅仅是因为诗名？这里面大抵是有可供探讨的空间的。

"驴仆剑装轻，寻河早早行"（《汴岸晓行》），"胆气谁怜侠，衣装自笑戎"（《淮甸南游》），如此英姿勃发的少年英雄，便是林逋在诗中的自画像。这也比较符合我们之前的推断：从一个重武轻文的乱世中来，

特别是五代十国的那些官员后代，见惯了祖先在马背上的出生入死，经历了故国灭亡后家族和人生的沉浮动荡，身上没有一点武功，怎敢闯荡江湖。这是必备的素质。南宋周紫芝在《竹坡诗话》中说林逋"微邻于侠"，范仲淹在《寄赠林逋处士》中写到他与林逋交流相处，有"剧谈来剑侠，腾啸骇山神"的感慨，可见林逋不仅会些武术，还隐隐有侠者之气。

侠之大者，为国为民，美名传扬？

这是我的猜测。

但有一点不好理解。

范仲淹是个隐士控，他虽然自己不是隐士，但与许多隐士有交往，且往往是忘年交。比如魏野，比如林逋。他对林逋的评价很高。他和林逋相识，应是天禧五年（1021）之后的事。对林逋来说，已经走入生命的最后一段时光。我们在林逋的诗中见惯了"病"字，好像时时刻刻在提醒我们他自小体弱多病，甚至让人以为他的不婚，也是因此。但同样的一个人，为什么在范仲淹他们这些青年才俊的眼里，是不同的另一个形象？

这一直是我的困惑。

一个人生病，这很正常，生老病死，人之常情。但一个人老是自怨自艾地强调自己生病这个事实，算不算正常？或许我们可以说，一个人生病了，内心感到脆弱，就会向他人诉说，以引起关注和同情，甚至救助。但那个人若是林逋，就不正常了。林逋是这样一个性情孤高的隐者，只怕是宁愿自己默默地死去，也不会选择这样。更何况按照他自己的说法，这病也不是生一天两天了，如果有诸如上述的想法，也应该早早地漏了——"投了降"。我不敢把林逋的这种行为归之乞怜，更不敢将之认定为一种故意的示弱。尤其对于后者，这样的念想竟让人割舍不下。

而在另一边，改革家范仲淹千里迢迢"越界"，从泰州的任上来到杭州，来到孤山，难道仅仅是因为他仰慕林逋的为人为诗为文？

这里面有太多的未解。但倘若真如我的想象：他是在回避，他本打算做一件惊天动地的大事。他打算做这件事，或不为自己，只是受了他人的委托，或者干脆没有人委托，只不过他觉得应该这样……现在看时势对自己不利，或者大势已去，只好放弃，只好把这个伟大的想法、伟大的计划深藏心中；或者无须他出手，目标就已鬼使神差地达到，他于是撤退，并想方设法盖住那些一不留神就会显露出来的光芒。

那真的是一件很有趣的事情。

我愿意故事以这样的方式演变下去。

六

他于是发出喟叹：天下已没有我林逋什么事了。

他或做仰天长啸状。

这一情景像极了陈抟率几百弟子在赶往汴梁的路上听到宋太祖登基，大笑坠骡，曰"天下于是定矣"的样子。

陈抟据说是林逋的师父。

陈抟（871—989），字图南，号扶摇子，赐号"白云先生""希夷先生"，北宋著名的道家学者、养生家，尊奉黄老之学。

后人称陈抟为老祖。

既被称为老祖，自当不凡，也会有很多故事。这些故事，有些是真实发生之事，有些只怕是后人或信徒生发之想象。据说陈抟以善睡著称于世，"每寝处多百余日不起"。陈抟虽退居山林，练习睡功，但也未曾忘却济世治国，于寻仙觅真之际，寻求治国拨乱之道。宋太宗时，陈抟两次应召入宫与太宗交谈。有一次太宗让宰相宋琪询问神仙方术，陈抟不但直言自己无方术可传，还指出白日升仙于世事无补，所谓"抟山野之人，于时无用，亦不知神仙黄白之事，吐纳养生之理，非有方术可传。假令白日冲天，亦何益于世"，最好的修行就是"君臣协心同德、兴化致治之秋，勤行修炼，无出于此"。另一次，宋太宗向陈抟求问济世安民之术，陈抟取纸笔书写"远近轻重"四字，解释说："远者远召贤士，近者近去佞臣，轻者轻赋万民，重者重赏三军。"太宗听罢大悦。陈抟临出京时，太宗在便殿赐宴，诏宰臣赴宴赋诗，以宠其行。

本应是化外之人的陈抟却一直与最高统治者保持着紧密的关系。不只是宋太宗，还有之前的宋太祖、周世宗、唐僖宗。这些皇帝为何如此看重他，除了长寿，除了种种民间传奇，最重要的可能就是他的这些经世韬略和治国理念。行家一出手，便知有没有。毕竟是乱世，有太多的

幽谷回音 林逋纪念诗文集

可能。更何况是这么一个在民间有众多跟随信仰者的厉害角色，皇帝们自然放心不下。于是，得三日两头把你找出来，叫到身边，试探试探，揣摩揣摩，研究研究。

《唐才子传》说到陈抟的弟子，称"如洛阳潘阆逍遥、河南种放明逸、钱塘林逋君复、巨鹿魏野仲先、青州李之才挺之、天水穆修伯长，皆从学先生"。

这是大咖的豪华组合，称之为魅力集团并不为过。

这也多少有些离奇。倘若此说为真，则可解开林逋一生中的许多密码，这些密码如今隐在一处空白中，但这一刻我们像是触及了某个机关，在这处空白中逐渐浮现出一些画面、一些场景、一些数字、一些背影。

陈抟逝于公元989年莲花峰下张超谷。这一年，林逋刚好二十出零。倘若在更早的时候，他就已入陈抟的门下，那么太平兴国九年当陈抟参访汴梁与宋太宗赵匡义"交流"济世安民之策时，林逋或就在他的身边。因这一趟陈抟被留了几个月，宋太宗才放他归山。那这几个月里，林逋和他的那些师兄弟有哪些奇遇，就有许多种可能了。

但此说终归让人不太放心。虽然，林逋的很多修身养性和济世治国理念，像是得了陈抟的真传。但光凭一段记录，我们仍不能莽然地认定。但无论如何，于林逋而言，他生命中给我们留下的空白，即离开上林书院，到放游江淮的这段日子，的确需要有这样的一位名师给予提携和教导。即使没有陈抟，大概也有同样厉害的一位老师。

同样，他也是一位厉害的老师。在出师之后，就有弟子。

《宋史》说他"尝客临江，时李谘方举进士，未有知者"，对别人说"此公辅器也"。他去世时，"谘适罢三司使为州守，为素服，与其门人临七日……"如此云云，很是明白。当然，在他的弟子中，他的侄子林宥你可以不算上。但对这个侄子，他是万分的喜爱，只怕寄托了自己的希望。这希望有一部分来自他内心的失落。

今天，我们无法知道林宥是不是他堂兄林通的儿子。更有可能的是，林宥来自家族谱系里更远的分支。他教育林宥的时候，应该还是年轻的时候，最大的可能，就在他出师之后，放游江淮的初期，只不过，当时跟随林逋的，是只有林宥一个人，还是还有其他人；当时林宥是跟着他放游，还是只在较短的时间里在某个地方，或者说在林宥的家里得到了他的教导，只怕仍是未解。

他教育弟子，自不会仅限于如何作诗著文，应是涉及天地自然、人文经史、治国理政。他"少孤力学"，名师教导。他乐与年轻人交流，并有自己的一套方法，有较强的人格魅力，这从他与梅尧臣、范仲淹以及欧阳修等忘年交的交流中可以看出，他们相谈甚欢，完全没有年龄隔阂。他的眼光很"毒"，比如对李谘，他看得不是一般的准。

他具备做一个好教师的资本。

这倒让我想起一个关注了很久的问题：谁是那个或那些有心人，在记他的那些随就随弃的诗。林逋的诗作有很大一部分是与他人的唱和之作，或入书信，寄往远方的友人，或在诗社唱和，但相当一部分只怕是他的弟子承担了那个"有心人"，而他的弟子如何记录，记录什么，是否得到了乃师的默许？而且，倘若事情真的如此，那二十多年之后，编辑他的诗集将是一项浩大工程。那不是资讯发达的时代，你只要在网上发一个帖子，就可以"唤醒"更多的相关者，而是需要你一点点去整理、发现、找到相关的唱和者，或寄书信（找人送去，找的人可靠的，或能送到；找的人不可靠，那是无论如何也送不到的），或千里迢迢，亲自登门造访，搜集相关资料。这编书的过程，当有许多本身的故事，也可发现林逋的一些过往，那些不为人所知的事情，编书的人不会错过。很可惜的是，这样的故事和过往，我们并没有发现许多。

或许我们仍可将这归之于时间。但还有一个我关注了很久的问题，即他的弟子好像被人关注得不多。是他的弟子愚笨，还是他的弟子和他一样，选择了世外的生活？前者看起来不大可能。如果是后者，怕是受到了他个人魅力的深度影响。至少从他对林宥中第，以及积极鼓励范仲淹出仕改革的态度来看，他是希望弟子们出仕，而不是选择与他一样的生活。你可以说，像梅、范、李等人，都受过他的点拨，也可算是他的弟子。范仲淹更是根据自己的经验和林逋的智慧，写就了当时的"网红"文章——超万字的《上执政书》。不过真这样去归并，有些勉强。

这实在是一个很奇怪的现象。这中间是否有刻意地选择性"隐"去。

这"隐"，一方面来自他本身，这很好理解；另一方面则来自官家

幽谷回音

林逋纪念诗文集

的意志。

你可以说林逋及他的弟子隐得至深，长期处在官家的"雷达"扫描范围之外。但与他的名气相比，以宋真宗和宋仁宗对他的重视而言，这真不是个理由。

七

"天下于是定矣"，当陈抟说这句话时，我们或许有多种解读，但终归是一种完成了历史使命的感慨。无论是传说中所说，他看好赵母担子里一左一右坐着的两兄弟，还是他真有另起炉灶的想法。他这时应看清了许多，人生自此完成了华丽大转身，遂入华山为道士。

这是一种告别。这是一种比他百日不醒漫长许多的"睡眠"。

而澶渊之盟后，林逋一路向南，并没有马上归隐。他走走停停，停停走走，或许就是在想告别的一种方式。

直到1008年，那个可爱的宋真宗做了件很弱智的事：天书封祀。

对林逋来说，这事太荒唐太刺激人了。但问题是这样的事发生了，就这样平平常常地发生了。老百姓都看不见吗？不，老百姓都安心于自己的小生活，根本不关心这鸟事。

天下太平，民心已定。眼前再也不是需要你出手相助的飘摇帝国。

于是告别，于是把自己埋葬，于是就有了正史里可以记载的信息：久之归杭州，结庐西湖之孤山，二十年足不及城市。真宗闻其名，赐粟帛，诏长吏岁时劳问。薛映、李及在杭州，每造其庐，清谈终日而去。尝自为墓于其庐侧。临终为诗，有"茂陵他日求遗稿，犹喜曾无封禅书"之句。既卒，州为上闻，仁宗嗟悼，赐谥和靖先生，赙粟帛。

在这个过程中，他似"睡"着，但其实醒着。他最终把自己的智慧和人性之光，传达给了慕名前来的梅尧臣、范仲淹、欧阳修们，传达给了西湖的山水，传达给了孤山上的松竹梧柳、桃李杏樱、梅兰菊荷、海棠蔷薇……传达给了此刻站在浙东象山港畔大茅岙水库大坝脚下沉思的我：

芳草谁能梦谢池，但将心地喻摩尼。

千岩万壑时相忆，明月清风两自知。

疏影横斜

陈旭波

当雁阵界定天空你回望那落日，消失中呈现的是，童年的梅鹤；

当月在影中变形，你踏笛声过桥，相遇中呼喊的是，心灵的梅鹤；

当笔画出山园小梅，你被东方之风惊醒，回声中开放的是，经典的梅鹤；

当门童沉睡，你和记忆一起转身，拥抱中老去的是，岁月的梅鹤；

水上永远是此刻，此刻通向重生之门，那门朝向大海，时光的梅鹤。

一

宋代，是愿望可以照亮现实的文华一朝。

明月照孤山，白夜听风眠。一树疏影横斜的梅，欲说还休，她的前世今生。在那一枝旁逸斜出的丫杈上，一缕芬芳惊醒沉睡的冰雪，莹白的手掌握住一只爱唱歌的鸟，在她的胸膛上拍打春天。

静谧的孤山，温柔的西湖，泊岸的扁舟，蓝色湖面上缓缓升起烟雾。袅袅青烟，鹤鸣梅影，谁的灵魂通向重生之门，穿越至早春飘雪的梅园，复活在千年之后？

二

公元967年，北宋乾德五年正月。一天深夜，一场大雪降临奉化大里黄贤，一个男婴出生在当地一户书香人家。他就是日后以"梅妻鹤子"扬名的诗人林逋，字君复。

林君复在上林书院度过了他生命中最初的无忧年华。"鹤鸣于九皋，声闻于野。鱼潜在渊，或在于渚。乐彼之园，爰有树檀，其下维萚。他山之石，可以为错。鹤鸣于九皋，声闻于天。鱼在于渚，或潜在渊。乐彼之园，爰有树檀，其下维谷。他山之石，可以攻玉。"身着米白汉服，头戴玄色冠帽的少年，正在歌咏《诗经》中的《小雅·鹤鸣》篇，时而温婉细腻，如晓风残月；时而铿锵激昂，似大江东去；时而舒缓和畅，

如行云流水。咏毕，少年意犹未尽，有感而发："鹤鸣于湖泽深处，其声响彻云霄。风生水起，涛走云飞，实乃天籁也。此曲只应天上有，人间难得几回闻。"同学们听得云里雾里，夫子颔首称道：君复有慧根，有悟性，日后必成大器。

每逢书院飘香，君复跑出学室，与同学携手围着梅树走圈，一道在树下玩耍嬉戏。习刀剑，诵诗文；拾落英，唱梅歌。"白梅花，簪鬓侧，谁在月下唱歌谣；流云过，一落索，好风似水又如昨。"歌声飘至书院上空，邀来白鹤一群，闻香醉舞，羽衣蹁跹，珊珊可爱，心悦天使同乐同歌。放学后，君复喜欢躺在一树梅花下，枕一地落英缤纷，观一空天光云影，花颤叶浮，风逐鹤翔，缘入心扉，静谧如梦。当君复还是孩童时，他肯定做过许多回梦，梦见自己和梅鹤相亲相爱，一起生活，一起劳动，形影不离，情同手足。

林家有郎初长成。妙年洁白，风姿郁美。君复每晚挑灯夜读，潜心钻研《道德经》《金刚经》和《庄子》等古籍外，尤爱登山望海，品赏日出。初一月半之晓，青年头戴羽巾，一袭白衫素裤，信步山间古道。鸟语啁啾，晨风送爽，君复登顶商山。红日初生，天籁鸣响，金碧屟楼跃出海天，展映一幕幕"雪梅怒放、鹤飞云霄"之影像。君复炯炯有神的眼睛里迸射出一道强光。多么旖旎的奇观！多么欢乐的盛宴！其心满溢着无限豪情：探鉴世事盛衰，收藏人间冷暖。披发长歌剑试天下，好男儿志在四方。

君复满怀壮志，遂毅然决然踏上寻梦之旅。成长是这个世界上最远的旅行。起初，他不知远行是一段危险与艰辛的历程，不仅要离家孤旅，还要脱离单纯的求学生活，走入认识社会的复杂阶段。因此，他的远行要走过相当漫长的道路，才能完成愿望的实现。夏顶骄阳，秋踏冻霜，走过寻常斜阳巷陌，行一程，歇一路，一村又一庄。君复徒步走于江南潇湘一带，辗转于穷乡僻壤之间，像个离群索居的独行侠。那个大雪飘飞的冬季，寒流汹涌，冷风刺骨，形容憔悴的君复独行在茫茫雪原，饥寒交加时，其回首来路漫漫，大雪无痕；远眺前途迢迢，杳无人烟。一地冰冷的幻象，眼中破碎的荒芜。此刻，踌躇的君复无望地站立在茫茫雪原中，仰首念天地之悠悠，独怆然而涕下。一仰一俯间，其不禁扪心自问：路在何方？路在何方？

君复深感劳倦，欲想转身休憩，猛一抬头，"啊！雪梅！"其惊呼了一声。一树精灵端然屹立前方。君复远闻一曲乡谣幽幽飘至耳畔，一声声一声声叩在他的心弦上，声短情长，音浅韵深，让其顿觉温暖忧伤，泪眼蒙眬，悲欣交集。雪梅前行，一步步朝他接近，一股扑来的幽香闪电般击中了君复，战栗之感如万物生，冰雪化。雪梅似将一泓强劲的暖流瞬间注入了他的体内，给予他源源不竭的活力，源源不竭的新鲜。君复与雪梅的重逢，就像与往事重逢，他的身和心都被召回了。雪梅犹似一面明镜，一位知音，对了她，君复才知自己身是如何，心是如何。逐梦流年。十年踪迹十年心，雪梅相伴心如磐。他临树端坐，面露红光。尽管人世的荒凉在他的心灵上投下了终生失落的阴影，但梦想之光始终照彻心头，一片明亮，纯粹如初。雪梅一脸温情，目光里注满了善解与疼惜。真爱无坦途。不是一番寒彻骨，怎得梅花扑鼻香？

三

步入不惑之年，先生的智慧渐入清明澄澈，如山水行云里的奇峰迭起，添了画意。清高孤傲是其外放的风骨，清和冲淡是其内敛的精魂。先生参禅修行，明心见性。一花一世界，一树一菩提。梅，似花中之鹤，百花仙子；鹤，乃鸟中之花，百鸟朝凤。

先生知道，一个人在一个岛上，也是可以胸怀天下，实现愿望的。那个岛，便是孤山。遇见孤山的一刻，先生的脸上呈现了不动声色的淡定，而后微微一笑，满目清华，仿佛口渴遇见了泉，花朵遇见了春天。一眼，只一眼，先生就认定了自己与孤山命定的前缘。此后，先生结庐孤山。

一个人在岛上生活，这日子，总要用内容将它一日日填满。先生愿花大把时间用以营造心境：一日一株，一心一念，绕屋植梅，清池养鹤。植梅养鹤之于他，是一种缓慢和期待的姿态，如同写字作画，给了心灵一方留白的空明。他每天早起，自己收拾屋子、锯木、打水。他也时常下地干活，耕田、割稻，把汗水洒进土地，那时候他会觉得一身轻松，在劳作里他感觉到了平等。他觉得自己正在忘却身份，他喜欢像一个真正的农民一样和亲手种植的作物站在一起，喜欢和白鹤并肩同行，在炊烟四起的田野里踱步散心，海阔天空，云淡风轻。于是，身心在勤勉的劳作中日益丰盈。先生越发通体清新，若含梅香，好似谦谦君子梅，花开一树，满院芳菲，就连散步，也走得格外风雅。

一勾游江南，一点雪梅香。一画鹤成双，一撇断桥上。秋去冬梅开雪地，春后夏夜望月鹤。行云流水书梅韵，泼墨挥毫梅鹤图。那一天，是他风华毕显的日子。先生应手挥弦，意态潇洒，所弹的曲子温婉真切，动人心魄。一曲终了，梅鹤上前问先生："此曲何名？"先生起身回答："《梅花三弄》。"梅鹤听了，极口称赞。先生对感情的珍视，对生命的理解，高人一筹，独树一帜。这个温文尔雅的男子，他不只愿意在林间松下为梅鹤轻舒云板，抚琴吟唱；在明月清溪下陪梅鹤携手漫步，影中共舞；更可以在寒夜里握住梅鹤的手替他们蓄暖，围炉夜话，长夜谈心。"疏影横斜水清浅，暗香浮动月黄昏。"沁润生香的意境升华一抹玉泽冰莹的空灵，天人合一的完美成就一尊千古梅韵神品。"是谁托我写下这首诗？字字句句写的都是我。"先生问。"是我托你写下这首诗，字字句句写的就是你。你心我心合而为一。"雪梅答。

一夜春风来，千树雪梅开。"望月赏梅"是先生平生最感销魂的一大快事。踏一径月光落叶，沿幽秘的绿云径拾级而下，皎白的月光，卵石铺就的小路，夹路相生的花树，将微醺之人迎进梅园，醉入风情。"真乃香雪海！云闲月澄，清香涌漫。赏佳人临水照月，好似游龙戏水。冰花飞落大海，水深无声。我享受这样的时刻，并陶醉其中——究竟发生了什么？奇迹的发生，是在非常轻盈的迷幻之后——我有些分不清自己是梅，还是鹤了。生如梅鹤，也许是一恍惚拨动了命中的琴弦，也许是心灵与心灵的瞬间交集擦出的火花。一千个明月皎洁，一千朵花的喷泉齐放，一千道光的交响奏鸣，一千只白鹤与梅共舞，一千树雪梅与鹤同唱，一千个我与梅鹤相融。我倘徉天上蓬莱，像爱奔跑在世界中央，灵飞翔在幸福深处。我是神，我是清贫而富有的王。活着这件原本最快的事在此刻变成了最慢，生命将因此而更加简约、博大、丰美、深邃和慈悲。"有道是，山不在高，有仙则灵。先生融入百花深处，一扇通达灵境的芳门正向其缓缓敞开，迈过去，便是明月朗润的彼岸。彼岸花开，疏影横斜，暗香浮动。新世界玉洁冰清，完美无瑕，先生伸手就能触到满天繁星，一跃就能跳过无边夜空。永恒的心在时空穿梭。永恒的情与幻梦交错。先生身如鹤，心似梅，目光炯炯而探，穿云破雾，俯瞰尘世，仙风道骨的剪影遗世独立，自成高格。天下梅神，唯先生一人。

露从今夜白，月是故乡明。中秋之夜，先生步至放鹤亭，望月望乡，

似寻似盼。水墨如记忆，烟雨生迷离。云深不知处，旧梦故里行。梦中人物，近在咫尺。伸手相触，远隔千里。剪一枝雪梅，画几枚鹤羽。泼一轴乡风，洒一腔乡愁。折一封家书，鸿雁传佳音。然而不能，他只好以酒释怀。举杯邀明月，对影成三人。泪珠潸然滚落脸颊，郁结的诗情陡地喷涌而出：酒酣相向坐，别泪湿吟衣。半夜月欲落，千山人忆归。乱尘终古在，长瀑倚空飞。明日重携手，前期易得违。

在隐居孤山的漫长时日里，先生将一派安然自在又清贫素朴的诗意进行到底。先生不是那种靠学识才情来征服梅鹤的俗人，而是把自己还原成一个真正的人，一个谦卑的人，重新用自己的感官来接触、放大梅园里所发生的一切细微的变化。先生好梅痴梅，与梅贯穿的生命通道，好像一个人历经磨难，用尽全力，心灵在漫漫跋涉之后领悟的真理。整整20年，他的眼睛，他的耳鼻，他的心灵，全面向梅鹤敞开，在温和的眼神里，在清平的呼吸里，在轻轻舒开的眉梢里，藏着一小节又一小节微妙的心灵起伏。他没有沦陷在世界的喧嚣之中，而是守住了自己内心的一片沉静，一份隐秘的欢乐。原来喧嚣之外，世界别有洞天，神奇而平实。先生接近梅鹤，即接近生命，接近事物和声音，接近诗意和心灵。

四

1028年早春未萌之际，大雪压断了梅枝，鸟儿被冻住了婉转歌喉。先生步至生命边缘，梅鹤携手合围主人之榻，彼此相依相偎，难舍难分。

先生的记忆以诗意的独白安然收尾：此刻，生命之旅欲将开启新篇，朵朵雪梅朝心海落下，我欣然接纳她。让我在这个深夜将诗册合上，将残茶倒掉，将白鹤、小鹿一一托付好，我将在孤山长眠。愿长眠之时，时光迅速倒流，我将跟随梅鹤的灵魂一同出游，回到故里黄贤，就像回到那个童年的梦境，像家人一样生活，永不分开。如果世人真正怀念我的话，别探究我个人的历史，请接纳我心灵的献词吧。

梅花开似雪，红尘如一梦。一本绝版的宋代传奇瞬间已成一曲风中的远歌，而那一瓣传承千年的青青心香，则昂立枝头，笑傲风雪，生生不息，宛若先生驾鹤云海，重返人间，拈花微笑的韵影。

彼岸花开

千亚群

秋色层染，江上烟波，一叶扁舟缓缓而行。数只水鸟拍打着翅膀，似乎意欲飞起来，却又收起翅膀，继续浮在水里，黑漆的眼珠子，一直对着划桨的那个人。岸边的芦苇，苍苍茫茫，飞絮满天。一圈圈的涟漪，在芦苇丛里荡来荡去，像是有一群鱼儿游来游去。

忽然，一只白鹤越过芦苇丛，在小舟前面盘旋，洒下几声清脆的叫声。于是，小舟掉转方向，慢慢驶出江心，往岸上划去。白鹤在前面飞，不紧不慢，偶尔往下滑，在切开的波纹上轻轻点一下，仿佛那是一篇文章，它是断句的标点符号。小舟亦行亦趋。

来人身着官服，手里捧着一封书信，正站在柴门外，看见刚打鱼回来的你，脸上挤出笑容。你一看来人，心里早已明白三分，但还是客气地请来人坐到草屋。你阅读书信后，马上展开笔墨，写了回信交与来人。来人问你答应了吗？你笑了一笑，不响，转身沏了一碗茶水。来人喝了茶，向你告辞。你仍客气地送到柴门，然后微笑作揖。

白鹤静静地立在院子里，见你掩上柴门，便慢慢靠近你。你蹲下身子，轻轻抚摩白鹤的羽毛，嘴里喃喃有词。然后，你拍拍白鹤，白鹤仿佛心领神会，振翅飞上了天，你微笑着朝梅林走去，黑黑的背影像衣衫一样覆盖在砖头铺就的小径上。

你不喜欢有人叫你先生，称你老爷，或什么名士、大师，这些称呼浊气太重。谁叫你老爷，仿佛谁往你身上扔污秽之物一样令人难堪。所以，有人来访，你就让白鹤来叫你。白鹤"嗝啊——嗝啊"，在你耳朵里就是"爹啊——爹啊"。每次听到这样的叫唤，你额首微笑，欣然往返。

你的隔壁，就是红尘欢场，各色人等来来往往，那里夜夜笙歌，天天高楼，桨声不绝。而你不曾迈入一步，对身边随手可掬的繁华不屑一顾，一个人结庐焚泥，飘然来去。有人把你列入隐者，也有人称你奇人，在杭城最繁华的地方过起隐居生活，那些喧扰居然始终影响不了你的心境。你给世人留下了一个真名士的称呼，似乎有意想把你跟其他的隐者区别开来。你笑笑，并不作答。欲望与羁绊就在隔壁，荣华与破败也在隔壁，而你愿意在一山之隔间筑起自己的家园。

对于登门来访者，你并不刻意回避，无论是庙堂之人，还是江湖远人，甚至一介布衣，你都以礼待之，一碗粗茶，还有数颗梅子，熟人如此，陌生人也是如此，并无分别心。谁到了你那儿都是一样的待遇，身份与名分，在你眼里并无一物。你的好脾气，赢得众人的尊敬，你给人的不仅是背影，而是脸带微笑的正照。你跟他们谈诗，谈书画，也跟他们唱和，只是你不肯留下诗作，随写随手扔。有人捡之，如获至宝，而你不以为意，依然随扔随作，率真如同赤子。《林和靖诗集》出来后，你已驾鹤西去。皇帝赐你谥号，有人刊印你诗集，还有人替你建祠，一时间你的名字与诗作在世间热闹了起来，甚至成为一些人附庸风雅的符号。你如看到了，我想你还会淡然一笑，你什么都放下了，还会在乎那一点点虚荣？

或许，正因为如此，你既不拒绝太守李谘在物质上的照顾，也不刻意回避一些人的来访，毫不惺惺作态，而是自自然然，无挂无碍。你跟别的隐士不同之处，就在于此，你并不扮演一个脱离人间烟火的名士。你不固执己见，不把自己的人生法则强加于别人，也不故作清高，拒人于千里之外，你只是恪守自己的精神世界而已。所以，当你听说自己的侄儿考取功名，仍表示出高兴。

其实，你早年也负书远游，奉儒守官的古训，一度成为你人生的座右铭。你跟众多儒生一样，把功名两字当成一生的理想。当你闻听当今皇上御驾亲征，与辽军对垒澶洲时，你按捺不住一腔热血，穿上戎装，腰悬宝剑立志要上阵。因找不到马匹，你居然骑了一头瘦驴，径直从杭州出发。一个书生，一头瘦驴，还有漫长的征途，无论如何都让人觉得匪夷所思。而你认认真真地去做了，一如你后来认认真真归隐一样。

只是，后来的情形实在令你大失所望，你所有的努力，所有的激情，转瞬间被真相浇了个透底。御驾亲征，突然成了一个民间故事。尤其是后续故事更像是闹剧，签订丧权辱国条约之后还要上演一出"天书封禅"的鬼把戏来戏弄百姓。更让你无法接受的是，一些大臣，以及一群阿谀奉承的文人，却还极力鼓吹此事，纷纷上呈谀文，以求皇恩浩荡，得一官半职。如果说宋辽对峙的失败，只能让你心有凉意，但"天书封禅"使你看到了官场的闹剧。你比任何人都清楚自己身处的朝代是怎么一个朝代，凌云健

幽谷回音

林逋纪念诗文集

笔，也难挽留一个朝代的背影。于是，你停止了游学，在孤山归隐。

梅，与兰、竹、菊被喻为四君子，文人墨客借它傲雪怒放、凌寒留香的植物特征而喻人品的高洁与坚贞。写梅的诗词，犹如恒河沙数，而你却凭借"疏影横斜水清浅，暗香浮动月黄昏"而独居咏梅之冠。一首梅诗，让你定格在历史的长河里。在《山园小梅》里，梅是你，你是梅，梅有你的神，你有梅的魂。你的世界在梅花的幽香里，而梅花的品质就在你的风骨中。你的淡远，你的情操，也只有梅花才能相匹配，就像在众芳飘零的时候，唯梅花独占风情，那些霜禽，那些粉蝶也只能偷眼、断魂。你的梅，如同你的日常。饭后你常常一个人踱进梅园，尽管寒风刺骨，尽管月色冷冷，却让你内心愉悦，世间之事如同世间之风，在你进入梅园的那一刻已荡然无存。

梅园，是你的栖息之所，也是你精神的归宿。你一次次徜徉于梅林，看梅花绽枝，看梅枝吐新芽。梅是你的精神化身，梅也度你的生活。你摘下梅子，放入瓦罐，然后每天用一个瓦罐的梅子解决一天的生活。颜回一箪食，一瓢饮，也不改其乐。你数颗梅子，仍其乐融融。

尘世的喧嚣与热闹，在你的超然与笃定之下化为粉齑。世间的熙熙攘攘，在你眼里不过是一堆破事。梅园滋养着你的灵魂，你的气息同样影响着梅园。梅园慢慢稠密，而皱纹慢慢爬上你的额头。有人见你四十多岁了还孑然一身，想跟你做媒。你淡淡一笑，那笑意似乎面对别人的一桩事。面对别人热情有加，你说，我有妻子，并不觉得孤单。然后，你指指梅树。于是，你给世人留下了一个"梅妻鹤子"的经典故事，就像一块蓝宝石一样镶嵌在世人的相框里。

后人有许多的猜测，甚至还想象你的情感故事，认为你年轻时受到过情感的创伤，与一个叫梅的姑娘情投意合，山盟海誓，可梅的父母不同意此桩爱情，除非你功成名就。当你从考场失意而归时，梅已经离开人世。为了证明这个故事的真实性，有人还翻出了你写的那首《长相思》：君泪盈，妾泪盈，罗带同心结未成，江头潮已平。

这样的说法，不知道你听了会不会仍是淡淡一笑，如同你笑对隔壁西湖边上的欢场。你不娶，不仕，还养一只鹤当作儿子，也难怪别人猜测。你骨骼清奇，腹有诗书，搁在任何俗人面前都是一种资本，何况还有当今皇上请你做太子的老师，这是多少读书人的理想。对此，你仍微微一笑，那笑像枝上春风，也像梅花吐幽香，所有尘埃之事、尘埃之物在你的笑意面前化为烟云，你把灵魂都隐了，还有什么不可以放下的。

一身旧衣，一叶扁舟，还有一只白鹤，一座梅园，你人生的清欢尽在其中。至于有人尊你真名士，有人敬你高士，在你眼里都是旁人的事。不过，有一件事你永远不会反对，你奉化黄贤村的家乡人，每年清明都会轮番到孤山扫你的墓。他们喊你梅鹤太公，想必你会捻着白须，朗朗一笑，而白鹤在你头上"嗝啊——嗝啊"。

黄贤的气息

蒋静波

黄贤是有底气的。据《黄贤林氏宗谱》记载，黄贤建于汉朝，秦末汉初闻名遐迩的"商山四皓"辅佐刘邦之子刘盈登上帝位后，被封为贤人，四皓之一的夏黄公，弃官隐居在此，采黄檗济世人。为了纪念黄公，该村名黄贤，邻村名黄檗。

在黄贤的每一个角落，你都会闻到一缕缕飘逸着的气息，调和成了属于黄贤的芬芳。

青山窈窕云长在

盛夏，中午时分。

一只橘红翅膀点缀着青蓝花纹的彩蝶，在一条卵石小路上，翩翩引我进入一片森林，转眼间，不见了。

这是茂密的森林，视野内，除了深绿，就是碧绿、浅绿，仿佛自己沉到了绿海之中。无比的清凉、惬意漫上全身，再也感觉不到盛夏的燠热。穿过树丛的风，带着水的柔情和凉意。那些恣意生长的树木、藤蔓，不分大小、品种，或直或斜，或挤或疏，道法自然，没有人的做作，或以群分的世故。

阳光像朵朵樱花，在枝叶的缝隙中漏下，轻舞。一粒粒露珠，闪着晶亮的眼睛，映照着你的欣喜、惊讶，当你惊动了叶子，露珠一闪，躲了起来。林中时有几粒鸟鸣，几声虫啾，恍若桃源。外面世界稀缺的负氧离子，充溢有余，贪婪地吸一口，再吸一口，让积淀已久的浊气消失、排空。此时，你的内心充满了宁静、欢喜，羡慕着森林中的每一棵树、每一只鸟，或每一条虫。此刻，你才明白，自然那么美妙，幸福如此简单。

林间的风，徐徐吹来，跟风一起来的，有欢语，还有海味。登高，看到这万亩森林，三面环山，南面临海，美得让人说不出话。当你聆听森林历史，撞击心的，岂止一个美字。这片土地没有忘记，当年，它曾疮痍满目，裸露的躯体让人心疼。这里的人们，满怀歉疚，植树、养护、远离。它用三十余年的时光，恢复了青春，成为我省第一个村级森林公园。原来，对于自然，最好的呵护可以是爱惜、无为和时光。

一位文友，一路辨认着树种，合欢、枫香、水杉……在一棵长着灰褐色皮、羽状叶的树前，停下来说，是黄柏，也就是黄檗，可治急性细菌性痢疾、急性肠炎、急性黄疸型肝炎。脑子里，闪过几幅画面：一幅是仙风道骨的黄公，在山野和绝壁中，采着草药；一幅是黄公为乡亲们望闻问切，女儿黄姑向乡亲们递上一包包草药；另一幅是病愈的乡亲们在黄公面前磕头，作揖……

不管是谁，不管时空隔多远，山水会铭记，你做了什么，留下了什么。

那来自森林和远古的气息，交织成无比的清香，弥漫着、飘逸着……

暗香浮动月黄昏

这里飘逸着若有若无的幽香，淡雅、清冽。

迎着那缕香，走向千年前的他。

在商山桥畔，我看见一个7岁学童智斗衙役的情景。衙役进村向百姓索取珍珠，学童与衙役以对对联打赌。小小黄儿，知道什么。衙役答应了。学童出了"白杜白鸡啼白昼"的上联，直至黄昏黄犬叫时，衙役仍未对出下联。学童笑了，头一侧："黄贤黄犬吠黄昏"。衙役也是讲诚信的，只好退去。学童把两颗珍珠抛入商山桥下的深潭。衙役日后若得知，这个聪慧过人的学童，就是日后宋初山水隐逸诗人的代表，被朱熹称为"宋亡，而此人不亡，为国朝三百年间第一人"的林逋，该输得心服口服吧？

林逋出身贫寒，父亲早亡，后刻志为学，30 岁后渐显诗名。后漫游江淮，41 岁结庐杭州孤山，养鹤植梅。

在世人眼里，林逋性孤恬淡，无视功名利禄，向有不仕之心。翻开林逋诗集，一行行"驴仆剑装轻，寻河早早行""胆气谁怜侠，衣装自笑戎"的诗句扑面而来，呈现在眼前的，分别是一位一身戎装、英气飒飒的林逋。谁能说，做个隐者，是他的初心？谁能否定，他曾流着投笔从戎、报效国家的热血？年轻时，林逋先怀才不遇，后寒心于软弱无能的朝廷，报国无门，品性高洁的他，只能"扰扰非吾事，深居断俗情"。

从此，他吟诗作画，泛舟西湖，以梅为妻，视鹤为子，留下了"梅妻鹤子"的千古佳话。他植有三百六十余棵梅，将每棵梅树的梅子所售收入，包成一包，日取其一，用以度日。他的诗书画造诣很高，深得陆游、苏轼、黄庭坚的赞赏。

随着知名度的上升，许多人劝林逋出仕，甚至宋真宗召他入朝，他都不受。林逋的志向，并非在于个人的名利和富贵。"茂陵他日求遗稿，犹喜曾无封禅书"，他以诗作，临终明志，让人感佩。林逋身后，宋仁宗赐谥号"和靖"。古往今来，不知又有多少人不吝笔墨，推崇林逋。

林逋的诗词，随作随弃，从不留存，有人问："你为什么不记录下来给后人看？"他回答："我正隐迹在丛林山壑之中，尚且不会凭诗而名扬一时，何况对后世呢？"如今传世的三百余首，还是靠有心人偷偷记下来的。世上有几人能达到这种境界？他的淡泊，足以让追利逐名的世人汗颜不已。

走近林逋草堂，泥围墙，茅草顶，竹栅栏。堂前两株梅，吐着幽香。草堂里孤零零立着一座像梅一样清瘦、飘逸的塑像，他就是被世代村人尊称为"梅鹤太公"的林逋。明代的第三十五世孙林守栋（据宗谱记载，林逋族兄之子过继给他），唯恐后世子孙遗忘这位长眠杭州孤山的太公，撰写了《上林祖宅第记》，告诫子孙在祭祖敬宗时，不要忘了他，规定每年清明节，族人轮流去孤山祭扫，而客居杭州的子孙，也应请故乡的族人吃顿清明饭。这项族规一直沿袭到 20 世纪 50 年代。

酒酣相向坐，别泪湿吟衣。

半夜月欲落，千山人忆归。

乱尘终古在，长瀑倚云飞。

明日重携手，前期易得违。

林逋身在他乡，却时念故乡。他的《将归四明夜坐与任君话别》，句句包含了对故乡的深情。

今看黄贤是胜游

若有人想在一天之内去游览北京的长城、天坛、地坛，想观赏福建的土楼、杭州的西湖，我会建议，不如去黄贤吧。真的，不是玩笑。

一个村庄，若想以生态的名义去发展，靠什么？

旅游！

有着千年历史底蕴的黄贤，为了让旅客留下来，十余年来，动足了脑筋。到了黄贤，除了怀旧，游玩有特色的建筑也是乐事一桩。

登山、远眺，乐事一件。走在森林公园上的海上长城，一边是海，一边是山，山有山的苍翠伟岸，海有海的辽阔大气，漫步也好，急行也罢，总让人意气风发，精神百倍。长城上的"山海关"，不失边寨雄关的风姿。形似北京天坛的飞云坛，里面供奉着炎黄两帝。黄贤人每年举办"开耕节"时就在此祭祀天地。不远处的练兵场上是开阔的戚继光广场，广场上屹立着手执旗帜、指挥战斗的戚继光铜像，边上放着几门土炮，扼守象山港湾。这一带沿海留有不少军民抗倭寇的遗迹。

登上商山顶的东元塔，远近美景尽收眼底。那清亮亮的明珠湖，似一颗璀璨的明珠，镶嵌在万绿丛中，湖边桃柳，更添风韵；那一幢幢崭新整齐的别墅，红黛相间，散落在湖的四周；不远处烟霭茫茫、海天一色的象山港，温柔地注视着这个古老又年轻的村庄。

村北的雨阳楼，兀立于山脚。远看，是一个大型的圆柱形建筑，灰扑扑的，真土。走近一瞧，像一座巨大的碉堡，依然很土！它的外墙是一层黄泥巴，朱漆大门写着"黄贤土楼海景大酒店"，两边是绿字对联："万物生长靠太阳""雨露滋润禾苗壮"。跑进去，一看，傻了：里面金碧辉煌，流光溢彩，红灯高挂，原来是一座现代化酒店！服务员忙碌不停，生意十分红火。嘿，就有人专程冲着它的山寨、它的土，前来光顾。

走过森林公园、林逋广场、明珠湖畔，兜兜转转间，来到了别墅群。上百幢青砖、红瓦、白墙的别墅掩映在青山绿水之中。见一幢别墅敞开着大门，径自走了进去。庭园里，玉兰花开得正盛，庭园里种着碧绿的蔬菜，一位老人正晾着刚洗出的衣服，一旁的黄狗打着哈欠。一阵风吹来，玉兰花落了下来，好美。

谁有梅花消息

赖赛飞

秋风已经吹响，同样催生了新事物，包括打点种梅事宜。

当夜晚降临，自然的呼吸明显变得徐缓、深长，气息清润，间杂着虫声轻悄，未曾感受到萧瑟意味，反倒隐隐有种清冽的坚固等在前方。

网络时代，我于静寂、清凉、幽暗里触及中国各地的梅林，尤其江浙一带。那里，梅花提前绽放，或时刻准备绽放。

其实海岛不比著名的西子湖畔那般适宜种梅，梅花怕风，大风会吹焦它的叶片，吹枯它的花瓣。海边，多的就是冬风猎猎，带着咸涩，会刮跑开春以来的无数游人。这也是我需要年年种梅的理由——除了定期在冬季的想象里让梅一下子开遍狂野海岸，显出梅林如海花如雪，事实上一直零打碎敲，梅事也就一直未成。

梅天生具诗性，给予访梅人的时间实在短促。每年最冷的时候，特别是下雪天，梅花开了，手机上满是它的消息。别人已经看见它们了，我将自己裹得紧紧的，出门。小区人家有零星几棵，多一点，要到公园湖滨和山窝。那里风小些，即使如此，南方的冷，依然保持入骨的暗劲，离开的时候需要裹得更紧些。

我已经看过了。转身，它就消失，似乎跟着南方的冰雪消融。

梅，即便种在篱落，始终未与人随意亲近。

还是在手机上，梅的消息先于梅花飘零而飘零，对于其他也一样。

幽谷回音

林逋纪念诗文集

闲来无事的时候，才会想起它们还在那里，在虚拟里后退一步，不过是更加虚拟。

手头确切的，还是流传下来的咏梅诗。那里，梅花有如在现代虚拟世界那样，已然绽放，随时绽放，永远绽放。

洋洋洒洒，刻画出来的映象中，先期而来的总是：疏影横斜水清浅，暗香浮动月黄昏。

这是林和靖的诗，领着林和靖的梅种在千家万户，开在很多人的心头。

多少回看去，都是看不穿的遥远。

敬重一句诗，是它被世代传诵而保留一贯的质地，不被侵袭，不致圆熟，无从亵玩。就像梅只是梅，开在冰雪覆盖的冬天。林和靖就是林和靖，梅妻鹤子，与今人永远隔着千年之远——林和靖的远，重点不在于不可追，而在于就算追过千年，到那时的西湖边，孤山下，草庐前，穿过梅林，被鹤所引，直达他的跟前，发现依然存在不曾涉足的距离。

人皆说，他为诗作词，出的多，留世的少。工行草，善绘事，留下的更少，连生平事迹多有不可考。不仅游历江湖多年不详其迹，单就哪里人的问题，在浙江之内，也存在浙江杭州与宁波奉化之说。

来到奉化黄贤村，此刻，我相信他就是从这里走出的。这也让人离他、离梅近了许多。

在这个隐然自适的村落，至今留存着种种关于他的印迹，通常带着梅鹤定语，像加盖了一枚枚隽永的钤印……印象中一样是疏影横斜、暗香浮动的效果。不需要其他勾连，不需要额外铺垫，前后搭着现实与历史，伸在荡然时空之间的一截。这种效果，这种美，冲淡其味，冷艳其色，甚至带点必要的突兀。

从梅花诗的角度而言，这是最好的结局。

清贫，孤寒，精神自洁与自足。西湖边，林和靖至今拥有的仍是一碑一墓，还有鹤与梅。雕刻的鹤只有飞扬的夙愿、固定的姿态，梅却是活生生的，年年开放。尽管在大多数游人眼里，它永远开不了花，主要是它开了花却不曾前来，至少我来过不止一遍西湖而从未得见。于慕西湖名头的人，游西湖的兴致同样随季节涨落，比较特殊的是涨三季，落一季，那一季就是冬。于是活生生的梅亦如鹤雕一般，在岁月里心如止水。

花开得是一年比一年多。

林和靖的诗也就是一枝梅，林和靖也是，疏影横斜，暗香浮动。从黄贤一路迤逦至江淮，最终落子西湖，又随着历史记忆迤逦至此时此地。于世间，他从一开始就是那么一种来历、一种姿势，现代也没能将之改变。

无论黄贤还是西湖，现在，水且清且浅，月色朦胧，梅坚持开在冬天。冷冽之气帮助它推开了很多目光的到来，自无闲意到青云，很多东西也就近不了它的身。

我已经习惯了，实际到手的植物永远比在虚拟世界里的小，单薄得使人等不及它长大、开花。所以我的梅甚至未能及时成树。按照浪漫的记载，林和靖起码有三百六十多棵健康长寿的大梅树。花开在枝头，根扎进泥土，如此，才好维持他的清洁生命。

既然他的消息，包括他的诗文，留下来的远比隐没的少，他更加远，越刻意靠近，似乎越能感受到其中的不确切。但是天气一转凉，木叶开始坠落，就会想到种梅，想到花开成诗，想到林和靖……已经近在隔壁。还就见过邻家女孩，从他的梅花诗里取来一词作自己的名字，她的父母起码读过这首梅花诗。从此，林和靖的梅不仅是近在眼前，还进入血脉谱系里。

历史上的冬天却早已走远，当时的梅花也走远，种梅咏梅的人走得更远。但每一次折取，每一次唤醒，就在人们的呼吸之间。那一刻，显得他从未走远，仅仅深伏在合上的册页间，在人们的记忆里，等待一个念头，人间降温，万象敛迹。遥远的香味，再度飘来，再度地不确切。不知从何处起源，何处终结，唯有清如故，逸如故，闲杂人等不得追随。

斯人在斯，若即若离。

一般而言，即使同为历史上的人物，想起他们，中间多有远近之分。

相比李白的旷远，杜甫就显得接地气。林和靖呢，偏偏又远又近，时远时近。

当历史人物在普通意义上全体远去，与现在的距离，足够造成信息的确认长时间待定。

围绕林和靖，同样还有不少需要确认的消息，但梅花会在冬天开，林和靖一生如梅花凌寒，这些都确切无疑。至少对浙人来说，从来没有一个诗人像林和靖那样多数时候远在世外，某一刻总能近在心底。

今年的冬天已经不远了，梅又将掉尽每枚叶子，只剩枝条本身，槁木死灰一般，等着梅朵从骨子里重新冒出，在冰雪里静静地开。

红尘很暖。一门之隔，三尺之距，梅树形孤，梅花骨寒，梅香冷而远，爱梅的人不曾消失，更不曾观者如堵，随者塞途。这很正常，也很对头。

择地，筛土，种梅。

岁月悠悠话黄贤

王天苍

"此亦四明真福地，当年曾隐夏黄公。凉生古井春波绿，秀拥层峦夕照红。"这是清朝诗人王渥写的《大隐山即事》绝句，他以满腔的热情讴歌了夏黄公隐居地宁波奉化裘村黄贤的山水美景。

那么，"黄贤"之名从何而来，跟"梅妻鹤子"有何关联呢？

事情当从公元前256年至秦、汉朝到惠帝刘盈说起。两千多年前，秦皇朝中有夏黄公、东园公、甪里先生和绮里季四位权臣。他们年轻力盛，血气方刚，为秦始皇夺取天下立下汗马功劳。然而，始皇功成名就，自称"始皇帝"，大权在握，摈弃儒家，实行"焚书坑儒"极端政策，激怒了一批德高望重的老臣，其中"商山四皓"愤然脱去朝服，回归山林，隐姓埋名。秦始皇下旨召回。这些人拒不接诏，不买秦皇朝的账。秦皇气怒交加，束手无策。他归天后，"坑灰未冷山东乱，刘项原来不读书"。刘邦与项羽起兵，推翻秦皇朝。最后，刘邦与项羽决斗，刘邦胜，夺得皇权，改国号为汉。

刘邦登基。"商山四皓"逃避各种战乱，存活下来。但是，已成为耄耋之人。他们活得倒也自在，垂钓溪边，闲居山林，或对酒当歌，或挥毫作诗，或踏歌河川，或品赏茗茶，虽则年事已高，但长得仙风道骨，精神矍铄，犹如四株不老松，绿荫挺拔，情态飘然。然而，朝廷因易太子之事争得不可开交，官内出现内讧。刘邦欲废刘盈太子之位，立戚夫人之子赵王为太子。皇后吕雉为保儿子刘盈太子，求助张良。张良授计，要她请出"商山四皓"，辅助太子刘盈。吕后派人前往商山，请来"四皓"。

那天，刘邦与众大臣商讨易太子之事，众大臣各抒己见。两派旗鼓相当，争论不下。刘盈借向皇上请安之名，步入宫殿，身后跟着"商山四皓"。他们的出现，惊动了刘邦与众大臣。殿上顿时鸦雀无声。刘邦才知"商山四皓"已成为太子刘盈羽翼。刘盈羽翼已丰，实力雄厚。一些争着要废太子的大臣见风使舵，发现"商山四皓"站在太子一边，谁还敢吭声？不愿再替戚夫人和赵王说话。一场易太子闹剧偃旗息鼓。说明"商山四皓"在朝中的地位与影响。

刘盈登基，"商山四皓"急流勇退，弃官离朝，重操旧业，隐居山林。"商山四皓"之一的夏黄公在朝时辅佐太子，忠贞不渝，为刘盈出谋划策，深得皇上好感。他还为百姓做了许多好事；下野后，回归当年隐居的奉化裘村，在竹木茂盛的"商山"脚下结庐，过清平的日子。皇上得知，封他为"圣者黄贤"。后人为纪念他，把村名改为"黄贤"。从此，版图上才有黄贤这个村子。

黄贤村地处东海象山港沿岸。四周九个山峰围绕，景色秀丽，人杰地灵，自夏黄公后，历朝历代，名士辈出，且不说别的，承传夏黄公遗志者当推北宋大诗人林逋。林逋的出现，使黄贤村锦上添花，声名远扬。

林逋（967—1028），字君复，汉族，浙江宁波奉化黄贤人，幼时刻苦好学，通晓经史百家，性善健谈，淡泊名利，结庐村东商山脚下。他聚天下名士，结社赋诗，博取众长。他涉足乡间，踏遍海堤滩沙，关心民众疾苦，乐于赐助解难，故又称他"和靖先生"。他爱梅如妻，栽种不息，养鹤如子，尤为擅长，人们又喊他"梅妻鹤子"，名传江南，诗传南北，闻名乡里，朝野皆知。

林逋写的诗歌有349首，尤以他的人品感天地，才使其诗文传千秋。他写的诗言而有物，情意缠绵，借物咏志，托景抒情。如《小隐自题》：

"竹树绕吾庐，清深趣有余。

鹤闲临水久，蜂懒采花疏。

酒病妨开卷，春阴入荷锄。

尝怜古图画，多半写樵鱼。"

诗人一语道破他的家结庐竹树旁，空气清新，花色迷人，静谧舒适，环境恬静，表达他隐居山林的闲情神志。他写到鹤在溪水边悠闲栖息。

幽谷回音

林逋纪念诗文集

他安坐在溪边取酒小酌，边饮边读书，书里的春天农人荷锄劳作与其生活环境何等相似乃尔。这种田园风光在他的诗句中淋漓尽致地流露。

林逋诗歌看似写人情世态，着笔种梅、养鹤之类山野琐事，但读来气势不凡，诗句行间足见当时民间百姓生活的疾苦和追求自由的向往。他的诗歌文采卓著，简朴易懂，有直白之意，无哗众取宠之心，如《咏秋江》：

"苍茫沙嘴鹭鸶眠，片水无痕浸碧天。

最爱芦花经雨后，一蓬烟火饭鱼船。"

此诗写秋天、秋江和秋水，不同别的诗人写秋那样秋风萧瑟，秋雨绵绵，愁肠挂肚的惆怅心态。他写苍茫大地之中，沙嘴溪水之间，有几只捕鱼的鹭鸶在消闲打盹，河水青碧映天，风平浪静，无漪涟袭目之景，有恬静安定之美。边上的芦花经雨水淋洗，更加可爱，芦边沿岸有条竹篾当盖的篷船在野炊中冒烟。船主人已做好饭与鱼。这个场景，如同一幅优美的山水画展现在读者面前。大自然的美景，自得其乐的生活，无忧无虑的人生，谁不向往？然而，诗里流露出身处草野的船民何等孤独与单调。他的《猫儿》："纤钩时得小溪鱼，饱卧花阴兴有余。自是鼠嫌贫不到，莫惭尸素在吾庐。"细读品赏，足以看出百姓的生活多么清贫与困苦！

岁月守不住，千秋有骚人。黄贤村不平凡的生态、不平凡的景致、不平凡的精神境界，养育出了不平凡的骚人墨客。

先生可是绝伦人

小白

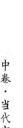

林逋（967—1028），字君复，大里黄贤（今宁波市奉化区裘村镇黄贤村）人，晚年居杭州孤山。旧时，黄贤林氏宗族规定，每年清明都要去孤山扫墓。这一传统一直保持到 20 世纪 50 年代，至今黄贤村内还标有"林逋故里""梅鹤剧院"等字牌。至于世人多称他为"林和靖"，乃由宋仁宗追赐给他的谥号"和靖先生"而来。林逋被誉为宋代第一高人，是我国古代隐逸诗的杰出代表，历代多有评论与赞美。曾拜访过他的北宋著名政治家范仲淹称赞其文："风格固若厚，文章到老醇。"欧阳修及稍后的黄庭坚也都很欣赏他那清新奇特的作品。其中最到位、给人留下深刻印象的是苏轼评价："先生可是绝俗人，神清骨冷无由俗……"（《书林逋诗后》）

好一个"神清骨冷无由俗"！无疑是对林逋绝伦逸群品格之绝妙解读。真所谓知逋者，东坡也。

……北宋乾德五年（967），被黄贤林氏称为"梅鹤太公"的林逋出生了。故宅在今村北大脉岙口（现称大茅岙）。尽管他少时多病，但励志好学，熟读经史，尤其是疾恶如仇、同情弱者，决不与官宦恶人同流合污的为人，赢得了好名声。林家及周边村庄，至今还流传着三则关于他的故事。

最有名的是 7 岁林逋抛珠退衙役的传说。有一次，一群衙役进村欲索取 100 颗珍珠，小林逋在商山桥畔出了"白杜白鸡啼白昼"的上联，要衙役对出下联方可取珠。僵持到黄昏犬吠之时，衙役仍未对出。林逋遂以"黄贤黄犬吠黄昏"揭晓下联，逼退衙役，并把两颗珍珠抛入商山桥下深潭，即留存至今的"抛珠潭"。另两则分别是《八岁孩童戏县令》与《出谋助寡妇》。前者沿袭"抛珠"篇的路子，用"坐南堂，朝北阙，老爷不爱官声，但爱东西"，巧对贪官的"身冬衣，手夏凉，小子只知肚饱，不知春秋"，理屈词穷的贪官只得知难而退。后者则用"鸡吃谷子，而谷子是从福建带来的神仙稻，种下去一斤顶十斤"的假设，来回击村里恶人提出的"一担柴有两百多棵小树，二十年后小树长成大树，应赔五十两银子"的勒索，帮无权无势、欲哭无泪的寡妇讨回了公道。

这几则脍炙人口的故事，很可能只是出于老百姓的一种想象，重在夸耀林逋的机智与才情——如果说前两则是斗智斗勇时的对句，那么第三则其实也是一种特殊"对句"，即以其人之道还治其人之身。当然，故事也表达了他们对林逋的喜爱与崇敬，因为这正是"神清骨冷无由俗"为人品格接地气的表现。

林逋成年后的处世态度也卓尔不群：淡泊名利，钟情青山绿水，以读书种梅为乐。他外出游学，足迹遍于江淮之间。最奇特也最为人们津津乐道的当是千古佳话"梅妻鹤子"。梅与鹤在中国传统文化中占有特殊地位，是清高脱俗、傲立独行精神品格之象征。林逋选择与这两者为伍，自然寄

幽谷回音

林逋纪念诗文集

寓了自己的人生理想与目标。在他之前，爱梅名士固然不乏其人；可在他之后，爱梅之士不敢再出头。因为谈梅、爱梅，古往今来唯"他"独尊。

相传，他于故居前后种梅三百六十余株，将每一株梅树的梅子卖得的钱，包成一包投于瓦罐，每天随取一包作为生活费。待瓦罐空了，刚好一年，新梅子又可兑钱了。朝野之士仰慕他的高风亮节，纷纷前往拜访，但他绝不回访。友人多次劝他出山为官，他也总是一笑了之。北宋大中祥符五年（1012），宋真宗慕名宣召，他依然不为所动……从家乡奉化带去的两鹤，被他驯化后，善解人意，会买菜报讯。他常泛小舟游西湖诸寺院，每有客至，小童即延入小坐，并开笼纵鹤。林逋见家鹤飞翔，便知有客来访，即掉小舟而归。……光阴荏苒，在西湖孤山的人间仙境中，其与梅、鹤建立了亲人般的和谐关系，返归人性的本真、神清高妙的境界，摹写出一幅超凡出尘的"梅鹤生活图"。

诗言志，他的创作也集中体现了这种品格和精神。由于他不想以诗传世，随写随丢，故传下来的并不多。经后人搜集，仅得诗词三百余篇，辑之即今天我们看到的《林和靖诗集》。这些诗词首首（阕阕）皆为珠玑。深入说，其诗骨骼清奇，带有不食人间烟火的仙气。其中十几首关于回归故乡题材的诗，则仿佛又从仙界回到了温暖人间，流露脱俗的真情，展现绝世的优美："吴山青，越山青，两岸青山相对迎，谁知别离情……"（《相思令》）

正因为"梅妻鹤子"，与梅有特殊感情，加上耳濡目染知之甚深，他留存的梅花诗竟有十几首之多，其中《山园小梅》最为人称道，被誉为千古绝唱：

"众芳摇落独暄妍，占尽风情向小园。

疏影横斜水清浅，暗香浮动月黄昏。

霜禽欲下先偷眼，粉蝶如知合断魂。

幸有微吟可相狎，不须檀板共金樽。"

诗首联写作者游目骋怀，表达对梅花的喜爱之情。颔联凝眉结思，描摹梅花的绝世姿质。第三联着笔渲染旁观者的反应，进行烘托、映衬。尾联中，主体的梅花已转化为客体、成为被欣赏的对象，而作者则从客体变为主体、从借物抒怀变为直抒胸臆。

颔联简直把梅花神清骨秀、幽独超逸的气质风姿写尽写绝了。上句轻笔勾勒出梅之骨，下句浓墨描摹出梅之韵。"疏影""暗香"二词，既写出了梅花不同于牡丹、芍药的独特形态，又写出了它异于桃李浓郁的独有芬芳。"横斜"传其妩媚，迎风而歌；"浮动"言其款款而来，有仙风道骨。"水清浅"显其澄澈，灵动温润；"月黄昏"采其美妙背景，从时间上把人们带到一个"月上柳梢头，人约黄昏后"的动人时刻；从空间上把人们引进一个"落霞与孤鹜齐飞，秋水共长天一色"的迷人意境，谁能不为之倾倒、陶醉？

　　其实，首联直截了当写梅的趣向，更有助于我们了解诗人的品格与秉性：它是在百花凋零的严冬迎着寒风盎然盛开，那明丽动人的景色把小园的风光占尽了。一个"独"字、一个"尽"字，充分表现了梅花独特的生活环境、不同凡响的性格和那引人入胜的风韵。作者虽是咏梅，实则不难看出是他自己"弗趋荣利""趣向博远"人生的写照，是那种幽独清高、自甘淡泊人格之化身。

　　至此，让我们觉得诗人与梅已融为一体，难分彼此也不忍再分彼此，皆"神清骨冷无由俗……"。

幽谷回音

林逋纪念诗文集

和靖先生散章

徐海蛟

孤山

　　"必须湖畔，必须有山光与水色，必须有虫鸣和风声，必须推开门就见到月光。"走过无限的路途，看过无数的人间之后，林和靖暗暗下了决心，他得找到一个理想的地方住下，以结束长久漫游。说是寻找，并不确切，那个地方早就存在他心里了，那里契合了他关于理想生活的全部想象。

　　那里是孤山，西湖里的一座岛屿。北宋的孤山，并无车马喧嚣，并无市井热闹。周遭星散着寺庙，偶尔有过往的林叟。他曾在山前的湖上泛过舟，看霞光打亮一山青绿，他曾在山间林子里听过落叶之声，就像自然轻悄的禅语。他一回又一回地接近这座山，接近这湖上的岛。他喜欢岛，岛意味着与广阔生活的某种隔离，也意味着一意孤行的姿态。这由岛而又成山的地方，是林和靖能找到的另一座精神故园。它不高，却起伏有致；不大，却又有一个别样的世界。它满山苍翠，独拥湖光。它在江南的地理纬度上，它在西子湖中，它是古画里那类别样的小山，是一首小令，短促洗练里藏着无尽的情韵。

中年之后，在林和靖心里，湖中的孤山日渐凸显。事实上，每个人心里都有一处向往之地，那里用来托付余生，也用来安放比余生更长的死。中年之后，孤山开始以它无可取代的气质召唤林和靖。

必须是西湖，必须是孤山，必须是这自然的静寂之地。林和靖来了，他不是途经此地，不是出走，不是和原先的生活做一次久远的别离。他是回家，回到这生命的必经之地，就像一棵树回到深山，就像流水回到林泉的源头。孤山由此在中国文化史上具备了另一种意义，孤山成为隐逸之山，许多年后，皇帝曾在此营建宫殿和庙宇，也有达官贵人在此停留。但孤山似乎真正关乎的只有一个人，林和靖的身影，让一个"孤"字成为这片湖山真正的气质。

孤是一种独立的姿态，孤是一种活成自己的执意不回，孤是"弱水三千，只取一瓢"的淡然。

林和靖的独往，成就了孤山之孤。

鹤归

为什么是鹤？这是有深厚渊源的，鹤是最中国的一种飞鸟，从古老典籍里飞来，从羽化成仙的传说里飞来，从轻逸和对自由的向往里飞来。鹤是另一种形态的诗，像一首楚辞，像一首《诗经》里的小雅，野性轻灵，散发着自然的馨香。

几乎第一回见到鹤，林和靖就爱上了这种鸟，他觉得它是从自己心里生发出去的一种生命。他向往洁白，他喜欢漫天而来的雪，鹤落在面前，就像一首诗里的意象，像那场初雪落在他面前，那么洁净，那么无邪。他喜欢鹤，喜欢它的俊逸和散淡，它双腿颀长，目光温顺而灵动，没有攻击性，它静若处子，动如脱兔。他喜欢鹤，喜欢鹤的轻盈，这是所有诗都需要的轻盈，这是羊毫笔落向宣纸所需要的轻盈，这是清水洇开粉彩所需要的轻盈，这是一个人挣脱俗世所需要的轻盈。

他爱上了鹤吗？其实他爱上了自己。他爱上了自己心里藏着的那点洁净，那点自由，那点轻盈。他爱上了鹤吗？他爱上了形而上的自己。

与鹤一起散步，看鹤张开翅膀，从湖光里划过，把阴翳投向湖面。孤山有了林和靖，孤山就有了鹤，孤山哪儿见到了鹤，就找见了林和靖。他时常驾一叶扁舟，荡漾于山水之上，徘徊于古刹之间，一去大半日。他与童子约定，若友人来访，便放鹤为号。每当一只白鹤冲向云霄，像一朵白云由放鹤亭腾起，林和靖缓缓起身告辞，他要归了，他的鹤在等他归，他的故人在等他归，草庐里点起一豆青灯，清水已煮开，春天的新茶已备下。

黄昏如期降临。

在鹤声的呼唤里归来，孤山不孤。

梅妻

有人说，林和靖在孤山遍植梅花，有三五百株。有人说，林和靖只在孤山植梅一株，植梅一株真是惹人遐想。我更愿意相信后一句话是真实的。

和靖先生爱梅，是不是唯独一株他才能爱得过来？若是 500 株梅，仿佛后宫佳丽三千，走马观花，匆匆一瞥，他无论如何要爱不过来了。和靖先生于梅是有一种特别的疼惜的，他懂梅。爱一棵树，比之爱一个人，是更多情还是更薄情？

梅清瘦，梅静默，梅远离尘嚣，梅从不流于世俗……梅是这世间少有的女子，目光清澈，遗世独立，逆风而行。他无数次凝视过梅的背影，越看越觉得这是位高于尘世的女子，她不食荤素，不慕荣利，她是那么素净而简约地活着。他反复地自我确认，终究相信这是另一种形态的爱情。他 20 年未曾踏入城市，久未遇到世间的女子，但这一切并不表明爱情就销声匿迹了。爱情化身为另一种形式，化身为对一株梅的疼惜，化身为对一株月光之下的梅的神往。更博大的爱情，从一个美妙女子身上抽离出来，依附于那些近似于她的事物。

一株梅，会在大雪初临时，开好一树的花，那是她在讲述自己的心事。他就站在风里静听，他是懂梅的，他听得懂她全部的话语，一树红花，一树雪，他都听得懂。梅也伫立在他的近旁，看他，看他沉思和浅笑，看他茫然和欢喜，梅不言语，却兀自欣然。

他们总是那么切近，从未彼此远离。那株梅就静待在草庐旁边，不急不躁，不温不火，甚至不渴求更多，一些清风，几许雨露就够了。他坐在蒲团上喝茶时，抬抬头，欠欠身就能看到。冬夜里，即便拥衾而眠，在橘色的烛光中，一派山野的寂静围拢来，半生漂泊都开始放下。他也能记起他的梅，在这静夜，她大概是觉到寂寥了，开始呼唤他，她全部的言语都成为氤氲的暗香，这香缓缓寻来，仿佛是她的脚步，侧身闪过厅堂，攀上木楼梯，穿过蒲草的帘子，绕过木柱，来到了他被烛光照着的静夜。林和靖兀自笑了，他们从未远离，他们以这样轻灵而洁净的方式相爱，恍若清风拥抱明月，恍若白云落向湖心。

一株梅足够了，足够承载一段爱情，足够陪伴一个清寂的人，足够让时光因了她年年不忘的花期显现出温润的光泽。

玉簪

南宋亡后，盗墓贼挖开和靖先生坟墓，只找见一方端砚和一支玉簪。

先生是做减法的人，深知人生一世，恰若一树一鸟一草般短暂。既带不走财富，也留不下功名。他逐渐远离城市，远离世俗的法则，他不断地减去臃肿的部分。山间的清风朗月，湖畔的残荷雨声，他拥有的比世间大部分劳碌奔忙的人都要多。他既知道这份富足，就从不囤积多余部分。就连诗稿，也懒得存留，那些兴之所至的诗句，被随意书写，又被随意丢弃，朋友们茶前酒后一读、一笑，丢弃后，又让不识字的草木虫鱼读。没有什么是人带来的，也没有什么需要带走。

林和靖死后，随他入殓的只是一方端砚和一支玉簪。这是哪个女子的玉簪？在尘世，和靖先生并非薄情到不爱世上的人儿。这玉簪的主人，必然是那个往后化身为梅的女子，她曾经和他相逢，曾经花前月下，直到她被时间的洪流带走，被一种死亡遥隔于两岸。他发誓，不再爱了，不再爱芸芸众生里的女人。他的爱落向如迷的万物，他的爱落向一株梅，他所有说给梅听的话语，他所有写给梅的诗句，他相信她都听见了。

他只留下一支玉簪，这盈盈一握的玉簪，像她纤细的手指，像她玲珑的目光。窈窕的肉身消散了，绿鬓青丝遍寻不见，但与之日夜亲近的玉簪留了下来。温润的玉，清凉的玉，在时间里久远的玉，留在他掌心，留在时间以外。他现在能时时带上她了，只要握在掌心，就可以带她去看满湖红莲；只要置于怀袖之中，就可以带她去闻一盏香茗；只要安放到棉布的衣襟里，就可以带她去赏一山的白雪……她变得那么小，那么无有挂碍。

他不再失去她，不再失去这一支横亘在生命里的玉簪。即使死亡也无法把他们分开，他放飞了所有的鹤，让童子归田，去关心粮食和蔬菜，他只要求在墓前种一树梅，他只带走一端砚，一支玉簪。

他和她一道，在恒久的死亡里相拥，从未再分开。

处士

这是刻在墓碑上的称呼，是来自人间的一个定论。和靖先生有知，一定欣然于闹哄哄的人间还有人明白他的志趣，在死亡之吻封缄的时刻，给了他一个并不违背心意的称呼。

世间那么多身份，他一生坚持成为自己，他是孤绝的，似孤云，像野树。落笔写遗书时，和靖先生面对一尺宣纸，眼里云烟苍茫，回望来路，最得意的竟是未曾出仕为官。世间人，大多追逐利益而去，大多在别人眼光里进退过活，只有少数人用一生写就一个散淡身份。只有少数人，在清澈水边坐下来，不断观照住在身体深处的灵魂，并沿着心灵幽微的光亮指引前行。

林和靖一直在找寻一种自适的姿态，他不能入仕，不能经商，不能沉湎繁华富贵，这些遥遥大道，都不是他能走的。他一次次起身离席，一回回断然相拒，他决然地走向静寂之地，他的路，只有一条，那自然的有着泥土芬芳的通往寒山的路，那水光潋滟的误入藕花深处的路，那清简的洁净的连接灵魂故园的路。

他只爱青山、流水，只爱清茶、布衣，只爱古刹、钟鸣⋯⋯

他只爱一个身份，只成就一个身份：处士。

安然自处，独行为士。

长城下的黄贤
朱和风

二十多年前的一个冬日，奉化新闻办的一位官员邀请我到裘村镇黄贤村采访，说黄贤村以前是一个出了名的光棍村，外村的姑娘饿死也不肯嫁给黄贤郎，但现在变了，黄贤的小伙子成了俏货。新闻官的话显然有夸张的成分，借此来放大新闻点。

记不得当年怎么到黄贤的，感觉从奉化城区出发到黄贤的路程比到宁波还要远。陪同我采访的新闻官说我们先去裘村镇拜见地方官。我说这是常识，有地方官的支持，采访就会一帆风顺。

地方官是裘村镇党委的李书记，冬日暖洋洋的阳光下，他微秃的脑袋一片油亮。他对我的到来表示热烈欢迎，倒茶递烟，热情得就像是久别重逢的兄弟。说起黄贤的变迁，他所讲的和新闻官讲的如出一辙。李书记还说黄贤出过一个大名人，叫林逋，"暗香浮动月黄昏"就是他的一句诗。李书记这一诵，让我一惊，这句七字诗脍炙人口，让人联想到夕阳西下的黄昏之时，鸟语花香的乡野景色。这时，新闻官也补充，林逋先生有一个号"和靖先生"，是宋朝的皇帝赐予的，这句诗的上一句是"疏影横斜水清浅"。

那时没有智能手机，百度更是无从谈起，只能听新闻官对黄贤村的介绍。他说，缘何取名黄贤村，相传秦末汉初，商山四皓之一的贤者夏黄公曾在此隐居。对于饱学黄老之学又隐居陕西商山的夏黄公，选择千里之外的奉化偏僻乡下，黄贤的山貌风光、地理环境，若不是妩媚妖娆，至少也有相当的气场，唯有如此，才能吸引商山四皓的夏黄公。到了黄贤村，当天有雪花掉落，凝眸远处青山，烟雾茫茫。村宅破旧低矮，冷僻孤寂，弯弯的村道上，行人匆匆，你想搭讪，没门。他们都像攥着大事要办，低头而过。

接待我采访的村书记老林告诉我，黄贤村以前是出名的光棍村，村人担忧外来的人打听过去的生活，害怕尊严扫地，一般不会主动和你聊天。再说村里有服装厂十多爿，村人忙着上班挣钱，改善生活条件。这时，我接过林书记的话，开玩笑地说，林逋也是光棍，但林逋这样做，并不一定是生活所迫，他或许深知岁月如白驹过隙，人生苦短，即使皓首穷经，也尚嫌时日不够，所以他选择世人眼里不可思议的梅妻鹤子的逍遥生活，也许就是一个能进入终生学习领悟的境界。林书记一愣，接着说朱记者你对林逋的别解很有意思。这时，这旁的新闻官哈哈大笑，只有他知道，这番话是我对他的介绍现炒现卖，并无创意。

那天的采访比较顺利，林书记安排的几位村民也相当配合，他们在回忆以往黄贤村的年轻小伙子做脚夫、樵夫时，语气中弥漫着不堪回忆的疼痛，但当说起如今村办企业遍地开花村民的生活大为改善时，语音响亮而充满自信。

采访结束返回奉化途中，我想林逋栖居在远离闹市的黄贤，若没事干岂不无聊死，定是围着火塘，耕读诗书，粗茶淡饭，赏梅放鹤，看透熙熙攘攘皆为利来的世态，过着潇洒而又悠闲的生活。当今的黄贤人，也懂得艰难困苦，玉汝于成这个理。回到宁波，我客观地写了一篇通讯《光棍村的变迁》，发表在《宁波日报》的社会生活版面上。后来因采访条块的变动，再也没和黄贤发生交集。

2011年仲春，我所在的新闻部有一位记者突然说起黄贤，称黄贤田园风光好，空气新鲜，别墅漫山遍野，吸引宁波的有钱人买别墅，住黄贤，赞赏之情难以言表。"我们周末去黄贤游玩如何？"他的话迅速引起大家的共鸣，一致赞成"去黄贤"。周末那天，我们十几号同人浩浩荡荡地驾车黄贤乡村游。我自以为对黄贤颇为了解，但到了黄贤村，感觉走错了路，哪里还有当年的踪迹，黄贤村树木郁葱，村民的住宅错落有致。登高眺望，别墅漫山遍野。村里的人看到我们，不屑地指指点点，好像

我们是来分享他们的空气、他们的山水和成果，询问黄贤森林公园景点的售票员，媒体从业人员能否享受免票待遇，她也懒得抬头，冷语道："我们这里记者证没用，都要买票参观。"这让我们一行颇感尴尬。

我站在森林公园的广场上，望着和我咫尺之遥的森林公园，里面有喷溅的飞瀑和巍峨的寺庙。两人来宽的一条石阶建在忽弯忽拐的青山上，八九个游客或疾或缓地拾级而上，他们的身旁，是郁葱的树木和习习舞动的花草。黄贤之美如山野般原始和自然，我忽然感到在这丰沛茂盛又不入云霄的山上散散步或搭建一间茅屋、有一畦地种种菜，也是很怡然自得的。现在许多囊中有些闲钱的城里人，都喜欢跑乡村吞糠咽菜，算是把自己融入自然和怡乐于山水之间。其实，这并非创新，而黄贤的林逋，以种梅获取生活的收益，以养鹤汲取精神的食粮，卓尔不群地应对纷繁的人世，在暗香浮动月黄昏的幽冥中，不挣多余的钱，不存额外的贪念，绝对是一个真隐士。

后来，我们决定放弃参观森林公园，去村里走走接地气，新闻从业人员不是强调新闻的接近性吗？但是，村容村貌已不是我十多年前看到过的模样，村口有湖，湖心还有仿古的亭台楼阁。路上，依然是目不斜视的匆匆村民，也许他们见过的游客太多了，不再新鲜。但进了附近的草莓塑料大棚，种植户却是热诚如同久别重逢的故友，一脸缤纷地喊："你们自己摘吧，香甜的奶油草莓，你们尝尝，味道若还可以，捎带几斤回去。"种植户巧妙地规避了"买卖"二字。这时，八九点的太阳朝气蓬勃，把塑料大棚映得明亮，如同阳光房，春天般暖和。

带着嘴角的草莓奶油香，我们一行驱车去黄贤的古长城和土楼，圆形的土楼有四层，可以免费入内，进入悬挂着大红灯笼的土楼大门，我双手合十，感谢聪明的黄贤人，土楼山寨的高仿，同样的海上古长城，也山寨得像模像样，也许门票价格高的原因使来的人少，那天让我们独享了长城、城门、烽火台和炮台的景色，似乎也嗅到了战争的气息滚滚逼来。

长城下的黄贤，是满目的别墅。深谙生存和致富之道的黄贤人，以亮丽的风光和新鲜的空气，迎接你的入住。人们热爱人文自然，喜欢人与自然的和谐相处。但如果不是生活所迫，是不会对暗香浮动、疏影横斜的自然景观横下一刀的。从长城下来，也许是登高带来的疲倦，让我感到些许沉重。到了山下，已是午餐时间，我们选择中心大会堂对面的一家烟火气袅袅的农家乐，屋檐之下，全是慕名而来乡村游的游客，座位已不多，只能见缝插针，一碗端来消灭一碗，嘴上功夫赶超炒菜速度。这时，邻桌有人用筷子敲碗沿，农家菜的味道还真不错，只是结账的时候，老板的那把刀还是磨得比较快。

我赞叹黄贤进入了经济时代，遗憾的是和靖先生竭力推崇又身体力行的淡泊自然、怡乐山水而不生贪念的处世态度，正在异化。往事如烟，大变化带来大变迁。如今，"梅妻鹤子"的故事已成为一段佳话和中国文化精神的标杆之一，风骨高贵、将仕途视作鸿毛的和靖先生，面对一千多年后的黄贤，他也会颔首赞许吗？

幽谷回音

林逋纪念诗文集

下卷

幽谷回音

一 为林逋卸妆

柯平

陶庵论史（代序）

余读唐野史，太宗好王右军书，出奇吊诡。如萧翼赚兰亭一事，史反不之载焉，岂以此事为不佳，故为尊者讳乎？抑见之不得其真乎？余于是恨史之不赅也，为之上下古今，搜集异书，每于正史世纪之外，拾遗补阙。得一语焉，则全传为之生动，得一事焉，则全史为之活现。……余又尝读正史，太宗之敬礼魏征，备极形至，使后世之拙笔为之，累千百言不能尽者，只以"鹞死怀中"四字尽之，则是千百言阙，而四字不阙也。读史者由此四字求之，则书隙中有全史在焉，奚阙哉！（张岱《史阙序》）

雪夜访窦（上篇）

任何好听的故事都需要有个精彩的与众不同的开头，我们现在要讲的这个故事同样如此，990 年前某个寒冷的大雪纷飞的冬日，一位赴越地就职的年轻人，突然打算效法前贤雪夜访戴的雅事，前去拜访当地名气很大的某位高士。按常理说，隆冬天气绝非访隐寻幽之佳时，这谁都知道，而有意选择大雪飞舞的日子出行更让人不可理解。唯一可以信赖的或许只有时间方面的表述，这首先得力于当事人回忆的清晰，同时又因被写入了国家史，显得更为隆重，告诉我们这一年为天圣中。天圣是北宋仁宗赵祯的第二个年号，总共九年，既以中称，则推定为天圣五年即1027年当无可疑，至于具体是该年冬季哪一天，雪有多大，路有多远，那位待访的高人家住在哪里，途中使用什么交通工具，可惜在当事人的文章里都没有任何交代。包括作为双方媒介，陪同造访的雪窦虚白上人或称资圣禅院住持昙颖，亦仿佛隐身人物，一字不及。

让我们来回顾一下当初的情景，故事里的两位主角，都是北宋前期的著名诗人，而在当代名气或许更大。一位是顶着风雪出访的年仅26岁的梅圣俞，被欧阳修誉为百年不遇的诗歌天才。一位是在寒庐耸肩吟咏被敲门声意外打扰的60岁的林君复，所谓杭州西湖品牌的代言人。本来是非常私人化的事件，以有一篇深情的文字留传下来，大致记录了两人当初会面的情形，故而为世瞩目，这就是日本贞亨三年（1686）翻刻的北宋二卷本《和靖先生诗集》卷首梅的序言。文末署仁宗皇祐五年，则撰文时间已是26年之后，其时距林辞世已有25年。以文中所称"诸孙大年能拾掇所为诗，请予为序"，知遗诗为其侄孙林大年整理。又以文中所称"其诗时人贵重，甚于宝玉，先生未尝自贵也，就辄弃之，故所存百无一二焉"，可见数量相当有限，实在看不出有需要花费这么长时间（整整25年）来整理的理由。这个由彼邦保存的北宋本跟今国内诸本的不同之处，就在序言中明确写明他当初隐居的地方为"宁海西湖之上"，而非"钱塘西湖之上"。还有就是说他活了61岁，即两人见面次年就不明不白死掉了。因资料珍贵，抄录于此，对里面的文字，个人以为有疑问的地方，姑采取原文边加括弧补字商榷的方式，提出问题，以供有兴趣的人进一步研究探讨。

和靖先生诗集序

太常博士宛陵梅尧臣撰

天圣中，闻宁海西湖之上有林君，崭崭有声，若高峰瀑泉，望之可爱，即之愈清，挹之甘洁，而不厌也。是时予因适会稽，还（遂）访于雪中（窦）。其谭道，孔孟也；其语近世之文，韩李也；其顺物玩情，为之诗，则平淡邃美，读之令人忘百事也。其辞主乎静正，不主乎刺讥；然后知趣尚博远，寄适于诗尔。君在咸平景德间，已大有闻。会天子修封禅，未（亦）及诏聘，故终老不（亦）得用。于时贵人巨公，一来相遇，无不语合，仰慕低回不忍去。君既老，朝廷不欲疆起之，而令长史劳问。及其殁也，谥曰：和靖先生。先生少时多病，不娶无子，诸孙大年，能拾掇所为诗，请予为序。先生讳逋，字君复，年六十一。其诗时人贵重，甚于宝玉，先生未尝自贵也，就辄弃之，故所存百无一二焉。呜呼，惜哉！皇祐五年（1053）六月十三日序。

这里先对怀疑原文有讹字这件事有所说明，首先疑"还"的原字为"遂"，理由是梅是年适会稽，是赴越地新官上任，并非游山玩水，或寻访祖宗梅福遗迹。杭州在会稽西北，宁海在会稽东南，地理方位截然相反，绝非今人所谓还杭州路上顺道至西湖相访可以解释。因此，当时他如果打算从会稽至宁海，唯一可行的路线就是效法唐朝的那些同行，主要借助郯溪东南而行，而宁海恰为剡溪入海处。其次雪中当为雪窦或窦口之伪，几乎用不到解释。因古人也是人，说的也是人话，而且说话水平比我们高，不可能没头没脑来这么一句。还有就是"亦及诏聘，终老亦得用"的问题，按明黄缙本《林和靖诗集序》（黄宗羲明文海卷二百六十二）："逋隐西湖，朝命守臣王济体访，逋闻投启，赘其文以自炫。济短之，止以文学荐，诏赐帛而已。呜呼！是胡言行之殊，致逋将不得为同文仲先（种放）之俦欤。"黄的观点或许有过苛刻之嫌，而那个守臣王济更是不该，朝廷派你来征贤，山野之徒不懂官场规矩，一时激动之下自我标榜几句，又算是什么事了？再说这也是文人通习，居然给他

穿小鞋。仲先为种放之讹，当时与他齐名，为在野派代表，又同时应诏，前者运气好，被授工部侍郎，后者运气差，止以文学荐，没人说他当过学官，哪怕是地方上的，因此这个"文"字可能又是"斋"字之讹。《宋史全文人事记》对此有一番评论，主要观点是站在政府的立场上，对两人的应诏出山大加肯定，认为："当天下无道之时而隐者，此当隐而隐者也。当天下有道之时而隐者，此不当隐而隐者也。若种放林逋诸公，其不当隐而隐者。"而苏东坡那首著名的《书林逋诗后》，内有云："先生可是绝俗人，神清骨冷无由俗。"又云："平生高节已难继，将死微言犹可录。"显然亦为此事而发。

然后是序文关键部分，即有关宁海西湖的概念，喜欢宁波地方史的人都知道，在古代，鄞县实为明州主体部分，以拥有四明山、它山堰、东湖西湖或称日湖月湖而闻名遐迩。最早的国家志唐《元和郡县志》记宁海云："晋穆帝永和三年，分会稽之鄞县，置宁海县。"宁海既析自鄞，即从鄞县的大蛋糕上切下来的一块，县境内有西湖是理所当然的事。后来鄞县迁治，奉化刚好又全部继承了鄞县的地盘，因此，也可说宁海是从奉化分出来的。又有郡人舒亶作《西湖记》，为我们介绍北宋明州境内西湖的情况："湖在州城之西南隅，南隅废久矣，独西隅存焉，今西湖是也。"下署元祐甲戌（九年，1094）。七年后又作《西湖引水记》云："鄞县（即时之奉化）南二里有小湖，唐正观中令王君照修也，盖今里俗所谓细湖头者，乃其故处焉。湖废久矣，独其西隅尚存，今所谓西湖是矣。"下署建中靖国改元（徽宗即位之年，1101）。将湖的历史和现状原原本本交代得一清二楚，而《西湖记》内居然又有这样一段奇怪的话："然是湖本末，图志所不载，其经始之人，与其岁月，皆莫得而考。"如果作者没有喜欢自我侮辱的癖好，肯定是后人给他塞进去的，即今语所谓"被舒亶"也。同时，从梅尧臣序开头那番形容"若高峰瀑泉，望之可爱，即之愈清，挹之甘洁"，显然是敬重其人，因取当地景物作譬，愈见亲切。瀑布应该就是千丈瀑，而钱塘西湖不可能有这样的景观。倒是彼地自己的《乾隆杭州府志隐逸传》里有个记载，很有意思："张质，钱塘人，仕吴越为光禄大夫，与郑都官同谏钱王纳土，避地宁海之深畎，遂家焉。"比较"宁海西湖之上"与"宁海之深畎"的用法，大致类似，而逃离钱塘，遂家宁海，可证宁海与钱塘绝非一地，无论五代以前还是五代以后的北宋。

弄清宁海西湖不可能是钱塘西湖以后，有关这次会面的真实动机是什么，也是让人很感兴趣的话题。个人以为共同的精神信仰和相近的工作性质，构成他们友情的基础，不过司祭地望不同而已，因此，与其相信这是后辈对前辈的仰慕和致敬，或许更像是宗教局新来的年轻人向单位里的老先生请教技术问题。毕竟黄绾说的王济"止以文学荐"的事，发生在真宗咸平景德间，至仁宗天圣五年，最少也有 20 年了。而如此声名显赫的一个人，拥有包括皇帝、疆臣、士子阶层、文坛大佬、地方官在内的庞大粉丝团，生平事迹竟须借助一个比他小 34 岁后辈的诗序而传，而后来那些如曾巩林逋传，陆游侄子桑世昌林逋传，《宋史》林逋本传，不过以此为主要摹本，然后再增添一点真假难辨的个人发挥而已，想想也怪可怜的。包括诗集的流传，也是这样，或者更乱。各种各样的版本，从一卷本到七卷本，从百余篇到三百余篇，品种齐全，应有尽有。一方面是梅尧臣称"所存百无一二"，郎仁宝称"梅序谓百无一二，今尤寡矣"；一方面是诗集的厚度却不可抵挡地逐年递增。随便说一句，后面这个郎仁宝，就是明代杭州文坛大佬郎瑛，在他所著《七修类稿》里，还藏有一个识别伪本的有效武器，有多种检测方法，其中最简单又最管用的，就是"梅都官序文，乃书名于先，故（文）后年月之下有一'也'字。乃文章也；今皆削之，而以年月赘其名。且序中易去几字，是可为都官之文乎？摘句（指《林逋摘句图》），五言者有十三联，七言有十七联，今皆无之。则梅序谓百无一二，今尤寡矣。呜呼！一书如此，他书可知，宁不尚古"。或许他为自己的研究成果激动，话说得有些结结巴巴，也有可能是有人不想让他表达清楚，因而语无伦次，半通不通，"乃文章也"四字更是完全莫名其妙，只能请读者将就着对付了。好在关键部分表述大致无误，就是说：北宋真本"和靖先生诗集序"题下署作者名"太常博士梅尧臣撰"；序尾书年月"皇祐五年六月十三日"，后复有一"也"字，而我们现在看到的是"序"字，可见即使是这个由彼邦保存下来的北宋刊本，也很难保证一定是原汁原味，时下流行的版本就更不用说了。

幽谷回音

林逋纪念诗文集

在千年后的今天，随着科技的迅猛发展，研究者在视野和工具方面有前所未有的优势，今人与古人的关系亦变得较以前更为亲近。即使林喜好山林，不入城市，行迹隐秘，梅的序文又有意淡化他住所的地望，但如果有人对两人见面时的情景感兴趣，试图进行某种复原和拼凑，也不是完全不可能。作为受访主人林君复一方，有关此次会面可以确认的至少有两首诗，诗题信息量较大：一首叫《和梅圣俞雪中同虚白上人来访》，告诉我们此次拜访并非单独相见，而由雪窦虚白上人相陪；一首叫《答梅室长》，透露梅当时真实身份为太室斋郎，而非正史告诉我们的桐城主簿。具体内容，前诗称"湖上玩佳雪，相将惟道林。早烟村意远，春涨岸痕深。地僻过三径，人闲试五禽。归桡有余兴，宁复比山阴？"后诗称"君家先祖隐吴门，即日追游往事存。若向明时奏飞牍，并将康济息元元"。尽管这两首诗对后世的研究具有非常重要的意义，但从诗意和技法上来考量，水平却相当一般，根本不像梅说的"其诗时人贵重，甚于宝玉"那么夸张。当然这应该也是他的会见记录能保存至今的原因，因为从形式上看，这两首诗都是对梅赠诗的酬答，而梅的原诗在《宛陵集》里却早已消失。或者说，如果不是林诗存在，没人知道梅还写过这样两首诗。比较合理的推测是，里面大约有涉及人物真实身世的内容，不利于正史的稳定，因此被和谐了。

来访的客人一方，才情横溢，年轻气盛，按年谱，是年在梅一生中是个多事的年头，一是结婚，娶了太子宾客谢涛的次女；二要赶到河南去与欧阳修结交，《归田录》所谓"圣俞自天圣中与余为诗友，余尝赠以《蟠桃诗》，有韩孟之戏"是也；三是初次出仕，以荫封赴任桐城主簿，实际身份却是太室斋郎，因此你如果一不小心写错了，将桐城写成桐柏，太室写成天室也没关系。这地方是彼时国祭所在，外面看是个洞宫，里面实际上一间一间隔开，每位祖宗都有享用单间的待遇，这就是室的意思，梅当初所司者为其中某间，因有室长之称。他一生创作量大，此行所作自然不止林逋酬答他那两首，有些被干掉，更多的却借助各种技术手段得以保存，或借花献佛，或指东打西，或改换标题，或倒置年月，目的性很明确，就是要绕过那个敏感的天圣五年宁海西湖。因替他编诗集的大舅子谢希深显然是深谙政治的好手，懂得怎样避凶就吉和改头换面。

这方面《送韩六玉汝宰钱塘》一诗显得相当典型，诗下原有自注云："予尝访林逋湖上。"

> 顷寻高士庐，正值浸湖雪。
>
> 雪中千万峰，参差县前列。
>
> 僧居或隐见，岸树随曲折。
>
> 惊凫如避人，远向寒烟灭。
>
> 潜希为子男，觊得遂疏拙。
>
> 今逾二十年，志愿徒切切。
>
> 方闻落君手，与我曾未别。
>
> 景多诗莫穷，归载压车辙。

这是怎样的任性和胡作非为，送友人韩玉汝去当钱塘县长，而通篇说的居然都是林君复，几乎没一句涉及姓韩的，也算是文不对题的极品了。何况"雪中千万峰，参差县前列"的雄奇，体现的正是四明山的地理特征，有同时代雪窦住持明秀《因游育王寄牧主郎给事》诗"冷翠千万峰，当轩列如黛"为证，又岂为"州傍青山县傍湖"（白居易诗）的钱塘县所能承受？"顷寻高士庐"，顷字按通常理解是前不久的意思，而下面很快出现一个"今逾二十年"，让你一下子如同经历冰火两重天，你可以因语意矛盾，不类名家手笔，怀疑它是"今逾大半年"之讹，但也只能是怀疑而已，不能起作者于地下而问之。又正史说林逋天圣五年与梅相见，次年天圣六年就死了。而按此诗所涉年月计算，他20年后的1042年还活着。朱东润当年以梅诗《送林大年寺丞宰蒙城先归余杭》里"殁来十五载，独见诸孙贤"，并题下原注："逋之侄孙"，考定此诗作于皇祐五年（1053），倒溯十五年，则逋至少活到了宝元二年（1039），这个推论现在看来还是保守了。且考之其他文献，前有吴处厚《青箱杂记》说的"景祐初（1034）逋尚无恙"，后有叶梦得说的"冲晦处士徐复归杭州万松岭时林和靖尚无恙，杭州称二处士"，而徐复归杭已是西夏元昊叛后（1039年以后），再加上这个资料，大约可以形成专家所谓的证据链，质疑正史的殁于天圣六年之说了。

另一首是写此行全过程的，用的诗题却是《对雪忆往岁钱塘西湖访林逋三首》，从纯文本的角度分析，如果不是诗题中有个"往"字，内

文中有个"昔"字，写作地点必在主人家里，或旋烧枯栗的炉盆边，或寒风入窗的客床上，数量方面应该也不止三首，不会只写到当天晚上睡觉就没有了，只记来程与会面情况，不记归程与惜别之情，只要会写诗的都不可能弄出这样的烂尾楼来，拿来跟杜甫的《赠卫八处士》一比较就清楚了。但尽管有遗憾，亦已足够幸运，毕竟它是对雪窦周边地理及主人家居生活的原始记录，又因编辑时采取了某种策略和技术，侥幸存世，真实性方面应该没什么问题。让我们懂得当时生活在里面的那个人，是一个普通的人，不是高大的神。同时诗里信息量很丰富，仅以"鸱夷"二字为例，出现在诗末就相当引人注目。按汉末人应劭的解释："取马革为鸱夷。鸱夷，榼形。"《说文》大徐注："榼之爲言盍也。"由此可疑第二首"去爱峰前有径开"之"去"字，当为"盍"之残。因当时两人还刚见面，芋头尚未烤熟，湿衣尚待烘干，不可能一下子就回去了。而盍为酒器，加"门"旁即为吴王阖闾的"阖"，《前汉书礼乐志》"游阊阖"注：阊阖，天门。《前汉书地理志》鄞县条下云："鄞，有镇亭，有鲒埼亭。东南有天门水入海，有越天门山。"因此，里面宝贝不少，只限于本事有限，无力深掘而已。其诗云：

昔乘野艇向湖上，泊岸去寻高士初。折竹压篱曾碍过，却寻松下到茅庐。

旋烧枯栗衣犹湿，去爱峰前有径开。日暮更寒归欲懒，无端撩乱入船来。

樵童野犬迎人后，山葛棠梨案酒时。不畏尘风吹入牖，更教床畔觅鸱夷。

让我们一起来品尝这些温馨的画面，首先可以明确此次拜访是坐船去的，抵县境后横穿湖面行到湖西山麓。上岸步行，踏雪穿竹，路上随时可见为大雪压塌的竹篱，最后终于在松下茅庐见到了传说中的高士。主人名气虽大，身段却低，殷勤待客，以当地拳头产品炭盆烤山芋（所谓粟也，亦称栯栭）相饷，既可果腹代餐，又可烘烤湿衣，考虑得相当周全。接下来是陪同游玩，至日暮，天寒地冻，客人畏寒懒归，主人殷勤挽留。"樵童野犬迎人后，山葛棠梨案酒时"，这两句，只要会写古诗的人，都知道应该是"樵童野犬迎人后，山妻棠梨案酒时"

才对，然而正史说他没老婆，又有什么办法，但这梨必定是当年晋人孙绰游此，于沙上偶得梨数枚以为仙物的梨，自然也是后来明末地方大儒黄梨洲的梨。围炉品酒，听雪快谈，话题或许天南海北，相当广泛，但我相信谈得最多的应该是宗教问题，有关卜，有关祀，有关祭，祭又有内外之分，内祭祭于室，外祭祭于夹，而夹又有大小之分。还有梅托名所作《碧云騢》里披露的那些猛料，如范仲淹原名朱说，欲与阉官范仲尹通谱，不惜将姓名改掉；或文彦博官路畅通，全靠仁宗所宠张贵妃父张尧封曾是他老爸文洎门客的缘故之类，说不拿点出来做下酒物，亦不合常理。没有传说中那两只白鹤而只有一头看门的野狗，可能是个遗憾，因临安知府潜说友在他炮制的林逋传里深情告诉我们："逋尝蓄两鹤，纵之则干霄，久之复入笼中。尝泛小艇游西湖诸寺，客至，则一童应门延坐，开笼纵鹤，必棹船而归，盖以鹤为候也。"包括杭州人极力渲染的梅花，诗里亦无一字涉及。如果鹤因天冷受不了躲在窝里不肯起来，还能理解，那360棵名闻天下的梅树可是绕宅而生，天气越冷，越是展露它们绝世风采的大好机会，居然影踪全无。总之，这些都是让后世林的粉丝纳闷且扫兴的事，他们或许会感慨，会伤心，甚至流泪，没有梅妻鹤子，他老先生的清高靠什么体现？杭州孤山的文化品牌又如何维持？而我关心的仅仅是：在同一本诗集里，序言称宁海西湖之上，内文称钱塘西湖之上，需要有多大的权势和胆大妄为，才能铸就这样的地理奇观或历史奇观啊。

雪夜访窦（下篇）

在北宋前期的高僧排名榜上，差不多有一半都是从雪窦里钻出来的奉化人，面目或清晰或模糊，仅就有资格进入正史的那些大师而言，自唐末大盗黄巢放下屠刀立地成佛、启用新名号常通禅师、成了这里的开山祖师以后，始建于晋代的阿育王塔终于重放光明，迎来了它精神生命的第二春。常通后有契比，俗称布袋和尚，名满天下，妇幼皆知。契比后有吴越国师德韶，"兴智者道场数十所。功成不宰，心地坦夷。术数

幽谷回音　林逋纪念诗文集

尤精，利人为上，至今江浙间谓为大和尚焉"（赞宁《宋高僧传》）。德韶后有延寿，著《宗镜录》，筑六和塔，说法雪窦，《宋高僧传》谓"乃得韶禅师决择所见，迁遁于雪窦山。除诲人外，瀑布前坐讽禅默"是也。延寿后有重显，昙颖，生卒相近，功力相当，知名度亦在伯仲间，更关键的是均以上堂说偈的本事著称，口吐莲花，辩舌如电，其妙无比。弄不清到底是一人还是两人。而延寿又号智觉，重显又号明觉，雪窦寺因此又有二觉道场之名，实为有宋一代宗教圣地，赵家皇帝礼敬之所，仁宗、徽宗、理宗生前排着队梦游此山，怪不得陈本堂在《雪窦山资圣禅寺记》里要有那么多感慨了。

在以往的研究中，同行中那个神秘的第三者一直受到忽略，被认为是可有可无的人物，现在看来绝对是个很大的过失，应该检讨。这个人，梅尧臣称他为雪窦长老，林君复称他为虚白上人，实际上是一回事，雪窦是寺名，虚白是观名，而依官方称呼又该叫资圣禅寺才是。本来如果只是和尚们闲着没事，倾慕风雅，多起几个"马甲"玩玩，那倒也没什么。但梅到底年轻，不如林老成持重，竟暴露他的真名就是昙颖，亦即大名鼎鼎的达观禅师，于是事情就变得复杂起来。因现存各种佛学文献都说其时住持雪窦的是重显——应好友曾会之请，这一点甚至已得到他本人的证实，《明觉禅师语录》卷第一所谓"承学士有言：辍翠峰之祖席，登雪窦之道场"是也。按南宋《宝庆四明志》卷一郡守："曾会，朝奉大夫尚书刑部郎中充集贤殿修撰知军州兼市舶管内劝农事上护军赐紫金鱼袋，天圣二年到任，见葛周所撰《慈溪香山寺十方碑》。"又今人李之亮《宋两浙路郡守年表》明州条下："天圣五年丁卯：曾会。"就是说从二年就任至六年离任，当地最高行政长官确为此人。对号虽然是对上了，奇怪的是发生在天圣五年的梅、林之间这次历史性会见，充当陪同兼唯一见证人的居然不是他请来的重显，而是号称住持润州金山龙游寺的昙颖（详《佛祖历代通载》《释氏稽古略》《五灯会元》等禅学文献），这就更让人怀疑两人有可能实为一人。考《宛陵集》卷十六有《送雪窦长老昙颖》诗称："朝从雪窦请，暮卷云衲轻。莫问居士病，自从他方行。吴霜点髭根，海鸟随众迎。安隐彼道场，万事都忘情。"现在看来更像是写给重显的。而《全宋诗昙颖卷》里那首《游上雪窦》："下雪窦游上雪窦，过云峰后望云峰。如趋仙府经三岛，似入天门彻九重。无日不飞丹洞鹤，有时忽起隐潭龙。只应奉诏西归去，此境何由得再逢。"不妨亦可看作是同游赠答之作。

而林逋当年隐居的地点，应该就在虚白观里，有关这一点，他自己从不隐瞒，诗文里所谓虚堂虚斋者皆是，以居所附于观，因有此别称。如在《赠张绘秘教九题之七诗牌》里他说："矗方标胜概，读处叩忘归。静壁悬虚白，危楼钉翠微。"又《闵上人以鹭鸶二轴为寄固成二韵》："闲扬粉丝荷苇外，数声惟欠叫秋阴。虚堂隐几时悬看，增得沧洲趣更深。"此外我手里还有他一通笔札，是写给一个和尚朋友的，内称"独坐虚斋，颇觉岑寂。然不饮酒茹荤，亦复罕睡。庶时接清谈，啜佳茗，以为慰慕也"。而梅圣俞此行留下的另一重要作品《和县颖师四明十题》，其第七首宴坐岩亦云："心危身亦危，衽席尚颠坠。如何岩石上，来坐自安意。能谕死生间，无论寤与寐。"诗题下有自注云："智觉禅师（即重显前任延寿）于此不睡。"一个号称"亦复罕睡"，一个号称"于此不睡"。《归田录》又记"华原郡王（允良），燕王子也，性好昼睡，每自旦酣寝，至暮始兴，盥濯栉漱，衣冠而出，燃灯烛，治家事，饮食宴乐，达旦而罢"。至于这些人为什么晚上都不睡觉，当然不可能是上夜班，更不可能是行窃，理由很简单，因为要从事诡秘的精神工作，坚守自己的宗教信仰，或用《景德传灯录》里延寿本人的话来说叫"夜施鬼神食"，而相关秘密应该都藏在这个雪窦里。古代的内祭一直是个被遮蔽的宗教话题，直到10年前清华简《楚居》面世，才知道此为楚人特有的祭祀方式，"夜而内尸，至今曰祭必夜"。这个尸字的本义，相信熟悉《左传》的读者已在鲁庄公四年楚武王伐随篇里领教过了，竹简作层，与祭同义，俗称荆尸。而林逋为楚人后裔，亦无可疑，楚字古文为"楚"，从林从之。上面这个林，本义是两根梅梁，下面这个之，是芝的省文，芝为芋头古称，而种芝之清水古名之江，俗称九曲溪，雪窦即为其源头，榆门即为雪窦之栅。这些都是明州历史涵蕴最重的部分，至少至蒙元初期地理态势依然如此，宋元六志俱在，陈本堂戴剡源文集尚存，无须再多饶舌。

他不仅写到虚白观，甚至还写了溪口，即使不算集中那首《闻溪口

幽谷回音

林逋纪念诗文集

舟行》，称"环回几合似江干，刺眼诗幽尽状难。沙觜半平春晚湿，水痕无底照秋宽。老霜蒲苇交千刃，怕雨凫鸥着一攒。拟就孤峰寄蓑笠，旧乡渔业久凋残"（今作《耿济口舟行》，非伪即讹），至少还有《寄闻义阇梨时在溪口》诗云："平昔常闻溪口路，重山复水去无穷。禅余试问舟人看：几宿还能到剡中？"大意是向舟人打听，自剡口至剡中，如逆水行舟的话，需要几天时间？说这个闻义阇梨就是梅尧臣，亦未尝不可，今存《林逋集》里有好几首诗都是写给他的。既然另外起个和尚名字为彼时文人所爱追逐之风气，连赵抃、苏轼辈尚且不免，他为什么就不可以？因剡中即天台也，剡口即溪口也，这条溪因行于山间，弯曲盘迂，奉化当地又叫作九曲溪，逋诗所谓"环回几合"者即此，后来宋亡时陈著戴表元赵孟頫等都隐居在那里（详拙作《大里黄公的户籍问题》）。而梅此行留下的另一首诗同样写到了溪口，其《和县颖师四明十题之六石笋峰》云："巨石如龙孙，耸耸烟雾里。明明落溪口，纳纳喧滩齿。何当助斋盂，菌蕈徒为美。"尽管文义晦涩，但所涉景物自上而下，层次分明，即从剡中至剡口，清晰可辨。又石笋为当地名山，溪口为当地名水，都是证明此次拜访结交的地点是在奉化的有力证据。

　　既然说到了梅的《和县颖师四明十题》，想要回避已经很难。这10首诗虽然都是写奉化的，高屋建瓴的全景式描述，才情横溢，内涵更深，是真正的文化大餐，但同时又非常奇怪地被收入《全宋诗》的县颖卷，原诗与和诗竟为同一作品，不知是否如佛家说的本相与表相，只弄不清哪个是真身，哪个是替身，真正让人大开了眼界。更诡奇的是《宛陵集》里又另有一组应和诗，同样是10首，同样五言六句的形式，同样的三字副标题，即形式字数完全相同，所咏景物亦大致仿佛。只不过《和县颖师四明十题》变成了《和端式上人十咏》而已。诗题既已有异，十景自也难保，于是从原来的"雪窦山、龙隐潭、含珠林、偃盖亭、云外庵、石笋峰、宴坐岩、三层瀑、丹山洞、狮子岩"，俨然而为"幽谷泉、古木阴、寒溪石、孤汀苹、云际钟、垂崖鞭、天外峰、秋原菊、渔舟火、春溪冰"，但既称十咏，必系地望，这对写作者来说是常识。好比你称赞苏州女人漂亮，宁波海鲜好吃，一定会提到具体地名，不会没头没脑来一句那里美女真多或海边海鲜好吃。因此，像《和端式上人十咏》这样的玩法，天下只此一家，堪为古今奇观。当然这个所谓的端式上人同样也是莫须有的人物，造假所需的一次性产品而已，不但历代僧志找不到这个人，就算作者梅尧臣千年之下复活过来，恐怕连他本人也会被吓一跳，不肯承认是自己的作品。

　　行文至此，不难看出梅的诗集序文给正史造成的冲击，譬之发生在历史地理领域的一次地震亦未尝不可，领导很生气，后果很严重，于是一连串的古怪随之出现。比如作为知名度最大的古代人物之一，林的身世资料却少得可怜，且相互矛盾。又以梅本人而言，以他的杰出诗才，王公大臣争相举荐，而一生依然困顿坎坷，原因显然也与此事有关。作为有关方面事后的补救：一是让林君复在两人见面次年好端端地就死掉了。二是梅圣俞的诗集由他人代编，前为谢景初，后为欧阳修，且不准有天圣九年以前的作品存在，当然必须有一个美好的借口，说是姓梅的自己壮悔少作，对 30 岁以前的作品不满意，因此都删掉了。三是对宁海西湖概念的急救式处理，虽然难度很大，最后想出来的办法不可谓不妙——给已经颇为怪异的"杭州余杭郡"又加了个"宁海军节度使"的头衔，并隆重写入相关历史文献。

　　然而没想到的是，只手虽可遮天，众口毕竟难掩，到后来还是弄巧成拙，有本叫《宋朝事实》的书，因所记事实太刺眼，本来就被修理得差不多，作者李攸也被四库馆臣改名李攸，在《咸淳临安志》里又被改成李及，在明州地方志里又成了杨攸，谁让他跟林逋不仅相识而且还是精神偶像啊。而留下来的残篇断简里，偏偏又有杭州宁海军的真实记录漏网，可谓功亏一篑，其文云："淳化五年（太宗 994）改宁海军节度。六年（即太宗至道元年，995）升杭州，为府。"如此兴师动众，煞费心机，存世时间原来不过短短一年，与葛澧《钱塘赋》叙杭州南宋以前历史称"景福间创镇海军之节度，圣宋淳化制宁海军而改易"完全相符，目的性很明确，就为补上宁海西湖之漏洞。让不明真相的人很容易产生这样的想法：既然杭州又别称宁海军，这个宁海西湖，大约就是宁海军西湖之简称，相当于就是杭州西湖吧。至于这样有关地方行政沿革的大事，为什么不依古例出现在新君登基之时，如太宗即位或真宗即位，而偏偏要选择淳化五年这么个年头，原来史臣们自有苦衷，还有一个漏洞也得指望它才

能补上，即《宋史全文》（宋末无名氏纂，今唯见于《四库全书》，必亦经纂改，与今《宋史》稍有不同而已）所记"真宗壬子大中祥符五年（1012）六月癸丑，钱塘人林逋，性恬淡好古，不趋荣利。家贫衣食不足，晏如也。归杭州，结庐西湖之孤山，二十年足不及城市［上溯二十年为太宗淳化四年（993）］。转运使陈尧叟以其名闻（陈尧舜之兄，今林逋诗集首篇即赠此人）。庚申，诏赐粟帛，长吏岁时劳问"，明确记载林隐居西湖始于太宗淳化四年，终于真宗大中祥符五年，按年谱为25岁到44岁。至于为何这么年轻就厌世，喜欢打光棍，要跑到杭州去隐居，虽有专家告诉我们是品性清高的缘故，总让人将信将疑，但也无可奈何。后来梅序突然弄出个宁海西湖来，而且说林死前一年即60岁时还在那里，给史官们添了乱，于是只好选择次年淳化五年下手，在宁海西湖与宁海军西湖之间设置模糊概念。这样，从淳化三年太宗赐雪窦寺御制赋咏，建成藏阁；到淳化四年林逋开始隐居宁海西湖之上；到淳化五年余杭郡改宁海军；到淳化六年（至道元年）升杭州为府。形成一条虽然复杂但主体脉络基本清晰的证据链，但令人扫兴的是，这只是展示古代史官造假水平高超的证据链而已。

　　结果居然连存世不过一年的推论，也被证明过于浪漫，尽往好里想了。宋代的所谓军，实际上徒有虚名，相当于领导退休后在政协当顾问，文化名人老了在文史馆挂闲职，可以领一份工资。有个好事之徒叫刘埙，前半生为宋人，后半生为元人。国家灭亡了没事干，把这奇葩玩意儿的来龙去脉考证得清清楚楚："宋时雄藩大镇，又自别有军号，如杭州曰宁海军，绍兴曰镇东军，温州曰应道军，婺州曰宁远军，严州曰遂安军，平江曰平江军，建康曰建康军，扬州曰淮南军，龙兴曰镇南军，赣曰昭信军，建宁府曰建宁军，泉州曰平海军，如此者不尽记。每军皆设节度使官一员，其地则谓之节镇。节度使止遥授，请厚俸，而不亲临。其郡非若唐代淄青、卢龙、宣武等处节度，则真有其地，统其军，跋扈难制，至于篡逆也。宋（唐）制节度使官仪甚盛，其家建巍楼，植纛其中，有黄幡豹尾之属，名之曰节楼；义祀神，名之曰节神。其节度使每出，则千兵拥卫，捧节前驱，见者避路，有令曰冲节者斩。然（宋）所统军，军卒则咸无焉。（隐居通议卷二十九）。"此书成于元代可以无疑，不然不敢如此大胆，毫不留情地将这个纸老虎戳出几个大窟窿。尽管如此，按惯例，收录进《四库全书》的书，大多也会被做手脚，不可能保持原貌。好在本文篡改的那两处，即改唐为宋，改宋为唐，手段低劣，识破容易，不影响主体部分文义的完整，有一定古文基础的人都能看懂。

　　读书多年，有件事一直不明，印象中，号称以一条军棍打下天下四百座军州的赵家王朝，在军事方面却最乏善可陈，基本没打过一次像样的胜仗。无论北宋南宋，几乎都是靠割地献款，在敌国羞辱下苟活下来。欧阳修《归田录》记仁宗年号来历，让人看了触目惊心："仁宗即位，改元天圣，时章献明肃太后临朝称制（垂帘听政），议者谓撰号者取天字，于文为'二人'，以为二人圣者，悦太后尔。至九年，改元明道，又以为明字，于文'日月并'也，与'二人'旨同。无何（没多久的意思），以犯契丹讳，明年遽改曰景祐。"古所谓避讳者，避君讳，避父讳也，以我堂堂大宋天子，年号偶与契丹国同即自行改去，则时契丹为君国，大宋为臣国，契丹为父国，大宋为子国，真相昭然若揭。而如此虚弱的政权，偏偏又有那么庞大的军队编制，每个州府都要设个空头军分区（上举那些什么军什么军），全国加起来有好几百个，如果你不懂什么叫纸上谈兵，看了这奇葩玩意儿肯定就明白了。在国亡后被人揭穿老底以前，亦不乏有识之士为此恶习之盛行感到担忧，如洪适《容斋三笔》卷四有"旧官衔冗赘"条，内称"国朝官制，沿晚唐五代余习，故阶衔失之冗赘，予固已数书之"。为了言之有据，他举了皇祐中李端愿题写雪窦山的例子，下署自己官衔全称为："镇潼军节度观察留后、金紫光禄大夫检校、刑部尚书、使持节华州诸军事、华州刺史、兼御史大夫、上柱国，凡四十一字。"这还不是最厉害的，他接着又说："会稽禹庙有唐天复年越王钱镠所立碑，其全衔九十五字，尤为冗也。"（钱镠全衔今存《吴越备史》卷一，为：启圣匡运同德功臣、淮南镇海镇东等军节度使、浙江东西等道管内观察处置、充淮司四面都统营田安抚、兼两浙盐铁制置发运等使、开府仪同三司检校、太师、兼中书令、杭越等州大都督府长史、上柱国、吴越王，食邑一万五千户实封一千户钱镠。衔九十五字，加姓名九十七字）最后说："自元丰以后更使名（指废除节度虚衔如宁海军节度使之类），罢文散阶、检校官、持节、宪衔、勋官，只云：'镇

幽谷回音 林道纪念诗文集

124

潼军承宣使'六字，比旧省去三十五，可谓简要。"

李端愿的官衔虽经改革只剩六字，逊色不少，但他题写的"雪窦山"三大字却是古代雪窦寺的文化品牌，尽管现在已被地方政治人物蒋某所书"四明第一山"所替代，至少元初宋遗民的杰出代表邓牧还有幸见到。在《雪窦游志》里他说："越二岭，首有亭当道，糅书'雪窦山'字。……次大亭，直路所入，路析为两，先朝御书'应梦名山'，其上刻石，其下盖昭陵（仁宗）梦游绝境，诏图天下名山以进，兹山是也。左折松径，径过雪窦。"而题字的这位书法家兼仁宗女婿，跟陪梅圣俞访林逋的达观昙颖关系又非同寻常，却是不久前读北宋惠洪的《林间录》才知道的。

"李留后端愿问达观禅师曰：人死识当何所归？答曰：未知生，焉知死？对曰：生则端愿已知。曰：生从何来？李留后拟议，达观揝其胸曰：只在这里思量个甚么？"《禅林僧宝传》又记昙颖曾"过京师，寓止驸马都尉李端愿之园。日夕问道，一时公卿多就见，闻其议论，随机开悟"。可见此人名望之高，亦见两人交情不浅。文中所提官衔"留后"，即上记41字署名中最前面的那个"镇潼军节度观察留后"，这样洪适说题字的发生时间为皇祐中，也不算是孤证了。皇祐为宋仁宗年号，共五年，则称中当为三年（1051）。再过两年（1053），应该是个特殊的年头，至少对本文来说如此，因梅圣俞为林逋诗集写的惹出那么多麻烦来的序，就是在当年六月十三日完成的。年谱说他时居京师，但昙颖还在雪窦，有梅诗《送才上人还雪窦寄达观禅师》诗为证，作于至和二年（1055），诗末称"报言岩下客，斋钵笋应肥"，岩即岩头，岩下为下雪窦，岩上为上雪窦，详前引昙颖（达观）诗。而才上人名梵才，号称天台名僧，不料竟也是雪窦中人。再过五年为仁宗嘉祐五年（1060），梅圣俞死了，昙颖也死了，一个死于四月癸未，活了59岁，欧阳修《梅圣俞墓志铭》形容他死后在京城引起的轰动称"市者废，行者不得往来，咸惊顾，相语曰：兹坊所居大人谁耶？何致客之多也？"。一个死于正月一日，活了72岁，惠洪《林间录》说他当日还在说法："登堂，叙出世始末，大众悲恋。下座入方丈趺坐。众复拥至，以手挥曰：各就壁立勿哗。少顷寂然而逝。"而他们的共同朋友林逋，按官方说法此时死了应该已有32年了。虽然肉身葬处各异，或本乡，或他乡，或不明，但精神归宿必然一致，那就是

下卷·为林逋卸妆

生前曾有一夕之聚的雪窦。在伍子胥当年深情的追忆中，夏后相的老婆在丈夫被人杀掉后，就是从一窦口逃出来的，"奔有仍，生少康焉"。其子长大后报仇，"复禹之绩，祀夏配天，不失旧物"（《左传》哀公元年）。希望这个窦不是那个窦，夏后相非大禹，天水亦非窦水，宋太祖赵匡胤当然更不会是越国先祖少康后裔，而他出生的洛阳应天禅院与会稽应天寺只是偶然同名，跟黄巢出家西京龙门寺而居奉化雪窦寺的误会一样，不然历史学领域还会弄出更大的地震来。

身世与籍贯

在嘉祐五年（1060）梅尧臣的遗体入土后不久，大名鼎鼎的曾南丰继他之后，在自己文集里留下了第二篇与林相关的文字，见于《隆平集》卷十五儒林传。该书形式为史志列传体，为北宋太祖至英宗五朝284知名官员立传，各以其部门性质为类，成书时间远在《东都事略》《续资治通鉴长编》等书之前，为窥测北宋政府体制真实面目的原始资料。四库馆臣以晁公武《郡斋读书志》曾检出其中一两处与后人所记不合，断言此书简略琐碎，不合史法，绝非出自名列唐宋八大家的曾某之手；同时却又称李焘《续资治通鉴长编》和《宋史》均从中取材，实在是矛盾得很。尽管如此，对林逋的研究者来说，这篇不足300字的短文依然引人注目，毕竟它与梅尧臣的诗序有别，是现存最早有关诗人的史传，其中介绍，那种知情人的口吻加引人注目的细节，为后世包括《宋史》在内各种版本的人物小传奠定了基础，这跟作者中年担任过越州通判、晚年担任过明州太守应该有一定的关系，而据卷前绍兴十二年赵伯卫序，此书正是他离任明州两年后进京充当史官修撰、掌管五朝史事时所完成。其后人有曾几者，为陆放翁诗学启蒙老师，而陆某侄子桑世昌跟姓林的八竿子打不着，居然也莫名其妙写过一篇林逋传，现在看来也是抄他的，以诗人伯父陆游为中介而已。好在其中"祖克己，为钱氏通儒院学士"一句尚保存着，不像《宋史》下手这么绝，干脆一笔勾去，而这11个字，恰恰是其中的最关键处。据今存最早的明万历二十六年刊本《隆平集》（美

幽谷回音

林逋纪念诗文集

国哈佛大学汉和图书馆藏），曾氏全文是这样写的：

"林逋字君复，杭州人。祖克己，为钱氏通儒院学士。逋少孤嗜学，景德中（景德三年，1006）游江淮归，结庐杭州之孤山。真宗闻其名，屡赐束帛，命州县岁时问劳。居西湖二十年不入城市，卒年六十一。临终有诗云：湖上青山对结庐，亭前修竹亦萧疏。茂陵他日求遗稿，犹喜曾无封禅书。逋不娶无子，教其兄之子宥登进士第。逋少常游临江军，李谘始举进士，未有知者，逋谓人曰：此公辅之器也。逋之卒，谘时知杭州，为制缌麻服，与其门人哭而葬之，刻临终一绝，纳圹中。既而仁宗赐谥曰和靖先生，仍赐其家帛五十疋，米五十石。逋善行书，喜为诗，其语孤峭清淡，其稿未尝自录。或曰，何不录以传后世乎？逋笑曰，吾犹不欲以诗取名于林泉，况后世耶？"

严格地说，我们现在被允许看到的自非原貌，甚至连完整版也算不上，只能说是此传的下半篇。因为正史告诉我们，逋生于宋太祖开宝元年（968），卒于宋仁宗天圣六年（1028），而文中所称"景德中游江淮归"，景德为真宗年号，总共四年，以景德三年（1006）计，那时他的年龄已有39岁，结庐杭州之孤山，今人解释是买地造房子，一两年时间总要花的，那就是40岁左右，然后"居西湖二十年不入城市，卒年六十一"，这样的巧合，如果不是撞上鬼，显然出自后人的精心设计。同时，有关他的卒年，虽从梅圣俞序照搬而来，包括不娶无子、稿成辄弃、赐谥和靖等细节，亦都明显袭自梅文，偏偏于最醒目的那个"宁海西湖之上"，却视若未见。如此看来，有人是非要让他死在钱塘西湖、永为杭州市民不可了。而此前40年的漫长生涯，占到生命长度三分之二，却吝啬到只有"少孤嗜学"四字，其余均为可疑的空白，考之古今传记，实无此例，可见前面有许多重要的都被删去了。清代的辫子史官怀疑它非出曾巩之手，大概只有这一篇倒是可以肯定。即便如此，有人还不肯放过，后面又称"逋少常游"，这样我们面前就有两个彼此扞格的少年林逋形象：一个爱隐居读书，一个爱游山玩水，正如《宋史全文》说他隐居西湖年月为太宗淳化四年至真宗大中祥符五年（993—1012年，25岁到44岁），《宋史》说他隐居西湖年月为景德三年至天圣六年（1006—1028年，39岁至命终），让人不知该相信哪个好。加上另外还有梅某说的"少时多病"，桑某说的"初放游临江",《宋史》说的"初放游江淮间",差不多可算是五马分尸,或释家所谓一花五叶了。

但经过篡改的曾南丰版林逋档案固然讹谬颇多,真伪并存,至少还有一句"祖克己,为钱氏通儒院学士"让人悠然神往,说明他出身簪缨世族,血统高贵,令编写《宋史》的史官们如临大敌,果断予以删除。其次"少孤嗜学"也说明他从小失去父亲甚至父母,是个弃养的孤儿,由父执或兄长代育成长,而此人一生行事的怪异,也不能说与此完全没有关系。再其次,在《隆平集》里他名列专门介绍政府文官的儒林传(卷十五)而非隐逸传(卷二),与黄宗羲《明文海》所载黄绾《林和靖诗集序》说的"逋隐西湖,朝命守臣王济体访,逋闻投启,赟其文以自炫。济短之,止以文学荐"相符,生前曾任学官,立传因入儒林,此乃著史者必遵之古例,而《宋史》居然可以堂而皇之把他官帽摘掉,戴上道冠塞进隐逸传(卷二一六),四库馆臣又攻击曾氏所记不可信,上篡下诬,前后配合,其心可诛。这样一来,一个达则兼济天下、穷则独善其身、深谙天地人生真理的达观人物,从此身体被贴上高隐绝世的世俗标签,又篡改户籍,改明州奉化而为杭州钱塘,关进孤山巢居,试图将他永久禁闭在那里,成为当地的文化招牌。至于他到底是什么来头,身世真相如何,根本没人关心。而据《新唐书》作者之一宋祁的《伤和靖先生君复二首》和范仲淹的《寄赠林逋处士》,家世方面的渊源,或许还有更大的想象空间,祖辈或王或侯,不仅区区吴越国通儒院学士而已。一个说"清濑严生国,良田仲子居。姬姜生不娶,封禅死无书",首句语义不通,"严"古同"岩","生"疑为"王",《增韵》(宋毛晃《增修互注礼部韵略》之简称)曰"石窟曰岩,深通曰洞",则岩王即洞王,清濑即雪窦流出之泉,其《小隐》诗自称"潺潺药泉来石窦,霏霏茶霭出松梢",即此泉也。一个说"几侄簪裾盛,诸生礼乐循。朝廷唯荐鹗,乡党不伤麟",首句亦语义不通,"几"疑为"父","侄"疑为"伯",按正史,他只有一个侄孙林大年,不过下层官员,当过蒙城宰即副县长,跟形容显贵的"簪裾"根本沾不上边,更何况"盛"乎!只有诸生的概念是明确的,即秀才,其任学官所教之学生也。看看诗集里的这些诗题,《送丁秀才归四明》《送牛秀才之山阳省兄》《送吴肃秀才,时在天王

院夏课》《送陈日章秀才》《途中回寄闻丘秀才》《闻叶初秀才东归》《寄辇下莫降秀才》《诗招南阳秀才》《送吴秀才赴举》（其他还有很多，恕不一一列出），就可知道他的教学工作有多认真，跟学生们的关系有多亲密了。

既然说到了他身世的显贵、种族的威赫，由于原档案材料已被有关方面销毁，侥幸存留的也大都经过历朝历代的反复篡改，以致矛盾百出，惨不忍睹。在这种情况下，如果不甘心被动地接受权力部门所抛出的版本，对他的真实身世感兴趣，试图做进一步追索的话，只能抛弃传统的思路，将搜寻范围扩大到整个五代。研究方法上自然也须有所变化，比如说，尝试进行某种实验，即类似儿童拼图游戏那样的，将不同的材料凑合在一起，看是否会产生某种意外的奇迹。这方面，《吴越备史》里有关丞相林鼎的记载，倒不失为一个很有参考价值的文本，既因为此人是钱氏王国高级属僚中唯一一个姓林的，也因为他恰恰正是明州奉化人。当然，这本书也是经过四库馆臣的手才让我们看到的，连作者是谁都说不清楚，文字方面更不能保证是原汁原味，感兴趣的人自可从考证着眼，不感兴趣的人亦不妨当作悬疑小说来看。

《吴越备史》卷二："甲辰开运元年（944）春正月壬寅，丞相林鼎卒。鼎字焕文（克己），闽人也，父无隐。鼎生于明州大隐村，初，刺史黄晟颇好礼士，无隐依之，有诗名，尝为诗云：'雪消二月江湖阔，花发千山道路香。'知言者以为无隐必有贵子。鼎初谒武肃（钱镠），以为观察押衙推；寻为文穆（钱镠子钱元瓘）幕府。文穆王以其才行累荐，不见用。一日复密荐之，武肃王曰：'我观林鼎骨法，真辅相器，然我不贵者，欲汝贵之，庶其尽心于汝也。'文穆袭国，署镇海军掌书记节度判官。鼎性谠正而强记，能书，得欧虞法。比及中年，夜读书必达曙，所聚图书悉由手抄，其残篇蠹简，亦手缀之，无所厌倦。国建，乃掌教令（通儒院），寻拜丞相。每政事有不逮者，鼎必极言之。天福中建州之役，鼎指陈天文人事，累疏切谏。及师行，果不利。著文集行于世。终年五十四，谥曰贞献。"

拼图的特技效果，至此似乎已经有所显现，按南宋王深宁《四明七观》自注："景福元年明州刺史钟李文卒，其将黄晟自称刺史。"又据元袁桷

·

《延祐四明志》"晟雅礼儒士，浙东文学之士咸往依焉，别筑室以馆。守明州十有八年，开平三年卒。"又据南宋张津《乾道四明图经》"开平三年分鄞县置定海县。厥后钱元瓘自号为吴越王，据有两浙十三州之地。"则林无隐事黄晟，为文学馆客，必在景福元年（892）至开平三年（909）这18年间，于林逋为曾祖。其后地为钱氏所有，后晋天福二年其子元瓘封吴越王，则林鼎事元瓘，获得重用，始为掌教，后为丞相，必在天福二年（937）至开运元年（944）逝世这七年间，于林逋为祖父。更有意思的是，此传于林鼎死后子嗣事避而不谈，做空阙处理，曾南丰、桑世昌、潜说友等一帮热心为林逋写传记的作者，只好也跟着避而不谈，做空阙处理，好像堂堂史传，只记其祖不记其父是很正常的事情。《宋史本传》更是将他祖父的事一笔抹去，省得后人啰唆。好在只手不能遮天，他曾祖林无隐迁居的明州大隐村，历史上大大有名，即汉初四皓之一大里黄公故里也。北宋《元丰九域志》记其周边地理："大隐山口，南入天台，北峰为四明，东足乃谢康乐炼药之所。"《成化宁波府志》补充说："大隐山，汉四皓黄公隐此，地名黄墓。谚云：黄墓大隐，羹来饮尽。晋虞喜效黄，亦隐此，三召不起。"《嘉靖宁波府志》更是直言："林处士宅，县东八十里黄贤村，宋处士林逋所居。"想起他那首诗题古怪的叫《黄家庄》的诗，内称"遥村雨暗鸣寒犊，浅濑沙平下晚鸥。更有锦帆荒荡事，茫然随分起诗（乡）愁"（已在写诗，何来诗愁），不免会心一笑。包括他老爸的姓名，后来也由清抄本《忠义乡志》（黄贤村隶属忠义乡）悄悄做了披露："逋祖克己，仕钱氏，为通儒院学士。《黄贤林谱》云：逋父钒，蚤世。"钒的意思是与鼎身相连的附属部分，如环、把、耳等可用手捧或提者，《尔雅释器》提供的权威解释是："鼎附耳外谓之钒。"则父为鼎，子为钒，这名字起得真是很有文化水平，不仅独特，构思也绝，大约只有"真辅相器"的吴越国通儒院学士才想得出来。不过这个院或许也叫择能院，至少林鼎前任沈崧天福三年（938）二月去世时，《吴越备史》里他的本传结尾是这样说的："文穆王袭位，置择能院（通儒院）以选士，俾崧主之。国建，拜崧丞相。"如果不是始名择能，后改通儒，则二者亦必有一伪。此外，也可知道此院始置于钱二世登基初，至钱五世俶纳土归宋而废，因此前十年（乾德五年，967）给俶弟明州太守钱亿写墓志的崔仁冀，

幽谷回音

林逋纪念诗文集

于碑尾尚署通儒学士朝散大夫的头衔。而沈崧辞世之月，即林鼎擢升之时，这样到开运元年（944）春正月辞世，在丞相位置上总共坐了六年少一个月。包括他生前已出版行世的文集，本传虽不载名，权威的《郡斋读书志》和《直斋书录解题》也都失载，是可怪也，但《宋史艺文志》说叫《吴江应用集》（二十卷），集名有点怪，书自然更看不到了。

游戏进行到这里，收获似乎已经不小，除了没法证明"鼎字涣文"确为"鼎字克己"之伪，或曾南丰笔下的"祖克己"实为"祖涣文"，其他的问题应该都已解决。而欧阳修《新五代史》妄称"光启三年（公元887）拜镠左卫大将军杭州刺史……镠乃以杜棱阮结顾全武等为将校，沈崧皮光业林鼎罗隐为宾客"（卷六十七吴越世家第七）。按此传鼎卒于开运元年（944），享年54岁，以此倒溯则当生于唐昭宗大顺二年（891），也就是说，当一代儒宗兼有史笔之称的欧阳某安排他做钱武肃座上宾的时候，我们的林涣文或林克己先生实际上还来不及出生，不过作为老爸林无隐胯下的隐形人，要到五年后才能有效地显形人间。而鼎生于大顺二年（891），逋生于开宝元年（968），中间有77年之隔，以古人通常使用的27年一代计，稍嫌邈远，但考虑到当初是军阀混战年代，兵荒马乱，出生入死，结婚迟一点也属正常，再说也没文献能证实他是老大。又按正史，钱镠的功劳只是平定吴越，坐稳江山则是钱二代的事，有钱元瓘天成三年的"授王镇海镇东等军节度使杭州越州大都督"在前，始有林鼎的"署镇海军掌书记节度判官"在后（详见《吴越备史》卷二文穆王）。次年（天成四年，929）43岁的元瓘生第九子钱弘俶，假设属下的爱臣亦仿佛之，则逋父林钺出生时祖父林鼎39岁，逋出生时父亲林钺亦39岁，是谓巧合。又逋父少孤，因林鼎死时他只有15岁；逋亦少孤，虽不明其父丧年，但古文少小互训，家谱又称"蚤世"，古为"早死"之雅化，是谓巧上加巧。

而《唐才子传》又说他是陈抟的学生，即大名鼎鼎的陈希夷，"洛阳潘阆逍遥、河南种放明逸、钱塘林逋君复、巨鹿魏野仲先、青州李之才挺之、天水穆修伯长，皆从学先生，一流高士，俱有诗名"。我们奉化的宋代大儒黄震在《黄氏日抄》卷五十里也说，"魏野隐陕之东郊，林逋隐杭之西湖，皆于希夷学"。此人高卧华山，长睡不起，史称宋代第一高人，山中宰相。牛逼虽然是牛逼，但当时中央广播电视大学还没成立，所谓影像技术也只有照出黄巢前身为猕猴的那面石镜，俗称锦屏或翠屏。而手下这些学生散处全国，不知天南海北的是怎么个教法。当然你也可以说他们是负笈从学，但至少"坐卢多逊党亡命，乃变姓名，僧服入中条山"（详《中吴纪闻》）的潘阆不会，就是去了，跟朝廷关系良好的老陈也不敢收。林逋一生被研究者切成无数段，如历阳10年、曹州10年、杭州20年，还要居奉化，居宣城，居临江，放游江淮，让他活上100岁也不够用，更是绝无可能。最好的办法只能是老师上门做家教，或让愚公把移走的山重新移回来，毕竟原始的《西岳华山碑真迹》，还在宁波天一阁藏着（详新问世之袁枚手书日记）。但这老头的懒散天下有名，怕不肯屈就，加上形象也太过神奇。《宋史》说他"后唐长兴中（931）举进士不第"，至"大中祥符四年（1011）真宗幸华阴，至云台观阅抟画像，除其观田租"，即一生抛开两头不算，中间一段已有80年，不知到底活了有多少岁，堂堂正史，如此胡说八道，实在不该。

与此形成鲜明对比的，反倒是有释家史记之称的《佛祖统纪》，说的更像是人话，加上作者署"宋咸淳四明东湖沙门志磐"，情感上也更加亲切。其卷四十三记宋太宗"诏华州处士陈抟入见，不就。再遣中谒者（原注：汉世称内使为中谒者）赐以诗曰：曾向前朝出白云，后来消息杳无闻。如今若解随征召，尽把三峰乞与君。抟不得已诣阙，冠华阳巾，羽服草屦，以宾礼见，赐号希夷先生。令见寿王（真宗登基前封号），及门而反曰：王门厮后皆将相之具，何必见王。由是，上属意真宗"。这才闻到了烟火气，稍微有些靠谱，而太宗因其一言而定真宗为继，可见山中宰相的雅号绝非徒有虚名。正史之所以要让他头顶唐朝、身跨五代、脚踏北宋，就是要有意制造某种妖妄气氛，模糊他与林逋精神上和学术上可能存在的血缘关系。事实上一位希夷处士，一位和靖处士，一个累诏不起，一个也是累诏不起，一个白天睡觉，一个晚上不睡，相同的地方实在太多了。包括山中丞相的雅号，也是两人合用。考之林逋诗集，其《深居杂兴六首并序》之六云："松竹封侯尚未尊，石为公辅亦云云。清华自合论闲客，玄默何妨事静君。鹤料免惭尸厚禄，茶功兼拟策元勋。幽人不作山中相，且拥图书卧白云。"相当于已是自我招供。而范仲淹赠诗亦云："山中宰相下崖扃，静接游人笑傲行。碧嶂浅深骄晚翠，白云舒卷看春晴。烟潭共爱鱼方乐，樵爨谁欺雁不鸣。莫道隐君同德少，樽前长揖圣贤清"（和沈书记同访林处士），又堪为旁证材料。考之集中另有《和陈湜赠希社（夷）师》一诗，也让人怀疑"社"为"夷"讹或伪，因从内容来看，如此超尘脱俗的形象，尤其末联两句，在当初也只有太宗三次赠诗的老陈担当得起，诗云："瘦靠阑干搭梵襟，绿荷阶面雨花深。迢迢海寺浮杯兴，杳杳秋空放鹤心。斋磬冷摇松吹杂，定灯孤坐竹风侵。锵然更有金书偈，只许龙神听静吟。"而这样的重要经历，不仅正史里被消灭得干干净净，同时代人著作基本也避而不谈，可见每个朝代都有秦始皇，怪不得在写《西湖游览志》的田汝成眼里，连湖上的夜晚都是那么光焰夺目，"宋时西湖四圣观前，每至昏后，有一灯浮水上，其色青红，自施食亭南至西陵桥复回。风雨中光愈盛，月明则稍淡，雷电之时，则与电争光闪烁"。希望他看到的只是鬼火或外星人的飞碟，而不是皇帝又在烧自己不喜欢的书。但林的师兄即名列华山弟子首位的潘阆大可不必担心，他是杭人乐于推举的地方文化代表，据说也因写歌颂杭州夜景的诗而暴得大名，所谓"渔浦波浪恶，钱塘灯火微"是也（古文"微"与"美"同义）。南宋时建钱塘先贤寺，初定配享的人选名单上就有他，差点名垂青史。后来据说有人跟他过不去，因而不了了之（详宋叶绍翁《四朝闻见录》）。等元初辛文房《唐才子传》问世，才知是洛阳人，差点弄出笑话来，好不尴尬，两句名诗因此也只好做紧急撤柜处理，等重新在文化市场露面，俨然已是"渔浦风水急，龙山灯火微"了（详元韦居安《梅涧诗话》），正如1000年后杭州的地方志才肯羞羞答答承认："林逋，宋史隐逸传称钱塘人，其实四明奉化黄贤村人，故诗集中常拳拳于四明。（《西湖新志补遗卷六》西湖文献集成第十册235页）"

下卷·为林逋卸妆

133

生卒问题

　　一个人的出生和死亡自己不可知是生活常识，而一个人的出生和死亡他人可知也是生活常识。但对林逋来说，以上两项意思几乎是同等的，看不出有什么区别。因为他是一个有特殊意义的人，是国家精心打造的政治道德楷模，也是地方政府极力渲染的精神文明典范，自然不能跟普通人一样，必须服从组织的安排，比如以定位于人与神之间作为自己的标准形象，至少也要保持一定的神秘性，不能轻易泄露底细。梅妻鹤子与瓢饮箪食，或头上的星空和心中的道德律，只要让你知道这些就行了。最多也就再告诉你服饰方面跟他老师陈抟一样，冠华阳巾，羽服草屩。至于是谁把他生下来的，到底是什么地方人，有没有去过华山求学，放浪江淮间旅费从哪里来，历阳后园里"佳人暗引莺言语，芳草闲迷蝶梦魂"的销魂岁月持续了多久，为什么北宋宁海西湖到南宋就成了钱塘西湖，隐居时期日常开支靠什么维持，一生不要性生活又如何解决，最后离开人间是得病而死，还是意外暴卒，这些都属于国家机密，不会让你知道。

　　与此相映成趣的是他的生命长度和存世年月，自然也同样如此，由于他的知名度和超凡脱俗的形象，后世粉丝多得可以把《永乐大典》里记的全国 36 个西湖都填满。但无论是普通文学爱好者还是历史学家，只要你不满足于一般的阅读，对他的人也感兴趣的话，哪怕绞尽脑汁，还是逃不出梅圣俞说的那个"年六十一"的怪圈，就是在《林逋先生诗集序》里告诉我们的，尽管文章里所提供的只是一个可疑的、孤立的、前言不搭后语的数字，叫作"先生讳逋，字君复，年六十一。其诗时人贵重，甚于宝玉"。即便如此，也没有明确说是 61 岁死的，后人依然愿意虔诚地将这理解为是他的生命长度。但如此重要的人物，光知道活了多少岁，说不出哪年生哪年死也不行，于是又让一个叫李焘的在 100 年后跳出来，以重量级史学家的身份一锤定音，在所著《续资治通鉴长编》里斩钉截铁地说：死于天圣六年十二月丁卯。好家伙，不仅有卒年，连月日都知道得清清楚楚。感谢史官们的神通广大，以及对林的研究者们无微不至

幽谷回音

林逋纪念诗文集

的关怀，因为有了这两个关键数据，后世大大小小的学者就不愁没饭吃了，于是生于宋太祖乾德六年亦即开宝元年（968），卒于宋仁宗天圣六年（1028），享年61岁，至少现在已成为无论历史还是文学史有关林生卒的共同认识。问题是梅圣俞诗序的写作日期已在皇祐五年（1053），按正史那时诗集作者死了已有25年，"所存百不一二"的几首小诗，要花那么长的时间才能编出来，这本身就相当可疑。而文章里依然说不出他具体哪年死的，稍后曾南丰也只好避而不谈，而生活在南宋的李焘不知有何法术，反倒能知道得这么清楚，好像死的当天他正好去林家上门做客亲眼见到，或写作这部巨著时死者托梦给他。但无论前者或后者，其性质都是小说而非历史，更重要的是在这样重大的历史问题上，仅凭此人一言，且不出示证据来源，一向标榜孤证不立的史官竟会如获至宝，轻易采信，如果不是一时失慎，简直就有合伙作伪的可能。

更奇怪的是，这个一生讳言父母和家庭、来无影去无踪、出生年月也不清楚的人，居然又会像现在网上的大V一样热衷于炒作，公开写诗宣布自己将在何时死去，有意跟他信奉的儒教教主"未知生，焉知死"的圣言对着干，这些都是挑战人类智商极限的事。因在他最为后人欣赏并津津乐道的几首诗中，除了最有名的《山园小梅》——所谓"疏影横斜水清浅，暗香浮动月黄昏"，已被证实是抄袭五代南唐江为的"竹影横斜水清浅，桂香浮动月黄昏"（详明人李日华《紫桃轩杂缀》）——排下来就是号称临终前写的那首绝命诗了，诗题叫作《将终之岁自作寿堂因书一绝以志之》，光看标题不看内容就足以把人吓一跳。他是秘密的巫术大师或带有传奇色彩的楚尸的资深修炼者吗？好像不是，到医院体检拿到主治医生下达的肝癌诊断书了吗？应该更不可能。但我们现在看到的诗题就是这样写的，至于具体诗句，在长达千年的时间里经过无数只黑手的改动后，自然也早已达到了令历史管理部门满意的效果，即所谓"湖上青山对结庐，坟前修竹亦萧疏。茂陵他日求遗稿，犹喜曾无封禅书"。至少我们现在被允许看到的版本是这样的，包括原本已经相当不堪的标题，亦未能幸免，被改成意思更直接更明确的《临终作一绝》，摆出一副以死前最后一口气挣扎着爬起来、写完后就报销的样子。这一天，是中国历史上耻辱的一天，正史告诉我们是仁宗天圣六年的十二月某日（因不相信所谓的万年历，懒得去查那个丁卯具体为何日）。

　　但《青箱杂记》的作者吴处厚并非有意要和史官们过不去，不过是如实记录了生平的所见所闻，即自序所谓"余自筮仕未尝废书，又喜访问，故闻见不觉滋多，况复遇事裁量，动成品藻，亦辄纪录，以为警劝，而所纪皆丛脞不次"。因他也是仁宗时候人，于林逋为晚辈，与尧臣差近之，皇祐五年梅在京城写诗序的时候，他刚好也在那里参加当年的进士考试，并一举中选，从此正式进入官场。在书里有一篇他谈到了宰相寇准与隐士魏野关系的亲密无间，然后很自然地又提到王随与林逋的交情：

　　钱塘林逋亦着高节，以诗名当世，名公多与之游。天圣中丞相王公随以给事中知杭州，日与唱和，亲访其庐，见其颓陋，即为出俸钱新之。逋乃以启谢王公，其略曰："伏蒙府主给事差人送到留题唱和石一片，并创轩荣，以庇风日，衡茅改色，猿鸟交惊。夫何至陋之穷居，获此不朽之奇事？窃念顷者清贤巨公出镇藩服，亦常顾邱樊之侧微，念土木之衰病，不过一枉驾一式庐而已，未有迁回玉趾，历览环堵，当缨蕤之盛集，摅风雅之秘思，率以赓载，始成编轴。且复构他山之坚润，刊群言之鸿丽，珠联绮错，雕缛相照，辇植置立，贲于空林；信可以夺山水之清晖，发斗牛之宝气者矣。"迨景祐初，逋尚无恙，范文正公亦过其庐，赠逋诗曰：巢由不愿仕，尧舜岂遗人（岂肯放过之义）？又曰："风俗因君厚，文章到老醇。"其激赏如此。

　　这段文字的重要性，除了让我们知道被官方判处死刑的林逋在六年后的景祐元年（1034）还活得好好的，其他两个有意思的看点就是"天圣中"和"诗石"，天圣中即梅雪中访林逋之年，实在有点敏感，《咸淳临安志》改作天禧四年，又称前任王钦若，后任李及，不过都是走马灯似的匆匆来去，最长的王随也就一年半，大概只要跟诸多笔记里的记载对上号、能于史有证就行了。但文中明称宰相王随，天禧四年他怎能有此资格？更何况还有司马光在《涑水纪闻》里提供的证据，说李及在郡因不肯奉承权倾天下的中贵人江德元之弟，后者威胁说："李公高年，何不求一小郡以自处，而久居余杭繁剧之地，岂能办邪？"这可急坏了林逋的死刑执行人李焘，在他大著里以加按语的方式称："及（李及）

幽谷回音

林逋纪念诗文集

以干兴元年（1022）三月知杭州，天圣元年（1023）九月徙南京，在杭州才一岁余，不当云久居。此盖误也，今不取。"（《续资治通鉴长编卷一百六》）可惜百密一疏，光顾了后面，忘了前面说的"及（李及）性清介，恶钱塘风俗轻靡，不事宴游。一日冒雪出郊，众谓当置酒召客，乃独造林逋，清谈至暮而归。居官数年，未尝市吴物，比去，唯市白乐天集"（《续资治通鉴长编卷九十八》），又是"在杭州才一岁余"，又是"在官数年"，只好自己打自己嘴巴。而《咸淳临安志》也不甘示弱，前作"李公春秋高，何不求闲郡以自处，而居杭繁剧之地邪"，后作"任中未尝市物，及去，惟置白乐天集一部"，余杭的"余"凭空蒸发，"居官数年"也变成"任中"，这样，漏洞总算是补全了，地方史官水平超过国家史官，难怪受到四库馆臣表扬。至于买白居易的书是出于林的推荐，其《读王黄州诗集》称"放达有唐惟白傅，纵横吾宋是黄州"，显然非他们所愿意关心。诗石的事，在他诗里亦获得了证实，不过别称诗牌而已，《赠当涂朱仲敏》"因寄诗牌寻胜景，拟投文卷致名公"，说的就是这件事，文卷即上引之四六骈文也。而《赠张绘秘教九题之诗牌》又称："盉方标胜概，读处叩忘归。静壁悬虚白，危楼钉翠微。清衔时亦有，绝唱世还稀。一片题谁作，吾庐水石围。"证明王随所赠的这片刻有两人相互酬唱的诗石，作为友情的标志或见证，就被他竖在同样由此人自掏腰包为之翻修的巢居里，以便自己随时都能见到，睹物思人，以寄感恩之怀。或用他自己的话来说叫"当缨蕤之盛集，撼风雅之秘思"。而稍后梅的登门做客并留宿，也肯定是在新居而非故庐，因此，"樵童野犬迎人后，山葛棠梨案酒时"的快乐场面，应该也有这位好心太守的一份功劳，不然恐怕连住的地方都成问题。

　　但这一秘密的居所绝对不可能是在孤山，有一个长期以来为研究者忽略的重要证据是，就在两位杭州太守——前任王随还来不及卸职与后任李及正在赶来的路上的乾兴元年二月（此处姑按《咸淳临安志》所说），发生在当地宗教界的一个不幸事件是，长期隐居孤山的智圆大师突然于此时归寂，"十七日自作祭文挽诗，十九日入灭。圆撰通经十疏，处士林逋和靖为邻，天竺法师遵式为友，寿四十七岁，腊三十九，葬以陶器"（《大正藏经释氏稽古略》第四卷）。作为仁宗朝与遵式并称两杰的最著名的佛学领袖，大师的去世固然让人悲痛，但这个被正史描绘为他的邻居兼好友，也是所谓隐居钱塘西湖20年足不入城市唯一的见证人，在生前写的怀念他的《寄林逋处士》一诗里却称："空庭长瑶草，幽树鸣仙禽。不见已三载，鄙吝盈虚襟。"（智圆《闲居编》卷第四十一）由于留下的文集没有采用编年方式，无法确定究竟是什么时候写的，但即使是死前最后一刻所作，也证明他至少在三年前的天禧三年（1019）已离开孤山，仅凭这一点，就足以将所有官方文献强加于他头上的谎言粉碎，因为按他们的要求，他必须老老实实待在那里，起码要待到10年以后的天圣六年（1028），然后再命令他自定死亡时间，自筑坟墓，自赋临终诗，在皇帝的惋悼和梅妻鹤子惊天动地的哭喊声中，配合作为导演的史官将这一中国文化史上的闹剧推向高潮。

接下来登场做证的是南宋高宗朝的宰相叶梦得，同样也无心与正史作对或为他打抱不平，不过在提到一位著名预言家徐冲晦时偶然涉及罢了。这位徐先生据说也跟西湖有缘，生平留下的唯一诗作就叫《同林逋宿中峰次韵》，可见两人交情不浅，内容方面除了有"听雨夜床冷，弹琴秋叶前"的细节交代，还以古人重义轻利的交友原则作为精神标尺，彼此以"盐枻从朝懒，论交慰昔贤"相许，这从时间上来判断应该发生在青年或壮年时期，不可能太晚，不然的话，这样夜雨听琴，联榻共眠的赏心乐事，说主角是两个六七十岁的老头，那还像什么话！当然更不可能是在康定元年（1040），因这一年西夏李元昊突然叛乱，朝廷上下为之震动，苦于破敌无策，在地方官僚眼里神通广大、预卜屡验的徐于是脱颖而出，经多人保荐羽扇纶巾出现在皇帝面前。这一点《宋史徐复本传》说得很清楚，"庆历初（庆历元年，1041），与布衣郭京俱召见，帝问天时人事。明日命为大理评事，固以疾辞，乃赐号冲晦处士。后居杭州十数年卒"。与此相比，曾巩《隆平集》里的徐复传内容要丰富一些，多了"又献所为《边防策》《太一主客立成历》《洪范论》。上曰：卿所献书为卿留中。必欲官之，复固辞，乃官其子晞。留复登闻鼓院，与林瑀同修《周易会元纪》。岁余，固求东归"等细节，而叶梦得在《避暑录话》里说的其实也大致相仿，但后面的内容就精彩了："杭州万松岭，其故庐也。时林和靖尚无恙，杭州称二处士。"跟叶同时的施德操在《北窗炙輠录》里也说："钱塘有两处士，其一林和靖，其一徐冲晦。和靖居孤山，冲晦居万松岭，两处士之庐正夹湖相望。予尝馆于冲晦之孙仍，仍之居即冲晦之故庐也。有一庵岧峣于岭之上，东望江，西瞰湖，瞰湖之曲正与孤山相值，而和靖之室隐见于烟云杳霭之间。遐想当时之事，使人慨然也。和靖虽庐孤山，后有一室正在凌云涧之侧，和靖多居此室耳。"这样，非但可以肯定截至徐复应征辞归的庆历二年（1042）他依旧在世，居住的地方不在孤山也再次获得了证实。

更大的意外应该还在后面，可以证明即使到了八十多岁的时候，这位宋代最著名的隐士依然活着，而且身体康健，行动自如，可以媲美他后来的铁杆粉丝陆游。不过要学史官们的方法改动其中的一两个字，当然更准确的说法是将被颠倒的历史重新颠倒过来。这就是研究他生平的人都不会放过的那个重要文本，同样出自梅尧臣之手，叫作《送林大年寺丞宰蒙城，先（遄）归余杭》（原注：逋之侄孙）。从诗题看，又是很雷人的样子，明明是去上任，先归余杭干什么？如果不能证明北宋的蒙城不在安徽而在杭州，则"先"字当为"遄"字之讹或伪。何况整首诗几乎都是写林逋的，惊喜之情溢于言表，诗云："东方有奇士，隐德珠在渊。川壑为之媚，草树为之妍。殁（别）来十（廿）五载，独见诸孙贤。煌煌出仕途，皎皎如淮蠙。今为蒙城宰，归（遄）问浙江船。何时渡杨子，夜入明月边。有鸟不化凫，有琴何用弦。真趣还自得，治民唯力田。"如此高度的赞美，显然非大年所敢承当，而身边如果没有那个神秘的老头在，也绝不可能会有这样的写法。朱东润《梅尧臣集编年校注》考订此诗作于皇祐五年（1053），显然也不相信正史，而是以自己含蓄的方式接受了叶梦得的说法，因他是传统的治学专家，不敢公开质疑和反对。想象一下江边送行的温馨画面吧，侄孙出仕，老友重逢，把酒话旧，其乐融融，还有一个重要的事实是梅的诗序正写于此年，说编好的诗集是在这一过程中交托的，当年完成后再寄回，应该不会有什么问题吧。再回忆一下里面最关键的那段原话："先生讳逋，字君复，年六十一其（学）诗，时人贵重，甚于宝玉，先生未尝自贵也，就辄弃之，故所存百无一二焉。"说序文中的"其"字为"学"字之讹或伪，自有充分的理由，因梅给他写的是诗序，不是墓志，根本没必要扯到他的年龄，而里面居然提到了，则肯定别有缘故，就是要强调他这么晚才学诗，一出手就达到了很高的水准，让人惊讶和佩服，如此而已。"其""学"字形虽说有些相近，但为后人篡改的可能性更大。而那个"殁来十五载"是"别来廿五载"之伪，则几乎完全可以断定。因由皇祐五年（1053）倒溯25年，正是两人相识于宁海西湖之上，因雪留宿、烤芋夜话的天圣五年（1027）岁暮，从梅的纪行作品反映的踪迹来看，在那里考察先祖梅福遗迹、遍游四明山写下组诗10首，与雪窦虚白诸僧酬唱、说分手时已是新年相当正常，因称25年是也。而诗里不提大年父亲林宥中进士的事，"独见诸孙贤"，也说明分别时间已经相当长久。当初26岁英气奋发的梅，此年已过50，而林的年龄按见面当年61岁计，是年八十有六。难得的是思维正常，还能喝酒写诗，因孝顺的大年到任后即有诗寄来，遄有答诗《和蒙尉见寄》今存集中，诗云"开尊且醉圣贤酒，理棹时乘旦暮风。懒为躬耕咏梁甫，敢将闲卧敌隆中"。依然自比孔明，雄心不减，不过舌战群儒的雄心早已消磨，比的只是他高卧隆中即睡懒觉的功夫了。

结庐的真相（上）

一个比你小时候家门口捉鱼摸虾的池塘可能大不了多少的水潭（水丰为湖，水浅为池），一个潭中自然形成、后通过人工增土方式不断扩大面积和高度的土墩（也可称山，称丘），一座位于潭西林木葱郁洞穴深广泉眼密布的石山，一条作为石山的延伸部分直插潭中与土山相接、中间凿断通水的石梁（俗称湖堤），原本是旧年山区农村并不罕见的自然景观——除了石梁下人工开凿的居室和点缀周边寺庙的数量——却因历史或文学的介入，成为古代文献中不可或缺的核心部分。尤其是位于西山寺前那两棵古树，缠满藤蔓的树身伤痕累累，说不清年轮究竟有多少，也不知道系何人所植，但当我们在正史里有幸见到的时候，有一棵已在某次语焉不详或说法太多的战争中被人为伐倒。尽管现在全国各地的地方志里都有它的清荫和枝叶摇动的声响，但考其籍贯却只能在以拥有河姆渡和良渚文化闻名的东夷国界。其中杭州方面提供的版本称为陈朝柏，一荣一枯，以苏轼柏堂诗为证，所谓"道人手种几生前，鹤骨龙姿尚宛然。双干一先神物化，九朝三见太平年"是也。但据鲜于枢手书《游高亭山广严院记》，原始地望却非现在的所谓孤山，而是余杭皋亭佛日山的定慧寺，有《佛日山荣长老方丈五绝》，其中第三首"千株玉槊挽云立，一穗珠旒落镜寒"，第四首"不堪土肉埋山骨，未放苍龙浴渥洼"，说的即为这两棵原本同生然命运迥异的古木。明州方面的版本就是著名的梅梁，历史要更久远一些，按《四明它山水利备览》所称，梅木有二：一在大梅山系梅子真旧隐（此人即林逋好友梅圣俞先祖）；一为它山堰梁实过堰之浮桥。而更早的记载见于汉应劭《风俗通》称"夏禹庙中有梅梁，忽一春生枝叶"，就算禹庙的禹字作者写错了，讲的自然是伐落水中为梁的那棵，枯木逢春，显此神异，灵桥之名就是这么来的。又有唐人徐浩《谒禹庙诗》称"梅梁今不坏，松祏古仍留。负责故乡近，揭来申俎羞"，《说文》"祏，宗庙主也，《周礼》有郊宗石室"；《艺文类聚》的解释或许更通俗易懂，叫作"宗庙之木主曰祏"，就算面目神秘的它山堰神王元暐跟大禹没关系，讲的还是倒在水中为梁的那棵。又郡人舒亶《它山堰诗》称"万鬼琢石它山幽，梅梁赑屃卧龙虬。咄嗟湍骇就敛攀，巨灵缩手愚公羞。障成十里沙中洲，支分脉引听所求"，就算赑屃不是禹碑的底座，巨灵不是手擘足蹋凿开华山通流的河神，《宝庆四明志》里的阿育王山"东北半山间有佛左足迹入石内二寸余"不是干宝《搜神记》里的"今观手迹于华岳上，指掌之形具在"，讲的依然是水中浮沉的那棵。尽管舒某身后留下的名气并非因为他的诗歌，而是作为"乌台诗案"主角向皇帝打小报告揭发苏轼写反动诗，将后者直接送进监狱，难得两人在对落水梅梁的形容上倒是保持着高度一致，一个称"苍龙浴渥洼"，一个称"赑屃卧龙虬"，可见文学的力量总是要大于政治。

　　接下来要面对的事实可能过于文学化，让正史的膜拜者们难免不安甚至有点受不了。首先随着时间的推移，加上战争、灾荒和地方政府管理不当，它山堰外的潭体逐渐淤塞葑积，原来位于石堤凿口作为通行桥梁的梅木不仅逐渐成陆，甚至已被埋在积沙之下，以反《易经》的姿态由水面飞龙成为沙下潜龙。与此同时或者更早，一个有相当技术含量的工程也在进行之中，即将梅木中间挖空形成一条秘密的地下通道，以便在梅雨泛滥或山洪暴发季节潭西浊水奔涌东出，从石梁母体（西山）下来的清水输至堰体时能以潜行方式抵达对岸，不相混淆，以保证东南居人的食用和灌溉，同时也方便久雨积潦、路面泥泞难行时两岸的正常交通。这个可能是全世界最早的地下管道工程始建年代虽无法考订，但《乾道四明图经》所记当地三座官管祠庙，其中就有一座来历交代不清的佽飞庙，《延祐四明志》更称郡治即为此庙，还有五代黄晟任刺史时"创筑城堞，再成浮梁"的记载。佽飞是个春秋概念，《淮南子》记"荆有佽非，得宝剑于千队（干隧之讹）"。《说文》："佽，便利也。"《汉书》又有"募佽飞射士"（《宣帝纪》），"更名左弋为佽飞，盖取便利之意"（百官公卿表）的记载，其义近之。包括地方志里的穿山、梁弄之类，从地名学的意义上来说，也不能说跟它完全没有关系，不过以某种曲折方式含蓄地表述而已。由于此梁天生具有或人为粉饰的特殊质地，即掩于地下多年不仅没有朽坏，反而坚硬如石，按苏东坡的说法是"坚悍如金石，愈于未枯者"，因此梅梁亦蒙石梁之名，内部的通道被称作石室也理所当然。

年长日久，以梅梁为中心的穴体继续延伸，范围扩大到整条石梁尤其潭中土山的下面，形成一个政治面貌复杂的特殊的大型居住区，聚集着流民、隐士、下层士子、当地农业生产者、外来小本经营人员等各种身份的人，功能自然也不再像从前那么单纯，官方或称为逋逃渊薮，道家爱称洞天或桃源，爱虚荣的文人号称山间别墅，此外还有一项更重要的内容是，将自己宗族的神像碑志藏在里面秘密祀奉，亦成为异姓统治时期当地有信仰的世族巨室所热衷从事的活动。这种方法显然得益于先贤的教导，《左传庄十四年》"命我先人典司（司古本作守）宗祏"下有杜预注云："虑有非常火灾，于庙之北壁内为石室，以藏木主，有事则出而祭之。既祭（完事后）纳于石室。"说的大约就是此类冒险的游戏。最初的居住者按地方志说是鬼谷子，并有郭璞游山诗为证，"清溪千余仞，中有一道士。云生梁栋间，风吹窗牖里。借问此阿谁，云是鬼谷子"（《乾道四明图经》鬼谷先生祠），不知是否为黄公的道号之一，两汉张平子梅子真杨德祖葛玄之流也当留下过足迹，《四明洞天丹山间咏集》里记

载多多。而东晋应该是它宗教意义上另一个黄金时代，从原来在桥边的禹庙或王侯庙突然消失不见于文献记载这一点来看，地下活动的再度繁荣应该就在那时，而当地世家子弟兼精神战士如王谢辈想必执此中牛耳，一个写誓母文，召开兰亭大会，孙兴公诗称"怀彼伐木，肃此良俦"；一个求岯嵎湖，写《登石室饭僧诗》，亦称"钻燧断山木，掩岸墐石户"。碰到开明的皇帝或许还能容忍，相反的话就相当于是以命相搏了，这也是对两人有共同精神指向、结局却截然相反的合理解释。同时也间接说明一个事实，整个南朝时期直至唐代，在台上的皇帝宗教信仰均取释儒而非老氏。它山堰神王元暐的正式露面时间为唐太和七年，至南宋淳祐二年魏岘修志时不过400年，但时人在献给他的诗篇里开口闭口都称千年，说明这个断代既不可靠，也不简单，必有特别用意在焉。真相究竟如何，只有石室里木主本人知道了。

　　下面在野的这棵命运如此，上面在朝这棵实在也好不了多少，甚至更惨，古称天谴，就是现在网上说的装逼遭雷劈。孔广陶校注本《北堂书钞》卷第一百五十二有霹雳高禖条称："晋朝杂事云：元康七年霹雳破高禖石，占为贾后将诛之象。"如果说稍后惠帝肉袒出降、西晋亡祚是现实的后果，书本里玩的可要复杂得多也深奥得多了。首先是这个禖字，《诗商颂玄鸟》毛传："古者必立郊禖焉，玄鸟至之日，以大牢祀于郊禖，天子亲往，后妃率九嫔御。"即此台为国祭公祭的场所，后世也称天台，与它山堰下的洞祭私祭形成鲜明对比。此外《说文》的解释是"禖，祭也。求子祭"。前面一样，后面稍有不同，强调求得龙种、延续国嗣是重要内容。《正韵》更是干脆称"天子求子祭名"，这样，在仪式庄严的国家大祭中很奇怪地有皇帝大老婆带六位小老婆出现，虔诚跪拜，原因也就清楚了，就是希望能尽快有身，早生龙子，而且最好是个双胞胎，于是一个特制的专用字"槑"隆重问世，从字形看，像不像两个呆头呆脑的大胖小子？应该是比较像的。这个字就是古文梅字，既是梅子真隐居大梅山的梅，也是林和靖绕宅遍种梅花的梅。有本事能生孩子者，母也。大芋头为什么叫母芋，附体的小芋头为什么称子芋，这里头的关系仔细想想你就明白了。而所谓高禖台的禖，大约是古文槑和今文梅之间的一个过渡，连清人把关禁严的《说文》也承认"梅或从某"，说明在当初这并非什么秘密，不过现在的文人运气不好，能看到的典籍已被清人整体改造过了而已。想象10位如花似玉的美人跪在树下虔诚朝拜的感人情景，除了让人对古人精神生活的丰富多彩充满神往，或许还能顺带解决两个悬疑问题：一是山上的雷击木是商祭，宗教属性为道；山下的它山堰梁是周祭，精神属性为释。二是商祭也称天祭外祭，周祭也称地祭内祭，二者在历史上的常见表现是轻蔑和对立，而处于中间的儒家大致能起到某种缓和的作用，至于信仰方面则有自己的精神殿堂孔庙在焉。

　　一个更精彩也更伤感的故事，就隐藏在上面这棵经雷击后树根为石树身为木的古树的枝叶间，或者说，一个掩映于其间的鸟巢，更准确的称呼是鹊巢，从外表看不会让人有特别的印象，不过比寻常见到的体积可能要大一些，里面却藏有上古历史的最高机密。在《诗经里的堇菜》一文中我曾经涉及过此事，而《山海经》的版本或许更为直接，就是那个有关惩治贰负之臣、髡发刖足的故事，记录在该书卷之十一海内西经里。在几千年后的今天，航天技术已将嫦娥的后代送上月球背面，但他们不可能在那里遇见她，因这个女人当年所奔之月只是情人所居的月湖，两人在湖中土山上相爱并泄湖水为田开发农业，即使最终悲剧不可避免地发生，但有关废田复湖与泄水为田的论争成为此后浙东学界的一个经典主题。据现存最早的宋淳熙七年池阳郡斋刻本，经文如此（括弧内字为本文作者试改）："贰负之臣（姬）曰危。危与（去）贰负，杀窫窳。帝乃梏之疏属之山，桎其右足，反缚两手，与（去）发，系之山上木。在开题西北。"前人称此书为天书，文字伪讹超半，注释也靠不住，实际上很正常，因里面记述的是上古最真实的历史，如真让你看懂，司马迁、班固他们就白辛苦了。所幸引文主要意思大致通顺，杀窫窳看起来很吓人，其实是放去石碛内积水的意思，而窳是什么玩意儿呢？《集韵》："窳，与窊同。"现在简写作洼，就是水池，泄水成田是也。尤其"系之山上木"五字，事实清楚。尽管同书大荒南经又说帝为黄帝，木名枫木，受刑者就是蚩尤，但疑已被做改性手术，好在有魏人张揖《博雅》的间接证明，其注"媸"字曰："醜也，淫也，癡也。亦作蚩。"可见原为女性，是有人强迫她成为男人，以便稍后由史迁导演的跟黄帝大战逐鹿的历史巨片更出彩，上座率更高。按郭璞原注战争结局以老公一方得胜而告终，"蚩

幽谷回音

林遹纪念诗文集

尤为黄帝所得，械而杀之，已摘弃其械，化而为树也"。于是截断的右足和满头青丝作为战利品获得精心保管，一藏树顶鹊巢，一葬石梁尾端，这样《宋书》里那些奇葩的大战场所如鹊头鹊尾之类，包括《左传》的鹊岸和《梁书》的鹊尾渚也真相大白，但明州人因为喜爱谢康乐，还是习惯称它四明东足。加上又有《左传哀公七年》"仲雍嗣之，断发文身"的旁证（号称太伯之弟，希望真是男的）；《吕氏春秋》哀公与孔子有关夔一足对话的支持（此物六朝浙东常见，《永嘉记》有详述，土人唤作山鬼，屈原所一往情深者）；甚至最权威的《尚书·舜典》里都有关于夔龙的记载以及孔颖达"夔龙，二（贰）臣"的注疏，其真实性似不容置疑，从而成为正史里最精彩也最令人向往的部分。

在这样安全性有可能受到威胁的前提下，为了更严密地保护好它不致真相泄露，史官们自然使出了最上乘的功夫，不仅给当事人特制了十几张身份证，同时改换性别，让她同时兼任炎帝（史记）、蚩尤（山海经）、后稷（周书）、棽蛾（楚辞天问）、围中或沚中（清华简）、夔子（左传）、孰哉（系本）、虞仲（论语）等角色，连我们已经熟悉的那半截雷击木，也被克隆出无数的化身，混杂在前人留下的车载斗量的文献和诗文中，真假难辨，而且彼此竞奇斗巧，花样百出，将传统文化中比兴假借的学问发挥得淋漓尽致，有称日中桑的，有称江上枫的，有称渐木的，有称王母桃树的，有称汉五大夫松的，有称仙树的，有称神木的，有称唐梅宋梅、古槐古樟的，包括本文提到的梅梁和陈朝柏，反正字书里有多少树名，它就能表演出多少形态。这跟电影里日本鬼子到村里抓受伤的八路，几百个人同时站出来掩护一个人的情景非常相似。但不管史官们怎样试图对真相进行掩盖伪饰，也无论文人们如何施逞本事或滥用才华，它身份证上的名字依然只能是木而不是树，理由很简单，古人的植物知识根本不如我们想象的那么丰富，大都只是随口胡说而已，《说文》释树只称"生植之总名"，段玉裁补充说"豆柄直，亦有直立之义"。那是连家里的孩子和田头的芋艿梗都包括了，怪不得清华简《楚居》季连的三小子叫伭叔，清华简《程寤》小子发的哥哥叫大子桓（今学界从传世本《尚书》释作杅桓），可见大梁山的高禖神确实法力无边，有祷必应，而芋头的头古文作"頭"，同样少不了这个"豆"字。《尔雅》又说屏（豆）

谓之树。《扬子方言》又说床（木）谓之树。朱熹称汉儒的东西大多胡说八道，可能有些冤枉了他们，即使再信口开河，也不可能如此荒诞不经，因此真实的原因应该是"被胡说"。希望这些混乱现象只发生于古代早期，至少在我们深受爱戴的和靖先生受到皇帝关注，正式成名以前，让一切都彻底宣告结束，比如说，上面的木不再因地域为公族所有而称松，又因曾经染有受刑者的鲜血而称枫；下面的木也不再因地域为母族所有而称梅，又因地下有条秘密隧道而称榕。尤其是政治结构再次发生重大变化即改朝换代时，上面的高禖台千万不要再创新名叫天台或灵台，下面的木也不要走复古路线称公路或驰道，否则历史太丰富后世研究的人实在吃不消了。

在上述这个或人或神的故事中，树尽管充满传奇性，对本文而言依然只是附属部分，并非重点所在，真正的秘密是树梢的那只鹊巢，因受刑者被强迫剃去那如《僧伽经》所形容的"佛发青而细，犹如藕茎丝"的秀发后，就被胜利者作为战利品秘密地藏在里面，今存《山海经》的首篇即名鹊山，不会没有理由。而《庄子》达生篇"竈有髻"的记录加上郭向的注解，让我们知晓髻不仅就是传说中的竈神，而且"着赤衣，状如美女"，并非如同情老公一方的史官形容得那么丑。在南朝，这是席卷整个国家的狂欢，由一个叫刘萨河的家伙率先发起，至梁武帝时达到了高潮。晚唐的乌巢法师和雪窦延寿当年对此也都有特别兴趣，一个"见秦望山有长松枝叶繁茂盘屈如盖，遂栖止其上，故时人谓之鸟窠禅师。复有鹊巢于其侧自然驯狎，人亦目为鹊巢和尚（《景德传灯录》卷四鸟窠道林），一个"尝于台岭天柱峰九旬习定，有鸟（乌）类，尺（尸，祭式）鶂巢（鹊巢。李时珍说鶂不木处，呵呵），栖于衣褶中（栖天衣寺中），乃得韶禅师决择所见，迁遁于雪窦山"（宋高僧传卷二十八延寿）；"西岩有桧枯株存于焚败之余。法师以水洒而祝之，枝叶重荣"（《释氏稽古略》大中祥符八年）；但对里面所藏的圣物不知为何却只字不提。最早揭开它现实面纱的当数五代陈篡的《葆光录》，其卷三有记云："孤山寺前枫树上有一鹊巢甚伟，人上取其子，探得头发子数结光润，各长五尺。莫知其由。"话虽然说得吞吞吐吐，意犹未尽，但能在文字刽子手们的刀光剑影下存活下来，已经相当了不起。因为过不了多久，吴越

幽谷回音

林遒纪念诗文集

小钱就要把它取下来藏进新筑的雷峰塔，那就是深深葬入地底的秘密，永远不会再有人知道了。即使后来因同样遭雷劈并彻底坍塌，有幸看到在央视直播下挖出来的真假难辨的碑文，那"数结光润，各长五尺"的罗髻实物，不可能再有缘拜观，只能读着如"诸宫监尊礼佛螺髻发，犹佛生存，不敢私秘宫禁中"（《皇妃塔记》），或"钱王时获佛螺髻发，始建塔于雷公之故峰"（《庆元修创记》）这样的文字过过瘾罢了。问题是已经俯首称臣的钱某敢称自己爱妾为皇妃吗？因此，塔名自南宋起编出各种故事来或称雷峰或称黄皮或称王妃，包括那个知名度更大的有关白娘子的传说，总体上应该还是帮忙大于胡闹。

当钱弘俶在亡国前夕率嫔妃臣僚隆重举行宝塔落成仪式时，如果观望的人群中钻出一个小朋友来，很有可能就是我们的和靖先生，因当时他毕竟已有 8 岁了，这沧桑的古木和树身的鹊巢，对他而言是相当于国旗国徽一样神圣的东西，而三代荣华、位极人臣的家族是如何鼎盛起来的，拜谁所赐，内心想必也一定清楚得很。尽管国家因纳土称臣不得不将它取下来藏入地底，但自己血液里的宗教印记是什么，怎样以某种秘密方式继续保持对它的忠诚，或许是在此后的岁月里最让他牵肠挂肚的事情。在这样的背景下回过头来重新考量结庐的语言神话，或许就不会再像以前那样茫然无主、任由前人欺瞒。因所有那些人为的障碍物现在基本已被识破或清除，剩下的事情实际上已变得相对简单，就是认真面对文本，弄清它真正想表述的意思是什么。其中最关键的是要尽快跳出古人设置的陷阱，立足于语言的传承演变对它进行重新认识。事实上无论陶潜笔下的还是他笔下的，其本义从来不是今人所谓造房子的意思，而是一种曲折委婉的精神倾诉。颜师古注《汉书》对它有两种权威解释：一可读曰"系"，就是捆绑拘押的意思。二可读曰"髻"，就是藏在鸟巢里的那玩意儿。加上此前两位汉代专家王逸和许慎，一个在《楚辞章句疏证》里说"结，髻发也"，一个在《说文》里说"髻，緫发也，从髟，吉声，古通用结"，而段玉裁的注解又进一步挑明："古无髻字。即用此。"这样字义的本来面目就完全显现出来了，好比老电影里看到的地下党冒着生命危险送出来的情报，纸上写的是"周末小女生日敬请光临"，用显影药水一涂就是"明天山本太郎倾巢出动"。结庐即为髻庐，俗称呼作鹊巢，这就是灰暗的历史通道里偶然闪亮的一点火光，尽管相当微弱而细小，但在寒冷的冬夜，它至少给了我些许的暖意或慰藉。另外，或许是因曾经被诬为淫神的缘故，历史上除了少数带木旁的朝代如梁、宋之类，大多时期似乎都被列为禁区，或者说，一个被正史所蔑视和遮蔽的忧伤的文化图腾。而当年越地的宗教狂热分子弄出这种以结代髻的特殊玩法，严格说来应该也是迫于无奈，但后世或出于无知，或被不怀好意的人加以利用，麻烦或劫难从此就这么降临了。

结庐的真相（中）

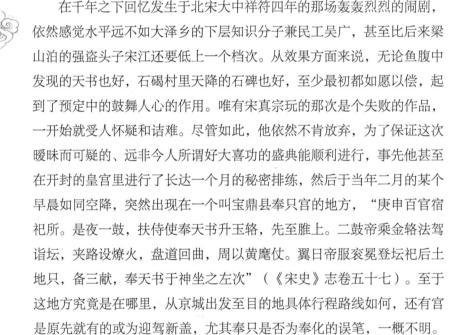

在千年之下回忆发生于北宋大中祥符四年的那场轰轰烈烈的闹剧，依然感觉水平远不如大泽乡的下层知识分子兼民工吴广，甚至比后来梁山泊的强盗头子宋江还要低上一个档次。从效果方面来说，无论鱼腹中发现的天书也好，石碣村里天降的石碑也好，至少最初都如愿以偿，起到了预定中的鼓舞人心的作用。唯有宋真宗玩的那次是个失败的作品，一开始就受人怀疑和诘难。尽管如此，他依然不肯放弃，为了保证这次暧昧而可疑的、远非今人所谓好大喜功的盛典能顺利进行，事先他甚至在开封的皇宫里进行了长达一个月的秘密排练，然后于当年二月的某个早晨如同空降，突然出现在一个叫宝鼎县奉只宫的地方，"庚申百官宿祀所。是夜一鼓，扶侍使奉天书升玉辂，先至脽上。二鼓帝乘金辂法驾诣坛，夹路设燎火，盘道回曲，周以黄麾仗。翼日帝服衮冕登坛祀后土地只，备三献，奉天书于神坐之左次"（《宋史》志卷五十七）。至于这地方究竟是在哪里，从京城出发至目的地具体行程路线如何，还有宫是原先就有的或为迎驾新盖，尤其奉只是否为奉化的误笔，一概不明。不过从册文内容来看："虔遵时迈，已建天封。肃然郊上，对越坤元。式祈年丰，棫昭政本。介祉无疆，敢忘只畏。"《辽史礼志》没有收录他兄弟耶律隆绪的祭地册文看来是个遗憾，因此无法比较两人文学水平的高下，但他既然"还奉只宫，钧容乐、太常鼓吹始振作。是日诏改奉只曰太宁宫"，《大宁之曲》的歌词在《金史》里倒还能找到，叫作"于皇神宫，有严惟清。吉䄍孝祀，惟神之宁。对越在天，绥我思诚"。这个"于"就是于越的"于"，这个"越"也是于越的"越"，不知是否即以他的文字为基础改写。至少后来编《辽史》《金史》《宋史》的是同一伙人，这是绝对可以肯定的。此外以"只"名地，也不像宋廷制度而更接近彼国风俗，比如以有"太祖天皇帝、应天地皇后银像在焉"的显陵长宁宫下属奉先县为例，就有耶里只、浑只、夺罗果只、拿葛只、合里只、牒得只、浑得移邻稍瓦只、合四卑腊因铁里卑稍只等属邑，文字水平相当高明，技法方面跟《楚辞·大招》那著名的几十个只亦有一比。因此，如果让宋辽两国皇帝同台表演《诗经》朗诵，辽主耶律先生想必会选择《诗经·秦风》的"南山有栲，北山有杻。乐只君子，遐不眉寿？乐只君子，德音是茂"。宋主赵恒先生想必也会选择《诗经·鄘风》的"泛彼柏舟，在彼中河。髧彼两髦，实维我仪。之死矢靡它，母也天只，不谅人只"。评委一郑玄的评审意见是："戊之言茂也。"（《礼记·月令注》）评委二班固的评审意见是："冀茂，于戊（于越）是也。"（《七修类稿》卷六干支条引）评委三邓文原提醒观众注意："封泰山，禅会稽。"（《巴西文集》帝禹庙碑）评委四朱熹又从专业角度及时给"茂"字注上古音："叶莫口反。"（《诗经集注》）则音当为"侯"。然后由总评委屈原出来宣读颁奖词："魂乎归徕！国家为只。雄雄赫赫，天德明只。"想象中应该是很好玩的事情。

　　此外让人感兴趣的是他那别具一格的行头，即主演这部历史剧时卖萌的扮相：《宋史·卷一百四·礼七·吉礼七·封禅》说他"服通天冠，绛纱袍，乘辇谒后土庙"，俨然与《辽史·卷五十六·仪卫志二》"皇帝服通天冠，绛纱袍"的礼仪标准完全相同，或者说不敢违反彼国对国家元首出席封禅活动所做的特殊的服饰要求。如果不是相信世界早已实现大同，只能说是一不小心撞见鬼了。他兄弟管辖的江山喜欢认东汉刘氏做祖宗，要玩这种道士风度，"通天绛袍为朝服"（引见同上），完全可以理解。你一个大宋皇帝，敢拿所谓宋学跟汉学叫板的人，封禅国祭，居然敌国服色，让人怀疑开封城里的龙椅到底是一条军棍打出来的，还是一纸降书买回来的。虽说领导人穿西服出国是民族开放和自信的表现，但如果有一天特朗普一身特大号中山装出现在北京天坛，相信国人的普遍反应肯定不是总统先生热爱中华文化，而是美国鬼子可能不行了。因此，《辽史》卷七十一后妃萧绰传所记"景宗崩（982），尊为皇太后，摄国政。委于越休哥以南边事（休哥疑太宗小名）"。又同书卷十四圣宗统和十六年（998）条下所记"十二月丙戌朔，宋国王休哥薨，辍朝五日。进封皇弟恒（真宗名）王；隆庆为梁国王，南京留守"。又同书卷五十三礼志六嘉仪下："天庆元年（1111，当宋徽宗政和元年）天雨谷，谢宣谕后，赵王进酒，教坊动乐，臣僚酒一行。礼毕奏事。"看了绝对可以颠覆你的三观，如果相信所记属实，这辈子算是白混了。如果不相信，又白纸黑字，明明白白写在那里。再说前面两人可不是等闲人物，一个是彼国权势倾天的国母、跟他在澶州拜把子的金圣宗的老娘，一个即金圣宗自己。唯一可行的办法，看来就是学他那样向后土大神虔诚祈祷，希望能告诉我们这是史官一不小心写错了，而非历史真相原本如此。至于那个连《宋史·地理志》里也找不到的奇葩的金鼎县，虽说让人纳闷，但如此轰轰烈烈的全国性运动，就是有人藏着掖着打死他也不肯说，也难保利益集团以外的人尤其后人都能口风一致，比如顾祖禹《读史方舆纪要》就有关于金鼎湖的记载："贡湖、游湖、胥湖、梅梁湖、金鼎湖为五湖。梅梁湖在西洞庭山之东北，相传孙吴时进梅梁至此，沉于水。金鼎湖在梅梁湖西，相传吴王尝沉金鼎于此。"《四明它山水利图览》梅梁条："梅梁在堰江沙中，其大逾抱，半没沙中不知其短长。横枕堰址，潮过则见其脊，俨然如龙卧江沙中，数百年不朽。"则所谓金鼎县为金鼎湖之伪，大致可以确定。而袁褧《枫窗小牍》更是毫不留情，把他当年效仿周公（清华简《耆夜》作叴旦）"亲封玉册，置于石匮，将作监封固之"的宋版《尚书·金縢》也弄到了手，并公诸天下，为这部国产或邦产历史巨片添上一个精彩得让人大掉眼球的结局（文中注释系本文作者所加，仅供参考）

真宗皇帝祀汾（祭后土封禅，大中祥符四年二月），而还（环）驾（夏驾湖之驾，日湖别名，环湖而行也）过伊关（"伊"古同"是"，堤也，关即堰口），亲洒宸翰，为铭勒石，文不加点，群臣皆呼万岁。其文曰：

夫结而为山，融而为谷。（结：礐。融：明也。《左传》明夷之谦，明而未融。孔疏：融是大明。）

设险阻于地理，资手距于国都。（手距谓堰口南北之堤如两手合抱，林逋《三君帖》："彼珍重者，果为两手所揞矣。"揞同绀，禁也。封禅即开禁。）

足以表坤载之无疆，示神州之大壮者也。（载：㡛，乘之古文，帽子拿掉就是古代首位昏君桀，封禅正主。大壮：易卦名，以"大壮利贞"自懑或为自己打气。）

矧复洪源南导，高岸中分（洪源：沙水，详它山志。高岸：大浃口，阿育王寺在南岸。）

夏禹浚川，初通关塞；周成相宅，肇建王城；（周成：周成王，名诵，自称诵小子，实为甬之伪。）

风雨所交，形势斯在。（风伯雨师，助蚩尤战黄帝者，详山海经。）

灵芢珍木，接畛而扬芬；盘石槛泉，奔流而激响。（灵芢：灵芝，亦名紫芝，四明特产。槛泉：水底梅梁，俗称千年铁门槛。）

宝塔千尺，苍崖万寻。（典型明州特色，免费广告词）

秘等觉之真身，刻大雄之尊像。（阿育王，弥勒佛。《宝庆四明志》阿育王寺：寺有释迦如来真身舍利塔，内有一角金钟，舍利在焉。《延祐四明志》：岳林禅寺：宋大中祥符间重建曰大中崇福，乃弥勒示现之处。）

岂独胜游之是属，故亦景贶之潜符。（"符"隐"父"，潜父谓僵尸，即《山海经》贰负也。）

躬荐两圭；祝汾阴而祈民福；（两圭：两封。上封下禅，二梅梁也。汾阴：堰口为分水枢纽，南大溪，北小溪。水阴为南，大溪也，俗称奉化江。）

言旋六礜，临雒宅而观土风。（礜：季连之连的古文，见清华简《楚居》。雒：洛之别书，汉人杰作，因《山海经》惊现于世，避讳也，经云："爰有淫水，其清洛洛。"内多有关舜与二妃于此洗鸳鸯浴的描写。）

既周览于名区，乃刊文于真铭，曰：

高阙巍峨，群山迤逦。（高阙：堰口，即上云高岸中分处。迤逦者，大堤，俗称连山。）

乃固王域，是通伊水。（王域：王城，故周人氏辟，亦名穿山，或称鬼都。

伊水：清溪，慈溪小溪。溪分自堰口，古名伊阙）

形胜居多，英灵萃止。[英灵：三王，古公王季文王。《真诰》阐幽微第一：酆都六大天宫，武王发为鬼官北斗君，文王为西明公领北帝师，邵公奭为南明公，禹子夏后启为东明公，此四人又别称四明公。陶宏景云："酆都唯有六宫，而周文王父子顿处其三，明周德之崇（祟）深矣。"]

螺髻偏摩，雁塔高峙。（偏，徧之讹。徧：《广韵》：周也。《说文》作币，又释币字：周也。摩：《扬子方言》：灭也。周大姒，文王母身份可证，灭于此也。又《正韵》：币，作答切，音浃。大小浃之浃也。）

奠玉河滨，回舆山趾（奠玉：古封禅祭式。清华简《金縢》："周公乃为三坛，同（洞）墠为一坛，于南方周公立，女秉璧告（古文时，博雅：伺也）珪。"珪即玉也，所谓筑土为坛，除地为墠，大致如此。山址：四明东足。）

鸣跸再临，贞氓斯纪。（禁祀母之意。鸣跸：鸣姒，哭母也。贞氓：卜亡也，佛罗髻发主人。斯，说文："析也。诗曰：斧以斯之。"）

当宋真宗于封禅的路上心血来潮，亲洒宸翰，兴致勃勃写他的封禅铭文时，在距他不远的地方，另一个人也在伏案挥笔，不过可没他那样的好兴致，文体也是诗歌而非骈文，这个人就是我们尊敬的国家道德典范林逋先生。事实上他最初隐居的地方就在这里，湖中的小小土山，周边是个除夏洪暴发时可能有点水、平时几乎干涸的池塘，让人不敢相信就是上古著名的爰陂和日湖，《尚书·舜典》开头的"曰若稽古帝舜"，用今天的话来说就是"日湖右边会稽鼓山大舜"，或"中国江南会稽鼓山大舜"的意思。这只鼓既是《诗经·绵》里象征周家政权的那只，也是《会稽记》"雷门上有大鼓，围二丈八尺，声闻洛阳。孙恩之乱军入，斫破，有双白鹤飞出"的那只，而这个只字当然更是地只的只。加水成泪，又为屈原英魂所聚，等着粉丝们每年端午给他带来粽子的地方，他喜欢吃这玩意儿，还是自己托梦给南朝的湖州人吴均才知道，因此本省所产至今尚驰名全国，差不多每个高速服务区都能买到；虽因史官误导，剪裁古史，颠倒黑白，当地人民不闻韶乐或鼓声久矣，幸有清华简《楚居》出土，告诉我们"季连初降于騩山，氐于空穷。前出于乔山，宅诸爰陂"，让原先被遮蔽的历史获得一定程度的澄清，因古文奉化的"化"字作"魁"，氏为周都氏辟，别作祇，也即地只的"只"，空穷即为雪窦，而桥山就是以梅梁为桥的它山堰也。《乾道四明图经》称北宋时湖名清澜池，山号镇明岭或内案山，"上有佛亭，皇朝天禧中太守李夷庚能地理之学，以州无案（祭）山，故直州之南累土，为阜高丈（大），名曰镇明岭。此盖夷庚因其旧而增之耳，非创为也。其后往来（祭），惮于登陟（此证'丈'为'大'之讹或伪），日削月夷，特（祭）土坡于其侧耳"。反复强调山因增土而成，正是积土封禅之本义，所谓意在言外或锣鼓听音，此之谓也。"佛亭"二字语义含糊，但凭直觉就知道应该是天封院，这要感谢前面真宗"虔遵时迈，已建天封"的启发，考《宝庆四明志》卷第十一叙祠，"鄞县南一里半，旧号天封塔院，汉乾祐五年（后汉，952）建，皇朝大中祥符三年改赐今额，寺有僧伽塔"，说的就是它了。《宋史》说的"少孤力学"也好，《郡斋读书志》说的"少刻志为学"也好，应该就在这池边的小山或树顶鹊巢愿力祥瑞拂熙之下。虽距作为闹市区的大堤不远，但以历代禁祀，加上泥泞不堪，带来的好处是相对比较安静。让时人佩服得五体投地的"草泥行郭索，云木叫钩辀"这一联，除寓意玄妙，周边环境如何亦能分辨个大概。

然而，澶渊革命一声炮响，给宋国送来了封禅主义。可以想象皇帝的辚辚车马突然杀到这里后对他产生的惊扰，更重要的是精神意义上的压迫，因他的精神主宰是梅花，这两个字里实际上隐藏着古代最惨痛的一段历史，梅实祭母之隐辞，花同奉化之化字。当年太妊战败被髡发刖足，以有身孕暂缓处死，缚于山上木，受苦受难，坚贞不屈，孩子生下后沉于沼池而死，化身为肥，繁殖庄稼，此亦龚定盦诗"落红不是无情物，化作春泥更护花"之本义也。她深爱的情人却自宫示悔，称弗求饶，是个软旦（今作蛋），为后世所不耻。"弗"即吴语"不敢了"的意思，后世汉奸大多盛产于吴地，当亦不为无因。而封禅即祭旦，冒天下之大不韪，启历代之禁封也。不过对他来说，即使对朝廷改祭一事深怀不满，但因主事者如王旦、陈尧叟、王钦若等都是相熟朋友，内心的焦虑和痛苦也只能通过委婉的方式表现。之所以学会写诗，大约也是从这时候开始的吧，考诗集首篇就是与中央封禅领导小组副组长陈尧叟唱和的，另如《病中二首之二》之"长卿病渴应难奈，玄晏清赢已不禁"，《寄解州李学士》之"闻演丝纶征诏近，相如文学动天聪"，用的也都是封禅的本典。请记住这个重要的时间概念吧，即北宋大中祥符四年（1011），皇帝封禅之日，正好是《宋史全文》所记他20年隐居生涯结束之时，其间的因果关系相当明确。天底下比这更巧的事或许还有，但这确实已经够巧的了。由于它的重要性，让我们再次来一起重温原文，尽管此书出于四库馆臣之手，杭州和孤山两块招牌少不了还是要抬出来的，但在已基本梳理清楚的事实真相面前，只能是自露其丑而已，其文云："壬子大中祥符五年（1012）六月癸丑，钱塘人林逋，性恬淡好古，不趋荣利，家贫衣食不足，晏如也。归杭州结庐西湖之孤山，二十年足不及城市。转运使陈尧叟以其名闻。庚申，诏赐粟帛，长吏岁时劳问。"以封禅之年祥符四年（1011）计，上溯20年为太宗淳化三年（992），以陈尧叟推荐之年祥符五年（1002）计，上溯20年为太宗淳化四年（993）。比较合理的推测应该是闹剧上演当年，原本安静的隐居之所成为喧嚣的国祭所在地后，他就悄悄离开了那里。不仅拒绝参与演出，连观众也不想做，行前以诗明志，题为《孤山隐（移）居书壁》，诗云："山水未深猿鸟少，此生犹拟别移居。直过天竺（董其昌林和靖诗意图作三竺）溪流上，独树为桥小（卜）结庐。"全诗明白如话，连中学生都看得懂，万历版

幽谷回音

林逋纪念诗文集

《林逋诗集》的编者就更不用说了，王阳明门人黄绾在序言里写道："予尝读西湖处士林逋诗曰：（诗同上）。志肥幽遁，以孤山为不足隐乎？"但明明是移居，现在却被改成隐居；明明是三竺，现在却被改成天竺；明明是卜结庐，现在却被改成小结庐。尤其是后三字，连文义都不通，好像1000年前就是小康社会，政府就有廉价小套公房出租似的，真是对他诗才的莫大亵渎，却也未见研究者们吭过一声。可杭州古代的历史学家对他感情再深，有这个"独木为桥"即它山梅梁在，到头来还是白辛苦一场。

新的寄身之所是个我们已经相当熟悉的地方，即前述梅梁下的地道，或称穿山，或称梁弄，更早时候号曰氏辟王邦王家（清华简《皇门》），后来有个新玩法又叫潮音洞，实际上是同一个区域。而他的移居说起来更简单，从地表到地下，相当于自原先的顶楼搬到了下面的车库，不过

稍有点斜度和纵深感而已。《乾道四明图经》卷二在记当地最著名的甬江时笔法奇特，称"在县东一里，实海口也，而有大浃小浃之名，盖随地而异也。乘潮往来，南入于奉化界，东入于定海昌国，西入慈溪"。记述大抵属实，跟郦道元笔下的浙江到了余姚以后"爰有包山洞庭，巴陵地道，潜达旁通，幽岫窈窕"有异曲同工之妙。即使与新挖出来的北大汉简《妄稽》"谨筑高甬，重门设巨。去水九里，屋上涂傅。勇士五怀（疑为饮飞之饮），巧能近御。地室五达，莫智知其处"相比，也不遑多让。就是没强调这个"随"字的特殊意义，当然此为古人的惯用文法，不必苛求，拿他自己的作品来说，《僧有示西湖墨本者，就孤山左侧林萝秘邃间状（伏）出衡茅之所，且题云林山人隐居，谨书二韵承之》"泉石年来偶结庐，冷挨松雪瞰西湖。高僧好事仍多艺，已共孤山画入图"。除了告诉人家他已不住在那里，这个"邃"字同样也要写作"邃"的。但他真正的杰作《深居杂兴六首》和《杂兴四首》等就是在这洞里写出来的，可见欧阳修评论好友梅圣俞"诗穷而后工"这一定论，用在他身上同样也相当合适。前者如："上书可有三千牍，下笔曾无一百函。间卷孤怀背尘世，独营幽事傍云岩。僧分乳食来阴洞，鹤触茶薪落蠹杉。末似周颙少贞胜，北山应免略相衔。"后者如："散帙挥毫总不忺，病怀愁绪坐相兼。苔痕作意生秋壁，树影无端上古帘。一壑等闲甘汩汩，五门平昔避炎炎。惟应数刻清凉梦，时曲颜肱兴未厌。"诗艺固然出神入化，但从内容方面看，寄身阴洞，自号深居，四壁生苔，坐愁终日，显然并非他喜欢的生活环境，只是迫于无奈，权作寄身罢了。本来他在山植有杨梅，按公开承认他是奉化人的《西湖新志》所载："和靖种梅三百六十余树，花既可观，实亦可售，每售梅实一树，以供一日之需。"现在地方被政府征用，居所潮湿阴暗不说，连衣食来源也成了问题。这样，诗集里那些影响他清高形象的叹苦嗟穷之作如《寄呈张元礼兄》所谓"君栖积棘官将满，我住蓬蒿道正穷"，《寄祢门梁进士》所谓"退隐无山进乏媒，杜门芳草与苔苔。贫为吾道应关命，达似他途亦是才"等，也总算有了合理的解释。好在刚为皇帝写了马屁文章《朝觐坛颂》和《封禅圣制颂》的陈某甚得圣上欢心，新升宰相，说话管用，因此很快就有诏赐粟帛，赐号和靖处士之举。

但从后来的事实看，一纸虚衔和几个芋头，实际上没能让他顶上多久，最后还是改变初志出来混了，具体职务就是前面说的国家教育官员。要使这样一个情怀高洁、意志坚定的人向世俗妥协，想象中应该并非件容易的事，或许是肚子饿得实在不行了，或许为家庭和子女（或按正史所谓侄孙）前途考虑，或许背后有更深刻的因素，只是我们目前还不清楚罢了，像《焦氏易林明夷》说的"作室山根，人以为安。一夕崩颠，破我壶飧"这样的意外事件，既然祖辈当年没法成功避免，也难保不会在他身上重演。同时代的刘筠显然深知底细，看到他的新居就在天母化身为肥的沼池边不远，应该就是王随分俸资助，王旦清谈终日，梅尧臣雪中访他的"宁海西湖之上"那所，言下不无讥诮，有《题林处士肥上新屋壁》诗云："久厌候靖静室来，卜居邻近钓鱼台。旧山鹤怨无钱买，新竹僧同借宅栽。斗酒谁从杨子学，扁舟空访戴逵回。抽毫有污东阳望，但惜明时老涧才。"稍后毛泽民更是过分，透露他的行政级别是五品，称"雪月共高寒，求多意未阑。林逋五品服，宋璟九还丹。老友松筠健，贤宗鼎鼐酸。任渠蜂蝶闹，难作武陵看"。前者说明他虽已破处，坚持母祭而非父祭的精神信仰未有改变，这也是许多人继续喜欢他的原因，而旁边有僧寺，应该就是雪窦，与梅尧臣笔下的描写相符。后者颔联用宋广平事，昔玄宗称"卖直以取名"者也，相当不友好，结尾嘲笑之意亦很明显，与其好友苏轼《书林逋诗卷后》"平生高洁已难继"的立论相同。但这些人站着说话不腰痛，自己当官当得开心，狎妓飞觞，朝云暮雨，就不许人家也有口饭吃。还有那个叫许洞的更可恶，居然写诗诬蔑他是"寺里啜斋饥老鼠，林间咳嗽病猕猴。豪民送物鹅伸颈，好客临门鳖缩头"，自己却跑到真宗封禅的路上去送外卖。总之，此后我们尊敬的隐士先生就这样成了有争议的人物，于诏书与道经一色，鸾旗和经幡齐飞中苦苦和靖，坚持了有近10年（以天禧三年迁新居计），在诗集里留下占到总量三分之二的官场应酬之作。后来感觉实在受不了，加上侄儿林宥也考中了进士，经济上不仅已能自理，或许还能帮助他了，于是在一个寒冬的傍晚，把10年前搬家时写的那首所谓绝世名作留下后，使用道家的蝉蜕法自动离职溜之大吉。这一天，正史告诉我们是天圣六年十二月丁卯。

300年后他的棺材被杭州人民深恶痛绝的江南释教都总统杨某挖出来，

幽谷回音 林逋纪念诗文集

《尧山堂外纪》记曰："元僧杨琏真伽发其墓，惟端砚一枚，玉簪一枝。"砚隐池，沼池也；簪隐发，髻发也；以物代言，自证心迹，其精神之坚贞或政治立场之顽固可昭日月。

结庐的真相（下）

在巨浪二型导弹射程已达 12 000 公里的当下，谈论诗经时代的冷兵器显然是个滑稽的话题，但彼此精神上的血缘关系依然丝丝缕缕，若断若存，不可能完全割断。比如躺在国家博物馆的仓库里的《豳风图》，这幅传为出自北宋马和之手的巨作，全卷由七首相关作品组成，雄浑沉厚，元气淋漓，不类凡工。开首《七月》展示"既伐于崇，作邑于丰"以后周人小康生活的温馨画面，末尾《狼跋》则宣告一个曾经辉煌的时代的结束。而在其中的第二幅《鸱鸮》和第三幅《东山》里，可以找到某种令我们感兴趣的东西，比如说，一座形状盘屈的土山，一棵高大苍夷的亭亭如盖的古树，一条树下不远处闪着亮光奔腾而过的大溪，以及一队正从树下出发奉命前去东征的士兵，更重要的还有树顶原该有的鹊巢以及藏在里面的佛罗髻发。尽管走在队伍前面的周公"既取我子，无毁我室"的哀吟千古之下尚令闻者心伤，但值得关注的显然还是士兵们手中武器的样式，将画面放大后，可以清晰地辨认出它的形状：一根长长的竹竿顶端缚有一布结模样的玩意儿，大约也即后世枪矛棍棒之类的祖宗了。与其说是临阵对敌所用的搏命之具，不如说更像是一个便携式的宗教秘密武器——作为对其时禁祀的古木鹊巢这一宗族图腾力所能及的模仿。由此联想起战争的"战"字为什么左边是个占卜的占，现存最早的古书《说文》想必很乐意告诉你："战，鬭也。两士相对，兵杖在后，象鬥（古文'斗'）之形。"《广韵》补充说"凡从斗者，今与门户字同"，大意就是古代只要有战事发生，双方交手的地方必为关门，关为水关，门为堰门，俗以水门为斗门，其义出此。《尚书·无逸》又透露战斗的内容为"厥口诅祝"，后有疏云"诅祝谓告神明，令加殃咎也。以言告神谓之祝，请神加殃谓之诅"，就是通过以向本族的神祖祷告的方式，祈望能无情地

加祸于对方，从而取得战争胜利。事实上周家两位祖宗文王武王都是这方面的高手，"祈于六末（太末）山川，攻于商神"（详《尚书·程寤》），他们的死党宋家祖宗微子启自然也不甘落后，"宋王筑为巢，帝（立）鸱夷血高悬之，射著甲胄，从下血坠流地"（详《吕氏春秋·过理》）。当然，喜欢《三国演义》和《红楼梦》的读者不看这些玩意儿也没关系，只要看电视就行了，同样也能心领神会，因前者的升级版就是赵子龙顶端有红穗的龙胆亮银枪，而后者《红楼梦》二十五回赵姨娘请马道婆剪纸人对付凤姐宝玉的相关细节描写，即《战国策·燕策》秦昭襄王抱怨"宋王无道，为木人以写寡人，射其面"的秘术在民间的出色运用，包括康熙原立太子胤礽的被废，亦与此有直接关系。考虑到这种精神战法实为西周礼乐的重要组成部分，且有号称三公之一的冢公专司其职，《周礼·春官》所谓"诅祝，掌盟诅之祝号"是也。不仅历代流传有序，还能时常发扬光大，推陈出新，甚至到了鸦片战争爆发的 1841 年，船坚炮利已成为一个时代的文明标志，而新任广东军务参赞杨芳的马桶还在从广州城头不停地倒下来——作为对付英法联军唯一有效的秘密武器，让四库版《武备志》里号称威力无穷的红衣大炮显得相当委屈，尽管从文化的意义上来看，也不能说他完全是在胡闹。

　　在周公丧失家园后率领他的精神战士被迫东迁的 2000 年后，另一位有类似身世背景的人物也风尘仆仆行走在路上，不过方向正好与他相反，一个由西而东，一个由东而西，就是说在离开宁海西湖之上或土山树巢精神领地的八年后又回到了那里。包括手里拿的玩意儿，模样也有些相似，不过不是所谓兵器，而是更潇洒的钓竿，但如果你能听懂前者枪头布结与后者竿端纶丝之间的喁喁私语，就会发现它们实际上使用的是同一种语言。既非北语，也非南音，而是更亲切的浙东土话。

　　一幅作者不明、疑同样出自马和之手的画卷为我们描绘了此次搬迁途中的情景，老妻少子，瓶瓶罐罐，场面寒酸，人物毕肖，在没有手机自拍的年代里，也算是难得的现实场景的精彩重现了。此画原藏晚宋的梅花党魁刘后村处，并有题跋，此人在南宋的重要性，无论文学史和宗教史似乎都有些忽略他了，后世只给他挂了一个主战派的头衔，希望这个战不是前述战斗的战。生平留下《后村先生大全集》196 卷，重要部

幽谷回音

林遒纪念诗文集

分残缺异常，希望也真是爱好文学的蠹虫们的功劳。即以此段题跋为例，周亮工《书影》赞为"常觉依稀隐显都在目中，反疑诸画未必臻此也。此公慧心妙舌，坡公后一人而已"，可见他的厉害。但也许正因太聪明，对梅花怀有秘密情感，如首倡百咏，广征和诗，与林氏后人关系密切，又号称"若向鼻端参得透，孤山不必在杭州"，难免树大招风，至少本该是以林逋搬家为题材所创作的画卷，出现在他的文集里已是《跋杨通老移居图》了，甚至还有一番令人啼笑皆非的考证，原文如下：

"一帽而跣者，荷药瓢书卷先行。一髻而牧者，负布囊驱三羊（童）继之；一女（童）子蓬首挟琴，一童子肩猫，一童子背一小儿。一奴荷荐席筇蓝、帛槌之属又继之。处士带帽执卷骑驴，一奴负琴又继之。细君抱一儿骑牛，别一儿坐母前，持箠曳绳，殿其后。处士攒眉凝思，若觅句然。虽妻子奴婢生生服用之具极天下之酸寒滥缕，然犹蓄二琴，手不择卷。其迂阔野逸之态，每一展玩，使人意消。旧题云杨通老移居图，不知通老乃画师欤？或即卷中之人欤？本朝处士，魏野有亭榭，林逋无妻子；惟杨朴最贫而有累，恐是画朴？但朴字契元，不字通老，当访诸博识者。"（此据适园丛书刘后村题跋卷四）

看似严肃认真的考证，实际上只是一出闹剧，作者好像不知道杨朴先生是太宗时候人，于真宗还没来得及封禅的咸平六年（1003）就已死去，而善琴在北宋隐士中只有林逋是强项，其余不闻焉。加上处士头衔为国家封典，朝廷恩宠，不是你自己随便想称就能称的，而姓杨的终其一生未能有此幸运。因此所谓《杨通老移居图》，原题当为《林逋老移居图》，或讹或伪，如此而已。何况林为马和之精神偶像不是什么秘密，此人一生留下画作虽然不多，但大多与此有关，如《西郊寻梅图》《高士观梅图》《邀月赏梅图》《和靖观梅图》《雪屐观梅图》《月下观梅图》等，其中又以《和靖觅句图》为最有名，同样为刘某囊中之物，且有《跋马和之觅句图》称"夜阑漏尽，冻鹤先睡，苍头奴屈两髁，煨残火。此翁方假寐冥搜，有缺唇瓦瓴贮梅花一枝，岂非极天下苦硬之人，然后能道天下秀杰之句耶？"与上跋中的"处士攒眉凝思，若觅句然"正好形成互证关系。刘殁后此图流出，落到一个叫王任的人手里，明州大儒舒阆风当年见到后亦有题云："图上着帽隐几而坐，若有所思；案上置笔砚纸墨，案前有古罍插梅花，此和靖也。背后一童子坐，举足加火炉上。后有一鹤就地欲眠，引颈反顾，与周道士本同格。"（《阆风集》题王任所藏林逋索句图）相比前者的吞吞吐吐，后者说得明明白白，但也不能完全怪这姓刘的，毕竟一个在朝，一个在野，政治立场允许有所不同。

　　重新回到湖区，却非原来故宅，而是像杂技演员一样居于树间危巢，可谓真正返回到上古时代，尽管从形式上看，多少显得有些怪异，让关心他崇仰他的那些朋友，放心不下，实际上如果真能安心住下来，生活质量还是相当不错的，因树顶如冠，可以遮风避雨，树间有洞，干燥通气，冬暖夏凉。更何况还有高官粉丝的捐俸资助，内部设施想必也一定不会太差。他的《山阁偶书》"绕舍青山看未足，故穿林表架危轩。但将松籁延佳客，常带岚霏认远村。吴榜自能凌晚汰，湘累何苦屈芳荪。余生多病期恬养，聊此栖迟一避喧"应该正是此次搬家后的产物，跟那首更著名的《自作寿堂因书一绝以志之》写于同一时间，因所谓寿堂即山阁也。当然，以现代人的眼光来看，这样离经叛道的姿态显然带有某种行为艺术的特征，或称精神表演，但当时的人看法不是这样，普遍认为是行迹高逸的表现，与伯夷叔齐不食周粟、陶渊明拒用义熙年号、张志和垂钓不设饵、吾子衍楼居不置梯、张岱生前自为墓志铭、梅兰芳蓄须明志之类是同样的玩法。而相比之下，又以林的处世形象为更复杂，自然也更艰难，犹如冰与火置于同一器皿——在身体应诏出仕以后，精神方面却走得更远，前者因屈服而卑微，后者因决绝而高洁。此前八年地窟生活的修炼，显然已让他学会了灵肉分离的本领，进入更高的境界。至于黄宗羲生前自营生圹，是否系对他自筑寿堂的模仿，因没有详细考证，不敢轻下结论，但寿堂非指坟墓是可以肯定的。按孙奕《示儿编》卷十一寿堂条云："今士人尺牍中称人之母曰寿堂，盖不知忌讳。按陆士衡挽歌云：寿堂延魑魅。注曰：寿堂，祭祀处。言既死，于祭祀之处独相处。魑魅，楚辞曰：謇将澹兮寿堂。王逸曰：寿堂，供神之处。林逋自作寿堂诗：湖外青山对结庐，坟前修竹亦萧疏。茂陵它日求遗藁，犹喜曾无封禅书（原注：《皇朝文鉴》），又指邱塚为寿堂也。究而言之，称人之母者，岂不背理伤义乎？毛诗自有寿母二字（原注：閟宫），何不称之？"他这段久积于心突如其来的牢骚有两个重点：一是寿堂非

幽谷回音　林逋纪念诗文集

坟墓，为古人祭母之所的特称；二是其名不很妥当，当从毛诗称閟宫为是。考《诗鲁颂閟宫》："閟宫有侐，实实枚枚。"毛亨传："閟，闭也，先妣姜嫄之庙，在周常闭而无事。"想起宋祁在《伤和靖先生君复二首》里说的"姬姜生不娶，封禅死无书"，又想起其时主封禅、禁祭母的闹剧，觉得他当时所做的一切真的很不容易。

筑于树间的新居，自然是对已被废除的鹊巢的补救，因此这处居所在以后年代里就被称作巢居阁。而树本身到底是什么样子的，究竟有多大规模，形状如何？以拥有七部宋元方志而名列全国第一的明州，于此却偏偏吝于一辞，不做交代。好在有清人袁枚的《随园纪游册》，其乾隆六十年四月初四条下记云："茶后过黄泥岭、布阵岭，甚高。旋至阿育王寺。大门内正殿前有石台，台上有古松一株，围抱约五尺许，高不过八尺。老干下垂，破地而起，夭矫拳曲，着地如有根者七株，卧而复起者十三枝，覆阴约三亩，名曰放光松，以宋（南朝刘宋）时舍利飞来挂树故也，相传为晋人手植。"又当天晚上无法返回，就住在阿育王寺里，"御书楼下，古梅一枝，高出楼上。楼有四高山包住，对面二山，远山浮青，近山浓绿"。这部日记不见于今本《袁枚全集》，如果不是在美国的袁氏后人捐献，谁又能想到即使到清代中期，我们和靖先生的寄身之所，在他的家乡依然古貌犹存。而如果有人认为仅仅文字描写还不太过瘾，又有寺内高僧大觉禅师老友苏轼生平唯一留下的画卷《木石图》，可供观摩怀想。画面展示的正是此树的主体部分，枯木在右，状似鹿角；怪石在左，形如蜗牛。卷后首跋刘应时，字良佐，四明人，最后装裱收藏者沐璘，即所谓云南沐府宁王。尤其上面米芾的题诗"四十谁云是，三年不制衣。贫知世路险，老觉道心微。已是致身晚，何妨知我稀。欣逢风雅伴，岁晏未言归"，剔幽发隐，欲言又止，颇耐人寻味。在去年香港佳士得秋拍中，这幅画拍出了 4.6 亿港元的高价，如果知道它与林和靖的身世还有着千丝万缕的关系，想必价格应该更高。

现在大约可以安心坐下来好好学习他的大作了，这首被认为其一生写得最好或流传最广的诗，因历代皇帝自身政治功利的需要，因此拥有无数不同的版本，包括诸多让人眼花缭乱的标题，复杂得就如那团神秘的佛罗髻发，忽焉隐忽焉显，剪不断理还乱，但有关鹊巢的事既然已大致澄清，封禅的真相亦浮出水面，更重要的是对写作背景和作者的心路历程有了新的认识，一个曾经那么遥远如同传说中神仙般的人物，现在终于青鞋布袍向我们逐渐走近，虽然尚不能达到像你家孩子的班主任张老师，或小区门口超市王经理那样音容笑貌宛然在目的程度，至少身上涂抹的重重油彩已被洗去不少，脸部五官的轮廓也能基本辨清。既然如此，哪怕前人在这首诗上做的手脚再多，抄写时用的也非墨汁而是蒙汗药，要真正弄懂想必也已经不难。

"湖上（外）青山对（守）结庐"，首句传世诸本大致无异，只是文义有些欠通，如果青山是湖中土山，结庐就在山上，又怎么个对法？孙奕《示儿编》引吕祖谦《皇朝文鉴》"湖上"作"湖外"，《尧山堂外纪》亦作"湖外"，诗题为《书寿堂壁》。这就对了，因前面已多次强调，此诗是迁家之年即筑新居时所作，而新居即为寿堂，亦所谓巢居。他因真宗封禅离开故居的时间为大中祥符四年（1011），在它山梅梁下的洞穴深居八年，天禧三年（1019）应征出洞，在王随资助下筑新居于湖西活着的那棵梅树下，实际上是像前辈鹊巢和尚或延寿禅师那样居于树巢之中，其《山阁偶书》所谓"绕舍青山看未足，故穿林表架危轩"，一个穿字，一个危字，早已泄露个中机密，因此，几乎不用怎么动脑筋，就知道"对"字必为"守"字之讹或伪，而原文当为"湖外青山守髻庐"也。至于湖，自然是宁海西湖，梅圣俞看到的周边环境是"高峰瀑泉，望之可爱，即之愈清，挹之甘洁"，而杭州西湖不仅古代，就是现在也不可能有这样的雄壮景观。

"坟（坋，梅）前修竹亦萧疏"，此句北宋或南宋初版本都作"亭前"而非"坟前"，如曾巩《隆平集》、晁公武《郡斋读书志》、杜大珪《名臣碑传琬琰集》等，而亭即寿堂，实班固所记鲒琦亭，至和靖复出，重加修缮而已。《汉书地理志》会稽郡条下记云："鄞有镇亭有（名）鲒埼，亭东南有天门水入海。"颜师古注"鲒音结"，说明鲒不过与结一样，亦为髻之变书而已。但让人颇觉意外甚至不无恐怖的是，这个亭前的"亭"字或许同样也靠不住，如果有一天他自刻此诗的石碑能有幸被挖出来，相信原文一定是个"坟"字，而非今传本所谓"坋"和"亭"。按《字汇》

幽谷回音

林逋纪念诗文集

所释："坬，古梅字。"《说文》梅、坬通用，可见自古已然。往好里说，这是汉字丰富的典范，或古人为我们精心准备的又一道文化大餐；往坏里说，不过造假集团设下的另一陷阱和圈套，以便在"坟"字上做的手脚为后人识破时，还可将责任推到活字印刷的发明者毕昇身上。因利用字形相像从而达到歪曲文义的目的，正是某些不怀好意的古人所惯用的作案手段。比较一下，亭是休憩之处，坟是死人葬所，坬（梅）是精神依托，一字之别，篡改者的用心不难分辨。

"茂陵他日求遗稿（草）"，《苏轼全集》《隆平集》"稿"都作"草"，虽然现在小朋友写作文要打草稿，但在林和靖时代，两者的关系就像灵隐寺的蜡烛和阿育王寺的放光松，或钱塘的潀水和雪窦的清泉，形象迥然有别，含义也完全不同，而且还是宗教意义上的专用字汇（宋以前今天用的"草"作"艸"），指的就是落水梅梁身上特有的灵异景观，"有草一丛生于上，四时常青，耆老传以为龙物，亦圣物镇堰者耶？"（《四明它山水利备览》）而《乾道四明图经》亦称"山有不死之草，赤茎绿叶，人死三日，以草覆之即活"，尽管语涉夸张，但晋初陆云说秦始皇在鄞县逗留三十多天，他要苦苦寻找的不死之药，除了它还能是别的什么？至于黄宗羲非要称作青灵子，而且"灵"改成"棂"还不够，必须写作"櫺"才过瘾，那是他古文水平比较高的缘故。即使后世艸、草混用，为维护这种仙草至高无上的地位，还特意造出一个"䕏"字来专用，《正字通》说"䕏，本作草"，《玉篇》则坦称是"牝畜之通称"。这样，哪怕"畜"不是"蓄"之讹，更不是"祭"之伪，所祭之神的性别总算是弄清楚了。当然你要称她天姥、媒母、天母、海神、余杭阿姥、妈祖、天妃甚至女娲都没问题，但生前的常用名只能是太姒，考之正史，即文王之妻武王之母、著名军事家兼胎教艺术发明者，古今贤母典范，只是容貌方面让人不敢恭维，或者说长得有点另类，至少头部比较光滑，走路时身体也不稳，略向右倾，对此最好要有心理准备。

"犹喜曾（初）无封禅书"，欧阳修《归田录》《苏轼全集》"曾"作"初"，李焘《续资治通鉴长编》作"独喜初无封禅书"，"独"为"犹"或属字讹，"初"为"曾"可没这么简单了。号称一生隐逸高蹈，死前以诗明志的人，怎么也该说"犹喜终无封禅书"或"犹喜从无封禅书"

才对，却很奇怪地只称初无，看上去也不像是谦虚的缘故，那就多少有点不妙了。这个破绽大约进入南宋以后已被人发现，因此现在我们看到的林诗定本易"初"为"曾"，俨然是"犹喜曾无封禅书"了。"曾无"是曾经没有的意思，虽然跟"初无"相去无几，不过外延毕竟要大一些，同时也因语义较前者含糊，更有利于后世乾嘉大儒们的发挥。而在此基础上再加一个恶毒的诗题如《临终作一绝》之类，整体效果就出来了。现在我们已经知道无论"初无"还是"曾无"，最有效的时间坐标就是此诗的写作日期天禧三年，此前为无，此后为有，区分起来相当简单。至于那些掌握话语权躲在幕后的家伙为什么要如此折腾，往好里说是历史教科书上需要有这样一位道德楷模，毕竟那时距严子陵时代已有千年，张志和的形象又太过严峻飘忽以致知名度有限，必须有效地培养出一位新的接班人来，因此只好恭喜他获大奖了。往坏里说是历史连续剧的编创者们已为他设计好新的档案和身份证，就等着他在宁海西湖之上、梅山巢阁之中修成正果后，换套行头再上台了。怎么说呢，如同宁波的"宁"字可以有 13 种写法，梁山伯的庙可以是内蒙古的文化遗产，雪窦的千丈岩可以在镇江的江心，西湖更是神通广大，截至明初修《永乐大典》时，全国居然已有 36 个。而由古代史官导演的历史剧同样如此，集数太多而剧情单调，舞台太大而演员太少，因而不仅是他，很多名人事实上都被迫扮演着多种角色，这一点相信只要是涉古稍深，或多或少应该都有体会。为了保护自己已经少得可怜的一点理想主义色彩，还是让我倾向于相信是前者吧。

最后理应有个小小的总结，或者说归纳，先把整理后最接近原文的诗抄下来："湖外青山守髻庐，梅前修竹亦萧疏。茂陵他日求遗草，犹喜初无封禅书。"到底想说什么呢？前人提供的现成答案是："文人用故事有直用其事者，有反其意而用之者，元之谪守黄冈谢表云：'宣室鬼神之问，岂望生还；茂陵封禅之书，惟期死后。'此一联每为人所称道，然皆直用贾谊、相如之事耳。林和靖诗：'茂陵他日求遗稿，犹喜曾无封禅书。'虽说相如，亦反其意而用之矣。直用其事人皆能之；反其意而用之者非识学素高，超越寻常拘挛之见，不规规然蹈袭前人陈迹者，何以臻此？"（严有翼《艺苑雌黄》）"和靖高士，自知封禅之非。

若相如，以赀为郎，病免，家贫无以为业，观其题桥之语，可知为心慕荣利不甘寂寞者"（叶炜《煮药漫抄》）。但其中重点不是赞同封禅的司马长卿，而是抗拒封禅的王元之即太宗朝名相王禹偁，晚年因此流放黄州而卒，临终前仍然宣称"屈于身而不屈于道兮，虽百谪而何亏"（《宋书本传》）！说实话，王的文学水平在彼时不过二流，而"其诗时人贵重，甚于宝玉"的林，居然甘居其下，有《读王黄州诗集》云"放达有唐惟白傅，纵横吾宋是黄州"，想必是被后面这段话搔到痒处，以其时出仕为世人误解，精神方面需要有支柱的缘故。因此，具体到诗本身，译成白话后大约就是这么一个样子：

> 在湖西青山守望先祖祭台
> 肉体渐渐融入梅竹了
> 后世来此寻访遗迹的人啊
> 你一定要相信，他是干净的
> 一定要相信，哪怕后来
> 身体为世俗所污，他的心
> 依然是干净的，要相信
> 一定要相信啊，他是干净的

纵、逸、遁

北宋天圣六年十二月，即我们的林逋先生效法前贤，以"屈于身而不屈于道"的新的生存策略行世，应诏出任国家教职 10 年以后。虽然日课群童，夜宿树巢，工作不算怎么吃力，宗教信仰也没有强迫他改变，最终还是无法再忍受下去。长期居于下层不得升迁，壮志蹉跎固然痛苦，但还不是最主要的，更深层的因素是多次参加科考，却因其时盛行的门派风气和种族歧视获不公正待遇，这让他尤为愤怒，在《喜冯先辈及第后见访》一诗里感慨"肄业十年初（阻），萧然此饭蔬。何期桂枝客，来访竹林居。香炷看新诰，尘痕拂旧书。回轩应睠睠，将与岭云疏"。而好友钱易在《西游曲》里也称"十年辞家勤献书，王孙不许延公车。江头祖庙祭无血，重门生草寒离离"，对他的遭遇深表同情。正是在这样进退两难的背景下，他终于下定决心，要让朝廷知道，既然寒梅修竹都是他心爱，那就不只是谦和的梅花，也有可能是凶猛的竹箭。经过长时间的筹划权衡，最终选择以尸蜕方式遁迹人世，另谋出路，并成功地付诸实施。至于为什么会选择这样寒冷的时节，相比本国的历史学家，西夏人可能更清楚，因这个传说中的新兴国家对北宋的首次突袭并攻陷城市即始于是年，而李日华对他当初心迹的深刻剖析与同情，在《重修放鹤亭记》里感慨"应制科，不第。祥符天圣间，二虏（大辽西夏）日骄，韩范（韩琦范仲淹）之略，未能绥靖；忠佞糅杂，丁夏（丁谓夏竦）之党，互为水火。先生呻吟漆室，纡轸于怀，故发其遗书有曾无封禅之句。所赍之志，概可见矣"，地下相逢，想必一定会被他引为知己。

　　当然，如此重大的国家灾难，譬之后来的卢沟桥事变有过之而无不及，四库馆臣隆重推出的北宋历史官方发言人李焘之流，自然是不会告诉你的。所幸这世上还有我们明州自己的私史在，不然真被蒙在鼓里成了睁眼瞎。感谢晚宋奉化大儒陈本堂孙子陈桱所著《通鉴续编》，此书集祖著父泌家族三代之心血接力完成，虽然看到的亦为四库版，不可能原汁原味，相比之下感情上总是要亲切一些。至少其中关键的天圣六年戊辰（1028）十二月条下，非但找不到轰轰烈烈的乡贤林逋辞世的记载，反将正史极力掩饰或淡化的那个惊天秘密捅了出来："赵德明使其子元昊袭甘州，取之。"下有原注："元昊小字嵬理，性雄毅，多大略，善绘画，能创制物始。圆面高準，晓浮图学，通蕃汉文字。案上置法律，常携野战，歌太乙金鉴诀。德明虽臣事中国及契丹，然于本国则称帝，由是立元昊为皇太子焉。"而《续资治通鉴长编》居心叵测，始是隐瞒不提，极力掩盖二者之间可能存在的因果关系，后又将此事移至四年后的明道元年（1032）九月，于是月丁酉条下称："环庆走马承受李德言：'西贼寇边'，诏都署司严饬兵备，又令鄜延路移文夏州戒约之。"下有按语："此事当是元昊袭甘州及西凉府时也。"如此处心积虑的设计，真如俗语所称："你不说倒也罢了，一说更让人来气。"而清人自己鼓捣出来的《资治通鉴后编》，前取李焘之说，后取陈桱之说，萝卜青菜，煮成一锅（详

幽谷回音

林逋纪念诗文集

该书卷三十八北宋天圣六年十二条下记）。至于其中那个神秘的甘州到底在哪里，照例谁都不会透露，只知道《说文》的解释是"甘：美也"。《尚书注疏·洪范》"稼穑作甘"下引《诗经·邶风》"谁谓荼苦，其甘如荠"，则芋头之清香似已可闻到。而古文又有个潜规矩是以徽代美，这个徽，就是徽州的徽，也是宋徽宗的徽，因此，《大雅·文王之什》的"太姒嗣徽音"，如果我以后有兴趣写一本《诗经复原》之类，一定会把"音"字下半部分删去。

再回到事发现场，有关他在1028年深冬的突然死亡，或许正因战火的笼罩，匆促中又略带着几分诡秘。哪怕你再谨小慎微，完全基于传统学者的忠厚立场，面对留下来的那些乱七八糟的所谓文献，也不可能丝毫不起疑心。比如为他治丧的李谘，前不久以主持国家税收改革收益不佳落职，此时该在谪居地洪州。沈括《梦溪笔谈》记曰："天圣中因议茶法，曹（曹利用）力挤肃简（鲁宗道），因得罪去；赖上察其情，寝前命，止从罚俸。独三司使李谘夺职谪洪州。……是夕肃简薨。李谘在洪州闻肃简薨，有诗曰：空令抱恨归黄壤，不见崇山谪去时。"而考《隆平集》第六卷鲁宗道传："天圣七年薨于位"，则获知事变信息之时，李无疑还在洪州任上。闻讯后立即动身匆匆赶来奔丧，由于看不到三百多年后出版的《宋史》，不知道史官已经据《咸淳临安志》把他的洪州太守改成了杭州太守，"及逋卒，谘适罢三司，使为州守。为素服与其门人临，七日葬之，刻遗句内圹中"（《宋史·林逋传》），因此这趟算是白辛苦了。而所谓刻诗纳圹一事，文献源头又来自《郡斋读书志》卷四，原文为"或刻石赂之其墓中"。赂，《广韵》："亦作假。"《六书溯原》："假，俗作赂。"就是刻碑遗诗，假装死亡的意思。而有人非要假戏真做将他弄死，于是梅尧臣的"年六十一学诗，时人贵重，甚于宝玉"变成"年六十一，其诗时人贵重，甚于宝玉"；李焘的"上嗟惜"变成"仁宗嗟悼"；还有曾南丰的"逋之卒"、桑世昌的"临终赋诗"之类，如能看到原文，亦必前为"纵"而后为"逸"。这些手段虽为今天善良的学者所不敢想象，对辫子史官们来说却是工作职责所系，只要见过从乾隆三十九年改到乾隆五十一年尚不肯罢休、现保存在湖南图书馆的《续资治通鉴长编》二稿本原迹，以及鲁迅当年所谈到的《鸡肋编》四库本与元刊本的巨大差异，就会明白这样一个简单的道理，即不管什么材料，只要经过满清人的手，就没有任何真实性可言。而可悲的是现在的人所能看到的东西，却几乎全都出自江湖上名气很大的博学鸿词帮的严格筛选。让我们进入文字背后，去见识一下他们的本事和手段吧：《长编》卷五八景德元年十二月辛丑，是个特别重要的日子，即屈辱的澶渊和约正式签成后次日，最初形成的四库馆稿本作："将作监丞王曾言：古者尊中国，贱夷狄，直若手足。二汉始失，乃议和亲，然礼亦不至。均（疑作宋）今若是，是与之亢（疑作共）立，手足并处，失孰甚焉！狄固不可启，臣恐久之非但并处，又病倒植，愿如其国号契丹足矣。"在已经篡改的二稿本基础上再次修改的今通行本，竟作"将作监丞王曾言：是与之亢立，失孰甚焉，愿如其国号契丹足矣"。原文75字，只剩25字。鲁迅看到的元刊《鸡肋编》记燕地即金国风俗："其良家士族女子皆髡首，许嫁方留发。冬月以栝蒌涂面，谓之佛粉，但加傅而不洗，至春暖方涤去，久不为风日所侵，故洁白如玉也。今使中国妇女尽污于殊俗，汉唐和亲之计，盖不为屈也。"而他看到的四库本又是如何的呢？"清人将'今使中国'以下二十二字，改作'其异于南方如此'七字。"（《而已集·谈激烈》）

　　当然，相比如此大刀阔斧的篡改，他们在林身上施展的手脚还算是客气的，如改"纵"为"卒"，改"逸"为"终"之类，这倒不是因为他名气太大，而是相关事迹包括诗集历代有传，不能完全胡来，只能本着"鲁鱼亥豕"的传统文化政策，通过字形相近暗施手脚，以标准的四库官腔言之就是"形近而误"。而托名李焘的东东新鲜出炉，估计就用不到那么多了。其中字义方面的特色亦值得一说。按《说文》的解释"纵，逸也"，其义又同遁，遁又同逃，逃又为亡，亡又为他本名林逋的逋之本义。用今天的话来说，就是自动离职，抛下家庭，关掉手机躲起来了的意思。这种玩法在当时其实相当普遍，不过是一种体面的游戏，或幽默的政治玩笑罢了，何况也不是他的专利，自写《周易》的那个家伙发明此术，号称"遁无不利"，古往今来不知有多少人玩过这一套。就拿他所在社区梅山的精神领袖梅福来说，《汉书》明确记载"至元始中王莽颛政，福一朝弃妻子去，九江至今传以为仙。其后人有见福于会稽者，变名姓

幽谷回音

林道纪念诗文集

为吴市门卒云"。《嘉泰会稽志》证实"今山阴之地有山曰梅山，有乡曰梅乡，有里曰梅里。图经载会稽志云吴门市，即此也"。不过这个奇葩的会稽吴门，当为会稽天门之讹或伪，市即鄞市也。而《宝庆四明志》亦称"梅山，县南二十五里，东为登（祭）山，有僧庐曰禅寂，为寿禅师道场。或谓汉之梅福尝游此，因得名。今其山之下每遇大雷雨则出小石，圆如梅子，剖之亦有核，其名又或因此也。上有龙湫，为乡邑雩祷之所"。至于为什么两地郡志都记有此山，《浙江通志》的解释是："汉时鄞属会稽。山中有石洞，仙井药炉丹灶遗迹犹存。"既简洁明确，又能顾及双方脸面，说话水平很高，像是省级文化领导的样子。就是说唐开元二十六年以前属会稽，是年析鄞县立明州，此后这地盘如同剡源乡的王右军庙、月湖边的贺知真祠一样，就属阿拉宁波人了。事实上就在他采取行动前一年不到，前来拜访他的梅圣俞顶风冒雪，除了仰贤慕义，亦有寻访祖先遗迹的私意在焉。从《寄梅室长》诗"君家先祖隐吴门，即日追游往事存"这两句来看，心愿应该是得偿了。再与梅本人的作品印证，《腊日出猎因游梅山兰若》"我与二三骑，争驰孤戍旁。逐麋逢野寺，息马据胡床。鹰想支公好，人思濡上狂。归来何薄暮，烟火照溪光"。季节地点相合，所记当即此行。又有《读汉书梅子真传》，其后半首称"危言识祸机，灭迹思汗漫。一朝弃妻子，龙性宁羁绊？九江传神仙，会稽隐廛闬。旧市越溪阴，家山镜湖畔。唯余千载名，抚卷一长叹"，则不仅找到，还相当于为稍后林的效法前贤做了提前预告。

以上是对身体通过某种特定方式从红尘消隐的语言形容，具体到方法和细节上，又有个专用词叫"蜕"，俗称尸解。《说文》："蜕，它蝉所解皮也。"这个"它"对宁波人来说肯定不陌生，即它山的它，蛇之古称也。由《神仙传》提供的经典样板是："王方平死三日，夜忽失其尸，衣冠不解，如蛇蜕耳。"而《云笈七签》又特别强调它技术方面的特征，即"凡尸解者皆寄一物而后去，或刀或剑，或竹或杖，及水火兵刃之解"，这就是后来空冢内那一砚一簪的出处了。总之，这在古代根本不算什么事情。无论当时认识他的朋友或后世的信徒，大家都心知肚明，除了那些别有用心者，没人会傻到真以为他是死了。如天圣五年进士龚宗元说的"高蹈遗尘蜕，含华傲素园"（《赠处士林逋》）；熙宁九年杭州市长苏颂说的"且来山林寻遁逋，更玩四营兼参蓦"（《次韵苏子瞻学士腊日游西湖》）；还有张嵲的"端立一丘为老计，移文何谢北山逋"（《次韵石用之春晴游西湖》）；卫宗武的"缓步香月堂，循山历其趾。逋仙去何之，千古俨清致"（《钱竹湖招泛西湖，值雨即事》）；这些都是事件发生以后因感而咏，用的不是"蜕"就是"逋"，很能说明问题的性质。范仲淹的《寄赠林逋处士》更不用说了，主题是吹捧和策反，跟他那封著名的《答赵元昊书》风格手法相似。开首"唐虞重逸人，束帛降何频。风俗因君厚，文章至老淳"，表面看是赞美皇帝圣明如唐虞，礼贤下士，赠物聘问，实际上讲的都是逸去以后的事，以接下来"罢钓轮生蠹，慵冠鉴积尘"两句为例，为一顶不足道的官帽风尘奔波，致使原来潇闲的钓竿因长久不用被虫子咬坏，是否值得？很明显跟原来的隐居生活没有半毛钱关系。包括束帛的词义，原本亦有寿赙一项，用法与《宋史本传》的"仁宗赠帛赙"相同，即赠物慰问家属也。范和他的交往很晚，《青箱杂记》的推断是景祐初（1034），即遁迹逸去后的第六年，按范氏年谱此年在睦州任上（州治为桐庐），或许还当更晚，即始于任职西夏边事前后，因诗里出现的林逋形象，居然不是布衫草屦的谦谦儒士，而是"剧谈来剑侠，腾啸骇山神"，俨然是金庸笔下的神教教主任我行或西毒欧阳锋一类人物，有关这一点以下还会重点谈到。

　　更有意思的是，好像早就料到后世会有人不怀好心，在自己纵逸或遁逃一事上做手脚，为了防患于未然，他甚至还专门写了一本题为《西湖纪逸》的书，披露其间所受的种种委屈，将自己为何要走极端的原因公之于世。可惜这一招虽然厉害，后来还是被四库馆的大内高手使出移花接木的绝顶功夫，将掌力基本化于无形。考陈振孙《直斋书录解题》卷二十云："和靖集三卷，西湖纪逸一卷，处士钱唐林逋君复撰。梅圣俞为之序。纪逸者，近时桑世昌泽卿所辑（刊）遗文逸事也。"稍后马端临《文献通考》卷二百四十四亦记："《林和靖诗》三卷，《西湖纪逸》一卷。"直到清代于四库工程前侥幸刊行的《雍正浙江通志》，在著录《林和靖诗》的同时，也著录了《西湖纪逸》（详卷二百四十八）。按文意，最初出版的是单纯的诗集三卷，即有皇祐五年梅圣俞序的那个北宋初刊本，南宋中期由陆游外甥桑世昌重刊时，附入没有发表过的西湖逸事一卷，尽管后来此书从人间蒸发，但以这样的角度推测，现在夹入《兰亭考》里那篇稀奇古怪莫名其妙的林逋传，也算是有了合理的解释，即为此次重刊特意撰写，置于卷前以做介绍也。而脑袋灵光、手段高明的四库史官看准文中的关键位置，夹入"纪逸者"三字，又改"刊"为"辑"，意思就完全变样了。至于林某不知自己的著作权已被剥夺，桑某同样也不知自己曾写过这样一本书，那也怪不得别人，只能怪他们自己死得太早了。

　　一个同样发生在宋代的奇特故事，内容包含着试图从医学角度做出分析和解释，可以帮助我们对这种彼时流行的尸解游戏有更深入的认识。碰巧主角也姓林，甚至名亦相近，就叫林复，真是有意思极了。包括讲故事的那位，也是我们熟悉的大名鼎鼎的周草窗。此人一生最大的本事，除了能将如后来《红楼梦》所说"假作真时真亦假，无为有处有还无"发挥到极致，还有出色的妙手空空之术。牟陵阳《齐东野语序》称"公谨生长见闻，博识强记，诵之牍，存于箧，以为是编，所资取者众矣"是也。这样的序，自然没法用。转求戴剡源，则更为不堪，通篇批评他书名不当，既为吴人就不该号称齐人（详《剡源集》卷七齐东野语序），同样也不能用。后来只好自己动手，"大父从属车，外大父掌帝制，朝野之故，耳闻目接，岁编日纪，可信不诬"，胡吹一通了事。说起来，这也是宋人笔记小说的一大特色，好像早已提前进入共产主义社会，实行资源共享，你的就是我的，我的就是你的，相互抄袭，共同繁荣。此次他在书里隆重推出的这个故事，却很难得地勉强可算独家发布，虽称从陈直斋长子陈周士处抄来，今本《韦居听舆》却无之；又称洪迈曾有记，今本《夷坚志》亦无之；也不知是被人干掉了还是周原本就是胡扯以乱视听。正如四库馆臣在《直斋书录提要》中很学术地"考周密《癸辛杂识》'莆田阳氏子妇'一条，称陈伯玉振孙时以倅摄郡。又'陈周士'一条，称周士，直斋侍郎振孙之长子"。但在四库版的《癸辛杂识》里你同样也找不到，真是滑天下之大稽。总之，已经不可能知道原文是什么样子的，写的究竟是林复还是林逋，南宋还是北宋，事发时间为绍兴中还是天圣中，死在嘉定末还是嘉祐末，因此只能由他这个自称胡诌（脂砚批本石头记第一回以湖州为胡诌）的人说了算，想怎么胡诌就怎么胡诌了。唯一明确的或许只有"复"的含义，这是他晚年以复斋命室，向甬上大

儒袁桷求铭时亲口对后者说的："复，反也，反诸其本也。"（详袁桷《清容居士集》卷十三《复庵铭》）

让我们一起来欣赏周密《齐东野语》卷一的"林复"条：

"林复字端阳，括苍人。学问材具皆有过人者，特险隘忍酷，略不容物。

"绍兴中为临安推官，有告监文思院常良孙赃墨事，朝廷下之临安狱，久不得其情。上意谓京尹左右之，尹不自安。复乃挺身白尹，乞任其事，讫就煅炼成罪，当流海外。

"因寓客舠以往，中途遇盗，无以应其求，盗取常（常良孙）手足钉着两船，舣船开，分其尸为二焉。

"林竟以劳改官，不数年为郎，出知惠州。时常（即常良孙）有姻家，当得郡，愤其冤，欲报之，遂力请继其后，林弗知也。

"既知惠，适有诉林在郡日以酡杀（祭）人（人形地貌，非谓真人），具有其实。御史徐安国亦按（搜查）其家，有僭拟（僭妣，私祭太妣）等物，于是有旨令大理丞陈朴追逮。随所至置狱鞫，问及至潮阳遇诸道间，搜其行李得朱椅黄帷（私祭用品）等物，盖林（林复）好祠醮所用者，乃就鞫于僧寺中。

"林知必不免，愿一见家人诀别。既入室，亟探囊中药投酒中饮之。有顷，流血满地，家人号泣，使者入视，则仰药死矣。因具以复命。然其所服乃草乌末，及他一草药耳。至三日乃苏，即亡命入广，其家以空柩归葬。

"始就逮时，僮仆乌散，行囊旁午，道中大姓潘氏者为收殓归之，了无所失。其家与之音问相闻者累年（与家里一直保持通信联系）。至嘉定末始绝，竟佚其罚云。

"此陈造周士所记，得之括医吴嗣英，甚详。《夷坚志》亦为所罔，以为真死，殊可笑也。"

先把追索真相的途径全堵死，把相关资料都灭掉，然后再告诉你在古代某年某月某日，曾经发生过这样一件奇特的事情，这是古人的拿手好戏，目的只是让你知道是这样，不会回答你为什么会这样，哪怕情节过于离奇让人心生疑窦，也只能看着干着急，基本无计可施。而自己身

世原本就很诡秘的周密，不过在这方面玩得更为高明罢了。但林复是否林逋虽不敢确认，乌头即为芋头却可肯定。包括所谓草乌末，讲得神乎其神，其实就是芋艿头部呈角形之紫色根芽，即作为古代明州精神标志的赤堇也。不管是秦汉的鄞城先民，还是今天的宁波家庭妇女，可谓无人不识，菜篮子里每月总会出现几次，只不过不知还有此妙用，居然能让人起死回生而已。看来《史记·始皇本纪》说的不死之药，《乾道四明图经》说的灵草，还真是有所依据，并非有意为惊世骇俗之论。又按清人张璐《本经逢原》，具体用法是"其乌附之尖为末，茶清服半钱"。乌即乌头，附即附子，尖即赤堇，今称芋茎。又考黄锦芳《本草求真》："乌头即附子之母。长洲张璐辨之明晰，言此与射罔乃至毒之物，草乌系野所生，状类川乌，亦名乌喙，姜汁炒或豆腐煮。熬膏名射罔，敷箭，兽见血立死。"综合起来分析，情况大致就清楚了。前面说的草乌尖为生药，后面说的射罔——周密视若机密不肯吐露其名的"及他一草药"——为死药。具体实施之时，当先食草乌母体所制射罔以假死，再食附子尖即赤堇制的草乌末以复生。《宝庆四明志》记鄞县鄞洲山"山有不死之草，赤茎绿叶，人死三日，以草覆之即活"，即为故事大王周某的文献依据。希望私祭太姒，"好祠醮"的林复，表演行为艺术的现场不要就在那里才好，不然实在是太凑巧了，因《尚书·盘庚》说"诞告用亶"，周公和孔子合著的《仪礼·士冠礼》又记"醮辞"曰"旨酒既清，嘉荐亶时"，而这个"亶"字，跟封禅祭式"设三坛为一坛"的"坛"又是近亲繁殖，《说文》："坛，祭场也。"

接下去的事情更为诡异，在林逋弃职遁去的天圣六年（1028），与叶梦得所记与徐复相邻、身影重又出现在西湖周边的庆历初年（1041）之间，有一个长达13年的真空期。虽然正史固执地用那块刻有御赐和靖先生的墓碑挡住世人的目光，并剥夺他作为公民在任何时代都能享有的婚姻权和生育权，一口咬定此人早已死掉，并绝子绝孙。可惜后世的记录不大配合，或文献太多以致矛盾百出。更何况在最初曾南丰的林逋传里，精神奖励和物质奖励是以并行的方式同时进行的，"既而仁宗赐谥曰和靖先生，仍赐其家帛五十疋，米五十石"。按《小尔雅》："倍两谓之疋。二丈为两，倍两，四丈也。"一疋四丈，布五十疋就是200丈，合今制600米；

米五十石就是 7500 斤。由此出现的一个富于戏剧性的荒诞场面是：一方面是抚慰死者家属数目庞大的政府物资救济，一方面又说这个人不娶无子，是个著名的老光棍。同样，挖出他无尸空坟来的事发生在杨琏真伽任江南释教都总统的元初，早于《宋史》编辑委员会正式开工干活五十余年。由于他在后世广泛的知名度，相信在当初这肯定是重大新闻，天下几无人不知，亦为多种笔记载传。而代表官方为他立传的那些人之所以对此视若未见、一意孤行，非要让他的肉身彻底消亡，固定在纪念碑和神像中供后人瞻仰，实有不可告人之苦衷在焉。因这个宋代最富传奇色彩的人物，在以尸解方式离开屈居 10 年的大梅树巢以后，很快将以新的英武形象出现在世人面前，搅出更大也更惊人的麻烦来，同时也为自己诗集里那些除了范仲淹以外，其他人可能都会感到困惑的作品如"胆气谁怜侠，衣装自笑戎"（《淮甸南游》）或"驴仆剑装轻，寻河早早行"（《汴岸晓行》）之类，提供合理而可信的写作动机和背景。而史官们的任务，就是要构筑一条比西夏军事防线更坚固的纸上长城，彻底割断两者之间（隐士与战将）可能引起的任何联想，确保神像上的金漆不致掉落甚至坍塌。但想来想去，除了让他死掉，尤其是要《自作寿堂因作一绝以志之》或《临终作一绝》，以便效果更加显著，此外实在找不出什么更好的办法来。

化身或真身

在宋代官方发布的传奇史上，皇帝的出生总是轰轰烈烈，不是提前用上科技时代的体外受精法，就是神仙圣物之类直接钻进他妈肚子里，而死的时候又大多无声无息，或不明不白就挂了。如在林逋隐居宁海西湖之上第四年死去的这位赵炅同志，俗称宋太宗或熙陵，即为一个有代表性的个案。种子的优良与特殊无须多言，少不了也是"后（老妈杜太后）梦神人捧日以授，已而有娠，遂生帝于浚仪官舍。是夜赤光上腾如火，间巷闻有异香"那一套（《宋史》本纪第四太宗一），连篡位时因事发突然来不及好好准备，也不忘在将他亲哥干掉的当天伪称神仙降临传达上天旨意，推出了那个"天上官阙已成，玉锁开，晋王有仁心"的文字拙劣如真包换的版本。至于去世时情况如何则讳莫如深，著名历史学家李焘只称"至道三年三月壬辰，帝不视朝。癸巳，崩于万岁殿"（《续资治通鉴长编》卷四十一）。既无病历，也无死因，诡奇得很，除了没留下一首《临终作一绝》，其他方面跟我们的和靖先生大可一比。只有读过明州大儒王性之《默记》的人，知道神宗即位后对爱臣滕宗谅（《岳阳楼记》主角）私下曾有过一番哭诉，才有幸得悉其中的部分真相："太宗自燕京城下军溃，北虏追之，仅得脱，凡行在服御宝器尽为所夺，从人宫嫔尽陷没。股上中两箭，岁岁必发。其弃天下，竟以箭疮发云。"考之两国战事，当即太平兴国四年的高梁河大战，"七月耶律沙等及宋兵战高梁河，少却（挫败）休哥（太宗之辽方称呼，相当于英文名字）。斜轸横击，大败之，宋主仅以身免"（《辽史》本纪卷九），才知屁股上的两块军功章原来是辽将斜轸赠送的礼品。但这仍然不是最主要的。真正致命的原因，当是藏在台湾故宫博物院里那幅很黄很暴力的《熙陵幸小周后图》，根据明人沈德符《万历野获篇》透露，画面情景依稀是这样的："太宗头戴幞头，面黔色而体肥，器具甚伟。周后肢体纤弱，数宫人抱持之，周作蹙额不能胜之状。"姚叔祥《见只编》的描绘或更为传神："后戴花冠，两足穿红袜，袜仅至半胫耳。裸身凭五侍女两人承腋两人承股一人拥背后，身在空际。太宗以身当后，后闭目转头，以手拒太宗颊。"而卷上元人冯海粟的题诗"江南剩得李花开，也被君王强折来。怪底金风冲地起，御园红紫满龙堆"，说明在当初惨遭强奸的女性战俘绝非个别现象，江南李后主爱妃小周后的命运是这样，蜀王孟昶爱妃花蕊夫人的命运也是这样。以元初徐大焯《烬余录》的观点而言，后者甚至还是千古名剧《烛影斧声》的主要剧情和关键人物，"太宗盛称花蕊夫人，蜀主薨，乃入太祖宫，有盛宠。太祖寝疾，中夜太宗呼之不应，乘间挑费氏（花蕊夫人原姓）。太祖觉，遽以玉斧斫地（他）。皇后太子至，太祖气属缕。太宗惶遽归邸。翌夕，太祖崩"。惊心动魄的性命相搏，绝非李焘之流所谓兄弟俩喝得开心在门口拿斧头砍雪玩儿。可见由权力黑手把持下的政治真相，只有在国家灭亡朝代更改后才有可能被披露出来，如同前面已经见识过的那两幅神奇的《诗经豳风图》，画面几乎完全相同，但在宋人马和之笔下，树间的鹊巢被隐蔽了，只有到元人林子奂重摹时，这只里面藏有宋代最核心机密的鸟窝才能重新出现。

而终于到了这么一天，送他来的神又打算要召他回去了，这位毛润之笔下"不择手段，急于登台"的家伙（详《毛泽东评点二十四史》），或萧太后眼里被"委于南边事的于越休哥"（详《辽史》卷七十一后妃萧绰传），在位22年，好事只少不多，坏事只多不少，连维护正统的《宋史》也忍不住指责他"太祖之崩不逾年而改元，涪陵县公之贬死，武功王之自杀，宋后之不成丧，则后世不能无议焉"，尽管是基本照抄奉化历史学家陈桱的《通鉴续编》，又改"无讥"为"无议"，分量减轻一些，总算是说了几句真话。而我们风流成性，手段毒辣的皇帝到了地下，与被他谋杀的亲兄匡胤、被他尸辱的亲嫂宋氏、被他流放的亲弟廷美、被他逼死的两个侄儿德昭德芳、被他强暴的小周后花蕊夫人等相见时，不知又是怎样的一番情景。而所有处心积虑的一切，就是为了确保自己的血液能顺利接班。

可留下的三个儿子，却全都有点古怪，《宋史》告诉我们说，老大楚王元佐因同情叔父赵廷美的不幸遭遇而发疯，曾有放火烧毁皇宫等癫狂行为，却在父亲驾崩后发生的未遂政变里差点成功上位，让人怀疑他的精神病史是否完全属实。张燧《千百年眼》有"楚王元佐自废"条，称"廷美死，元佐亦旋以狂疾废。呜呼，太伯之让其迹隐，季札之让其虑深，元佐此举，可谓追迹千古，岂真狂也？太宗之残忍刻薄，到此宁不可为之警省耶！"则佯狂以保身，不过是一种政治策略而已。老二陈王元僖的身世就更神秘了，哥哥发疯后，他被视为理想接班人，出任首都开封市长，却在一个冬天的早晨无缘无故地死掉了。《宋史》的原文是"雍熙三年（992）十一月己亥元僖早入朝，方坐殿庐中，觉体中不佳，径归府。车驾遽临视，疾已亟，上呼之犹能应，少顷遂薨。上哭之恸，废朝五日"。而同样据王铚《默记》揭露，实际上是一个宠姿张氏想干掉正妻上位，"会冬至日当家会上寿，张预以万金令人作关捩金注子，同身两用，一着酒，一着毒酒。来日早入朝贺夫妇，先上寿。张先斟王酒，次夫人，无何（一会儿），夫妇献酬，王互换酒饮，而毒酒乃在王盏中。张立于屏风后见之，搣耳顿足

（叫苦连天）。王饮罢趋朝，至殿庐中即觉体中昏瞆不知人。不俟贺，扶上马；至东华门外失马仆于地，扶策以归而卒。太宗极哀恸"。故事虽然精彩，但依然只能是故事。老三韩王元休就是我们熟悉的宋真宗了，因是所谓真命天子，出生时自然不可能太平，但他老妈"梦以裾承日有娠，赤光照室"，害得开封消防部门全体出动白跑一趟还是小事，关键是有关他皇位的合法性问题，按古时以长承嗣的封建律法，怎么说也轮不到他，而前面两位兄长偏偏一疯一死，也实在过于巧合。想象中，说不定什么时候一个疯病突然好了，一个死去又活过来，那就没他的好日子过了。

在这样的背景下来观察出现在北宋前期那个神奇的西夏国王赵元昊，相当于手里有了一个透视镜之类，如果能将焦距细心调节，对准应该对准的地方，或许可以看得稍微清楚一些。虽然史臣们刮起的漫天沙尘有效地遮蔽着后人好奇的目光，但它的地理特征和宗教印记依然可以大致辨认。在范仲淹赠韩琦的《阅古堂诗》里，其实已有清晰的表达，只是研究者为现在的国家地图所鼓舞，时常容易忽略或不敢去正视罢了："复我横山疆，限尔长河浔。此得喉可扼，彼宜肉就棋。上（仁宗）前同定策，奸谋俄献琛。枭巢不忍覆，异日生凶禽。"这就是被后世包装成胸中有百万甲兵的"小范老子"自述的西部边事真相，一山依湖，山下有大穴，山上有树巢，即所谓西夏，或按官方称呼叫夏州；湖中沙堤横贯，对穴口形成封堵态势，重兵驻守，即所谓横山，或按官方称呼叫甘州，以堤中凿沟通水，大名甘泉也。又考宝元二年（1039）边帅夏竦上奏分析两国实力称"以先朝累胜之士（夏），较当今关东之兵（宋），勇怯可知也。以兴国习战之师（夏），方今沿边未试之将（宋），工拙可知也。继迁窜伏平夏，元昊窟穴河外，地势可知也"。又献战策十，其六云"募土人为兵，以代东兵（宋军）"（《通鉴续编》宝元二年）。范诗称恢复横山、犁庭扫穴为皇帝亲定的宋国战略目标，边帅称敌强我弱，取胜困难，因此只好重演澶渊之盟的屈辱，再次花钱买平安，"岁赐缯、茶增至二十五万"《宋史》志第一百三十二食货下），而国家首都居然是在关东，也真让人大开眼界，就不知道这个关是杭州的北关、苏州的浒墅关、明州的它山堰关，还是其他的什么关，只记得《说文》的定义是："关，以木横持门户也。"

相比这些复杂而无谓的讨论，接下去要出现在镜头里的那个人或许更能吸引观众的眼球，即正史闭口不谈、野史津津乐道的西夏国师张元，他的神秘在于史官们对他真实身世的成功封杀。包括有关他的所有一切，籍贯、年龄、家庭、经历，事发年月以及后来的结局，无不如此。就连当初叛逃是个人行为还是团队行动居然也成为秘密。比如他可以是单数，最早的王巩《闻见近录》称"张元许州人也，客于长葛间，以侠自任。累举进士不第，又为县宰笞之，乃逃诣元昊。昊虽疆黠，亦元导之也"。可以是双数，如岳珂《桯史》称"景祐末有二狂生曰张曰吴，皆华州人。薄游塞上，觇览山川风俗，慨然有志于经略。时曩霄未更名，且用中国赐姓（赵元昊）也。于是悚然异之，日尊宠用事。宝元西事盖始此"。可以是复数，如洪适《容斋随笔》称"张元吴昊姚嗣宗皆关中人，负气倜傥，有纵横才，相与友善。西夏曩霄之叛，其谋皆出于华州士人张元与吴昊，而其事本末国史不书。张吴之名正与羌酋（元昊）二字同，盖非偶然也"。随手撷拾的三条史料，一称许州人，一称华州人，一前称关中、后称华州，自相矛盾，这些都不重要，甚至连"累举进士不第""慨然有志于经略""张吴之名正与羌酋（元昊）二字同，盖非偶然"之类，亦无须过于当回事。最关键的是王巩说的"昊虽疆黠（昊强刁蛮），亦元（指张元）导之也"，这才是重中之重。由于原文享受特级保护待遇，免不了要玩笔画游戏，好在湖西山顶上的枯木鹊巢，以及巢内曾经藏有的佛罗髻发，这个画面对我们来说已经印象太深刻了，因此无须怎么动脑筋就能把被篡改的文字加以复原。包括《通鉴续编》所记太祖赵匡胤同志"每临阵必以繁缨饰'马铠仗'鲜明，或曰：如此为敌所识。匡胤曰：吾固欲其识之耳"，也是从老祖宗周公那里传下来的家学秘技，"马铠仗"实当作"妈祀杖"，即仿古木鹊巢，用于战场上占卜以求鬼神保护也（详《结庐的真相》下篇）。没想到在后来的好水川大战中，西夏人克敌制胜的法宝居然也是这玩意儿，"夏人阵中忽树鲍老旗，长二丈许，怿（宋将泾原都监桑怿）等莫测，及旗左麾，左伏兵起；右麾，右伏兵起；自山背下击，士卒多坠崖堑，相覆压，怿、肃（宋将镇戎军西路巡检刘肃）战死"（《通鉴续编》庆元元年二月）。冷兵器时代的战争原则是力大为王，鲍老旗既然完胜妈祀杖，接下来除了纳款求和也就没别的路可走。而《乾道四明图经》首列的鲍郎祠

为什么又叫灵应庙，大约也可猜个八九不离十了。

更幸运的是，有了这一破解核心机密的利器，清人集中推出的那十余部名目丰富的西夏历史巨著，也用不着浪费时间去自我烦恼了。包括其他那些经篡改后看了比不看还要糊涂的记载，基本也都可以迎刃而解。如《闻见近录》的"自称兀卒，又乞五音为六"或《通鉴续编》明道元年十一月条下"始衣白窄衫，毡冠红里，冠顶后垂红结，绶自号嵬，名吾祖"之类，前当作"自称兀术，又乞五宣为六"，"丌卒"为"兀术"之讹或伪，有后金国太子名金兀术可证。兀，《说文》"高而上平也。茂陵有兀，桑里"，高而上平为天台之貌，上有古木鹊巢，汉武帝封禅改名高禖（梅之古文）台，所谓茂陵真相如此。术，《集韵》"音燧。六乡之外（卜）地。一曰道也，通作遂"。从字形看，木上一点，即为鹊巢位置，越人古祭于此。下有隧道通于山足堰身梅梁，树洞即为隧口，隧内又有洞田。孔灵符《会稽记》所谓"五县之余地"也。五，戊之别称，以戊于干支为五，加走为越，加艹为茂，俱为史官所刻意隐蔽，不愿让后人知晓的越之变称。元昊所争者实涉及古代宗教中最复杂的问题，即梅山二树中昔有太姒遗迹被伐倒的那一棵，究竟以山上新叶犹萌的树墩为大，还是以山下充作它山堰梁的树身为大？换而言之，是以六乡所卜之树墩为正祭，还是以五县之余地树身为正祭，这是个问题。考原书又有中书舍人吴春卿上疏称"彼之国中自号兀卒（术），而六音（宣，古文享）且奉正朔，臣子之分如常，可姑从之"。则元昊所望不过欲改山下堰祭为山上髻祭，而两国本是一家，兄弟打架而已。后当作"始衣白窄衫，毡冠红里，冠顶后垂红髻，爰自雩鬼，名吾祖"。吴神越鬼，越祭名雩，考出土清华简《良臣》，"越王句践"正作"雩王句践"，而四明洞中万鬼藏身为明州宗教品牌，舒亶它山诗称"万鬼啄石它山幽，梅梁屃屃卧龙虬"是也。加上揭露这一重要信息的《通鉴续编》作者陈桱又为当地人氏，沈周《客座新闻》说他当初著此书，写到宋太祖陈桥兵变黄袍加身时，以"将士拥戴"为假，"匡胤自立"为真。"而还未辍笔，忽迅霆击其案。桱端坐不慑，曰：霆虽击吾手，终不为之改易也。"硬骨铮铮，应该可信，可惜还是难逃四库黑手，篡改之迹触目皆是，其中太祖上台前的后周显德五年戊午（958）竟然开了天窗，整卷不存。如此书能有古本现世，宋朝锦衣内的破絮想必就会暴露无遗。

　　将位居西夏国高层的神秘人物张元看作林逋的化身，并非一时心血来潮、信口雌黄，而是建立在多年研究基础上的合理推测。不管他当初是翩翩独行侠，还是与吴昊（疑为徐复）结伴作双雄会，从常识上来分析都有可能，只有那个子虚乌有的"姚嗣宗"，则必定是"逃洞宗"之伪。洞宗的含义，相信奉化资胜禅寺的每一个和尚，甚至雪窦里的任何一滴泉水都比我更清楚。而叛逃事件的发生时间，自然以他"被死亡"的当年即天圣六年为最合适，具体路线方面，在留下的诗集里也并非没有踪迹可寻，只要盯紧那些与他平素隐士做派迥然不同的就行了，如《出曹州》《淮甸南游》《汴岸晓行》《峡石寺》《玉梁峡口怀朱严从事之官岭外两夕舟次于此》之类。至于同时代人有关这一事件的记载，对付起来就没那么容易了，数量虽然不少，可大多经过四库馆臣的过滤，难免惨遭修理。如果将它们比作玫瑰花，尽管看上去是花瓣舒卷香气浓郁的样子，实际上只有少数几朵是无毒的。如何相对准确地将它们辨识出来，让事件的原貌得以大致清晰地呈现，对有历史癖的人来说，或许也是虽然艰巨但又很有刺激性的工作。

　　"华州狂子张元，天圣间坐累终身"（《西清诗话》）。这个天圣间是点睛之笔，而华的本义是荣木，《说文》"华，荣也，木谓之华，艹谓之荣"，即它山梅梁一枯一荣也。陶渊明《荣木诗》"采采荣木，于兹托根。繁华朝起，慨暮不存"，所咏即其本事。"县河有蛟长数丈，每饮水转桥下，则人为之断行。一日蛟方枕大石而饮，元（张元）自桥上负大石中蛟，蜿转而死"（《闻见近录》）。这只蛟龙池也是宁波特产，池边纪念杀蛟勇士的欻飞庙至南宋初尚存。"元初名源，字雷复，累举不中第，落魄不得志"（《西夏书》）。这是清代红学研究第一人周春的奇文，周汝昌先生曾被他咏宝玉的名诗"梦里香衾窥也字（原注：也，女阴也），尊前宝袜隔巫山"唬得够呛，我运气还好，不过眼睛老花，夜半灯昏，一不小心就看成了"元初名逋，字君复"。"旧制殿试皆有黜落，或三取二，或二人取一，亦有屡经省试取进而见摈于殿试者。张元遂以积怨而投元昊，以为中国之患"（《燕翼诒谋录》）。此记叛

幽谷回音

林逋纪念诗文集

投事件的真实原因，于号称文教制度典范的北宋真是莫大讽刺。"将行过项羽庙，乃竭囊沽酒，对羽极饮，醉酒泥像。又歌'秦皇草昧，刘项起吞并'之词，悲歌累日，大恸而遁"（《闻见近录》）。所歌之词为同时代人李冠作，以秦皇喻太祖、刘项喻太宗也。好友梅尧臣诗《送林大年殿丞登第倅和州》隐晦地记录了这一秘密的哭奠事件，"和靖先生负美才，族孙今似汉庭枚。败亡项籍江边庙，应愧文场战胜来"（《宛陵集》卷二十一）。楚霸王的"楚"字古文作"楚"，上为二梅树，下为芝草，遹为楚种可以无疑，"亡"当读若流亡之"亡"。"夏酋诘以入国问讳之义，二人大言曰：姓尚不理会，乃理会名邪"（《桯史》）。与曾鞏林逋传所记"或曰：何不录以传后世乎？逋笑曰：吾犹不欲以诗取名于林泉，况后世耶"，音容笑貌，又是何等相似。"华州进士张源逃入贼界，言者请因而怀抚以反间之。戊申，赐其家米十石、钱二十千文"（《续资治通鉴长编》卷一百二十七），同书称林逋死后仁宗"仍赐其家帛五十匹、米五十石"的真实意图，至此昭然若揭，即收买家人以策反也。数目有些差别可以理解，不然戏法就不灵了。"元昊之臣野利，常为谋，主守天都山，号天都大王"（《梦溪笔谈》）。野利疑为张元的蕃文翻译，到了异邦，有个洋名是理所当然的事，像刘伯温这样只在西夏的变种蒙元当过半年儒官，还有个时髦名字叫实喇卜呢（见宋犖《燕石集》卷九赠诗自注：伯温名实喇卜），而《诗经》里"匪伊卷之，发则有旟"的彼都人士，如果不号天都，那就按俗称叫天台吧。熙宁五年，一位日本老和尚到过那里，看见"烧香寺曰中岩寺，即天台南门也，古今即国家醮祭之所（成寻《参天台五台山记》）"。

　　更直接的证据还有他留下的那些才气惊人的诗句，尽管总量只有十几首，且大半残缺不全，有句无篇，但其中所展示的罕见的文学天赋，在北宋前期不做第二人想。《清波杂志》记其题崆峒云："南粤干戈未息肩，五原金鼓又轰天。崆峒山叟笑无语，饱听松声春昼眠。"阮阅《诗话总龟》记其绝句云："太公年登八十余，文王一见便同车。如今若向江边钓，也被官中配看鱼。"《容斋随笔》记其鹦鹉诗残句云："好著金笼收拾取，莫教飞去别人家。"《西清诗话》记其咏白鹰残句云："有心待搦月中兔，更向白云头上飞。"《闻见近录》记其雪诗云："五丁仗剑决云霓，直取银河下帝畿。战死玉龙三十万，败鳞风卷满天飞。"又述怀诗残句云："大开双白眼，只见一青天。"《尧山堂外记》记其《咏女奴诗》云："弱骨不堪春睡眼，壮心都死欲愁眉。"（题作姚嗣宗）《谒杜公》云："昨夜云中雨檄来，按兵谁解拂氛埃？长安有客面如铁，为报君王早筑台。"（题作另一张生）《清波杂志》记其大败宋师于好水川后题诗界上僧寺云："夏竦何曾耸，韩琦未是奇。满川龙虎举，犹自说兵机。"苏轼《东坡题跋》记其题诗关右壁上云："欲挂衣冠神武门，先寻水竹渭南村。却将旧斩楼兰剑，买得黄牛教子孙。"无论作品内容还是风格特征，均当出一人之手，年月方面的印迹也很明显，即投奔事件发生前后所著。今传世宋人笔记相互抄袭，辗转成讹，将他的著作权由吴昊姚嗣宗三人分享，但《容斋笔记》已明确说"吴诗独不传"，《蔡宽夫诗话》姚嗣崇又作王嗣崇，而《宋史》说此人早在真宗天禧五年（1021）就已死掉。之所以会出现这样的混乱局面，原因还是背后有人在捣鬼，让那本真正的《林逋摘句图》不致露出原形罢了。刘后村当年言之凿凿："五言尤难工。林和靖一生苦吟，自摘出十三联，今惟五（三）联见集中。如'隐非秦甲子，病有晋春秋''水天云黑白，霜野树青红''风回时带笛，烟远忽藏村'，如'郭索钩辀'（因欧阳修曾引而保存）之（等）联，皆不在焉。七言十七联，集十（中）逸（遗）其三。向非有摘句图傍证，则皆成逸诗矣。梅圣俞作集序谓先生诗未尝自贵，就辄弃之，所存百无一二，盖实录云。"（原文不通处稍加订正）按此则其侄孙大年所编诗集实为《林逋摘句图》，总数仅残篇断句三十，其中五言十三，七言十七，编者称拾掇，序者称百无一二，并非故意谦虚，不过是对事实的客观描述。等南宋孝宗上台，太宗本支绝嗣，太祖子孙重坐江山，开禁后由沈诜首刊的诗集，仅录五言三联，七言四联，总数为七，其他都是新发现的（后文有详述），所谓"皆不在焉"的23联，实际上并非已经遗失找不到，而是慑于投奔西夏时所作，署的大名不是林逋而是张元，因此不敢收入而已。而明代的刊本又不知出于什么考虑，索性将遗存的七联也全部删去，难怪朗瑛在《七修类稿》里愤愤不平，指斥"摘句五言者有十三联，七言有十七联，今皆无之。则梅序谓百无一二，今尤寡矣。呜呼！一书如此，他书可知，宁不尚古！"

幽谷回音

林逋纪念诗文集

由于上述这一切已足够惊世骇俗，以致我不敢再面对他与真宗两位哥哥元佐、元僖的关系，而残酷的事实又让人无法回避。不管写《闻见近录》的王巩是有心还是无心，他书里透露的那个秘密实在让人胆战心惊，"鄜延被围，元实在兵中，于城外寺中题曰：太师尚书令兼中书令张元从大驾至此"。而考宋室300年，这一头衔从来就是只赠国戚，不予大臣。也就是说，只有你是皇室直系亲属，这顶特制超大三合一冠冕才有可能落到你的头上。而在跟我们所叙述的故事相应的历史时段内，只有两个人曾有幸获得过这一特殊的荣誉：一是《宋史·宗室二》所记："汉恭宪王元佐（太宗长子，即所谓疯掉那个），真宗即位，起为左金吾卫上将军，复封楚王。祀汾阴，迁太尉兼中书令。又加太师尚书令兼中书令。"二是《通鉴续编》所记："明道元年（1032）冬十一月夏王赵德明卒，以其子元昊为定难节度使西平王。"下注："德明卒，赠太师尚书令兼中书令。"而这位所谓的西夏王赵德明，居然就是真宗的二哥、仁宗的二伯赵元僖（太宗次子，即所谓死掉那个。《宋史》卷二百四十五宗室二明确记载"昭成太子元僖，初名德明"），而他淳化三年（992）十一月己亥暴卒后，恰好林逋的湖上隐居时代就开始了（《宋史全文》，前已多次叙及）。如此惊心动魄的事实，看来洪适所暗示的张元即元昊还是相当保守的，背后的真身实际上来头更大。这就是为什么一个番邦首领死了，他的敌国皇帝宋仁宗要为他"诏辍视朝三日，赠太师尚书令兼中书令，赐赗绢七百匹、布三百匹，副以羊面、上尊酒。皇太后所赐亦如之（双份）。帝与皇太后为德明成服（披麻戴孝）于苑中，百官奉慰"（《续资治通鉴长编》卷一百十一明道元年）。

寻找真相的途径，或许就是这样令人啼笑皆非，或目瞪口呆，事实上它早就在你面前不远，甚至就在手边翻阅过无数次的书里，只是自己功力不到，缺乏发现它们的眼力罢了。就像宋僧守端曾经形容过的那样："为爱寻光纸上钻，不能透处几多难。忽然撞着来时路，始觉从前被眼瞒。"拿与他似有特别因缘的范文正来说，无论赠诗篇目还是评价力度，同时代人中没有能超过他的，而秘密就藏在酬答梅圣俞的那篇《灵乌赋》里，尽管文章早就读过，但真实含义却是至今才弄明白。"长慈母之危巢，托主人之佳树""我乌也勤于母兮，自天爱于主兮"。共同的精神信仰是他们友情的基石，而"宝元初赵元昊悉众寇延州，大将战殁。仲淹自知越州复职知永兴军，坐与元昊通书，降本曹员外郎"（《吴邑志》范仲淹本传），就是他为维护友情付出的代价。包括那首《赠林逋处士》，以前光注意"剧谈来剑侠，腾啸骇山神"的英武装束，而忽略了更重要的"未能忘帝力，犹待补天均"，那种一人之下万人之上的豪迈气概，对照他本人《和蒙尉见寄》里"懒为躬耕咏梁甫，敢将闲卧敌隆中"的自负，要有怎样的显赫身世和杰出的政治才赋，才敢说出这样的话来！至于那个孤木上顶个帽盖代表鸟巢的国家，有关它的来历和本质，《七修类稿》已有精辟的论证，其曰："斡离不（金国太子）陷汴京，杀太宗子孙几尽。宋臣有诣其营者，观其貌绝类艺祖（赵匡胤）。伯颜（元朝丞相）下临安，有识之者后于帝王庙见周世宗像，分毫不爽。"如果真正领会了这段话的深意，相信不仅北宋的契丹、西夏，就是南宋的金国、蒙元，也基本没什么秘密可言了。

庆历年间的幽灵

建炎四年深冬的明州，一个流亡中的皇帝慌不择路的偶然途经，让这座以美丽富饶著称的城市付出了惨重的代价。短短十来天的逗留，带来的后果是尸骨遍野，十室九空。尽管后来历史学家们异口同声将这归罪于金兵的残暴，事实上真正的罪犯却是他手下的官方武装。无论是所谓中兴五虎将之一、对后来岳飞之死负有不可推卸责任的张俊，还是几天前刚接替李清照新夫张汝舟担任市长的刘洪道。受的是阻敌护民的重任，干的是乘乱抢劫的勾当。前者如王明清所记"俊兵在明，乘贼先，而恣掠卤。时城中人家少，遂出城以清野为名，环城三十里居民皆遭其焚劫。或以金帛牛酒饷之，幸免；与纷争，杀之"（详《挥尘录》引王颖秀日记，建炎三年十二月二十日）；后者如"洪道微服出城，既过东岸，恐人追袭，乃使尽揭浮桥之版。居人扶携沿絙索而渡。卒复邀夺其所赍，拥排遏抑，坠水者数千，哀号震天地"（王颖秀日记，建炎四年正月十三日）。相比全祖望《鲒埼亭文集嵊县子饶歌序》里"张俊高桥之捷，旋卷甲鼠窜，

幽谷回音

林逋纪念诗文集

吾乡人尚夸其功，愚矣"的直接抨击，《三朝北盟会编》只称"明州之人是以怨张俊，得小胜而弃城，遂致大祸"，还算是比较客气的。

更为让人难以接受的是，半个月后金兵前脚走，姓刘的居然后脚又回来了，"洪道留奉化县，比向日诛求益甚，而所将精卒暴横市肆。与张思正（副市长）纵其麾下斸民居窖藏。逃遁之家偶脱死，馁饿甚矣，归故址取所藏给朝夕，则群卒强夺之。虽焚余橼楹藩篱可为薪者，人不得有。公遣数百辈持长竿大钩捞摭河陂池井间，谓之'阑遗'，钱物输公十不一二。洪道复苛配强敛，并得四万缯献之行朝，欲蒙失守之罪"（王颖秀日记建炎四年二月十六日）。"比向日诛求益甚"，则其穷凶极恶之形跃然纸上；"钱物输公十不一二"，则其借公肥私之实暴露无遗。至于只在奉化局部施暴，没进府城大肆掠夺，自然不会安有什么好心，而是他原先的办公室里已有一位金国选派的蒋市长坐在那里，不敢去打扰而已。《宝庆四明志》称"虏自明州引兵还临安。既去，以修职郎蒋安义知明州，进武校尉张大任同知明州事"。可见一正一副，班子配备相当周全。两个政权同时存在，堪为特殊年代里四明山的特殊风景，金国扶持那个虽是伪政府，却必定住在城里；宋国自己那个虽货真价实，却只能扎驻山上。这就有点像是老市长陈布衣回忆录里20世纪40年代的玩法，至于当地最古老的地方志为什么不称《明州府志》而叫《乾道四明图经》，或许也有了更合理的解释。

这场浩劫给当地带来的阴影是如此深重漫长，以致发生在其间的那件重要事情为后世所忽略或有意掩盖，这就是《鸡肋编》里记的那篇署名"京兆逸翁深甫"的墓志。犹如老子所谓"福兮祸所伏，祸兮福所倚"，如果说整个灾难期间除了哭泣、饥饿与无望以外，还有一丁点儿的光亮或让人想起来能感觉温馨的东西，应该就是它了。假设你能穿越时空隧道光临建炎四年初春的宁波，在硝烟还没完全散去、路边尸骨尚待掩埋的府城西门的壕堑边，将有幸看到它正在那里被挖出来。从文化的意义上来说，烧毁的建筑和人为破坏的桥梁固然让人心痛，但跟此碑的价值相比或许也不算什么。因墓志只不过是它的外在形式，上面记的却是

1000年前国家历史最真实的部分。可惜存留下来的版本不像被刘某掠去的那四万缗银子货真价实，而是经四库馆臣精心修理，被认为绝对安全后才敢拿出来给我们看的，自然早已面目全非。唯一值得庆幸的是，由于某种疏忽（我更相信是神意），其中最重要的作为宋代明州地标的它山，在刀砍斧削中依然顽强屹立，使得所有围绕它的那些呕心沥血、倾尽才智的努力，如改宋代为唐代、明州为吉州、洞中为铜钟、吾子为吾季之类，最终都只能被证明是枉费心机。

建炎三年己酉，金人至浙东，破四明。明年退去，时吕源知吉州，葺筑州城，役夫于城脚发地得铜钟一枚，下覆瓷缶，意其中有金璧之物，竟往发之，乃枯骨而已。众忿其劳力，尽投于江中。视铜钟之上有刻文云：

唐兴元初，仲春中已日，吾季爱子役筑于庐陵，陨于西垒之巅。

吾时司天文，昭政命令晦明。

康定之始，末欲茔于它山，就瘗于西垒之垠。吾卜兹土，后当火德。

五九之间，世衰道败，浙梁相继，丧乱之时，章贡。

康昌之日，复工是垒，吾亦复出是邦。

东平枭工，决使吾爱子之骨，得同河伯，听命于水府矣。

京兆逸翁深甫记。

按唐兴元元年甲子岁，朱泚李怀光僭叛，德宗自奉天移幸梁州之岁。二月十二日甲子李怀光反，中已盖十七日己巳也。康定之始，则六月甲辰，泚始伏诛，七月壬午，至自兴元之时也。迨建炎四年庚戌，三百四十七年矣。如火德、浙梁相继康昌、东平水府之谶，莫不皆符。但五九之数未解，而复出是邦，未知为谁。则逸翁之术亦可谓精矣。

这就是出现在作为四库重点工作对象的《鸡肋编》里的原始版本，典型的辫子史官风格，半虚半实，传信传疑。若有其事，查无此人，又因所涉内容的性质，需要有多重防护，连带该书作者的身份问题也只好跟着变得含糊不清。不过文字既然受到过摧残，就难免会留下痕迹，全文三个自然段，如果将它比作一条冷冻柜里翻出来的鱼，不说中间的鱼身即铭文部分肉少刺多，形状怪异，即便一头一尾亦有明显破绽。首先

这个鱼头是宁波港的海鱼而非鄱阳湖的淡水鱼，事情的发生地在明州无可怀疑，就算没有当地人民热爱的王长官的它山愿意站出来做证，像"金人至浙东，破四明。明年退去，时吕源知吉州，葺筑州城"这样没逻辑性和因果关系的白痴句子，相信连中学语文课考不及格的学生也会嗤之以鼻。如果需要有所谓学术方面的支持，也不是不可以，考《宋史》卷第一百五十八郑毅传有上高宗书称："钱伯言与黄愿皆弃城，吕源与梁扬祖皆拥兵而逃，今愿罢官，扬祖落职，而源、伯言未正典刑，非所以劝惩。"又同书本纪第二十七高宗四："（绍兴二年九月）癸酉，以右朝请大夫吕源为浙东福建沿海制置使，治定海县。"又同书卷第二百一十四马伸传亦记其上高宗书："吕源狂横，陛下逐去，不数月，由郡守升发运。其强狠自专如此。"则吕某在建炎末绍兴初的宦绩是：建炎三年金人南伐时拥兵而逃；四年削职罢官，听候处置；绍兴二年在高宗庇护下升任浙东福建沿海制置使，驻地即为明州府城东门外的定海（今之镇海）。又据《永乐大典》卷八〇九引《吉安府志》："府城，绍兴三年太守吕源增垒。"《读史方舆纪要》江西五庐陵城条也称："宋开宝中重加缮治。绍兴三年增垒浚濠。东临赣水，三面凿濠。"则吕源任吉州太守已是绍兴三年的事，四库馆臣不过用上了今天美国人的长臂管辖术，让他提前上任而已。而在铭文所记的时间段内即建炎四年，明州前后有四位市长，即四月以前在任的刘洪道、四月至八月的向子忞、八月至十二月的吴懋，以及当月晚些时候跟李清照分手后再次出任的张汝舟。还有金国方面派来的蒋市长也不能给忘了，这样实际上应该有五位。至于在如此错综复杂的政治军事情势下，究竟是他们中的哪一位面对战后的疮痍满目尽职尽心，重筑州城，无意中挖出了这件宝贝，从地方志留下的线索来看，《宝庆四明志》卷三公宇庆元府门下所记"治事厅，建炎末，守张汝舟建"，应该是唯一与此相关的记录，因此这件功劳有可能要算在他的头上。后面的鱼尾部分，即假托作者对此铭的所谓考证就更荒诞了，即以首句"唐兴元初，仲春中巳日"为例，年代用的是模糊指称，后面的月日却又精确如此，这又是上穿T恤下着棉裤的玩法。"中巳"又是什么玩意儿，十二干支里没听过有这一号，而居然可以断言"盖十七日己巳也"。或许这样的推理连造假者自己都无法被说服，因此只好通过手中掌控的资源，不断推出其他的不同版本以混淆视听，以便让对它有兴趣的人知难而退。如果你是一个魔术爱好者，想必会为自己有此意外眼福而庆幸，如果不是也没关系，至少作为一种高级的智力游戏，对开阔眼界、提高思维能力亦不为无益。

版本一：《独醒杂志》卷五

建炎二年，庐陵城颓圮，太守杨渊兴役修治之，掘土数尺，得一石函，中有朽骨，旁有一镜。役工方聚观，或以告渊。渊令取镜洗而视之，其背有文曰：唐兴元之初仲春中巳日，吾季爱子役筑于庐陵，殒于西垒之垠。未卜窆于他所，就瘗于西垒之巅。吾卜斯土，后当火德。九五之间。世衰道败，丧乱之时，浙梁相继。章贡邦昌之日，吾子亦复出于是邦。东平鸠工，决使吾季爱子听命于水府矣。京兆逸公深甫记。渊览而异之，急遣问石函所在，则役夫以为不祥，弃之于江矣。

版本二：《文献通考》卷三百物异考六金异

建炎三年，吉州修城，役夫得髑髅，弃之水中。俄浮一钟，有铭七十六字，大略云：唐兴元吾子殁，瘗庐陵西垒，后当火德。五九之际，世衰道败，浙梁相继丧乱，章贡康昌之日，吾亦复出是邦，东平鸠工，复使吾子同河伯听命水官。时郡守命录之，仅录毕，而钟自碎。近金为变怪也。

版本三：《天中记》卷四十三得铜钟铭

建炎二年岁在戊申，杨渊守吉州，是年车驾驻跸维扬，江南诸郡日虞金人深入，时修城，得铜钟于城隅，其上有文云：唐京兆季爱子墓志：唐兴元初仲春中巳日，吾季爱子筑役于卢陵，殒于西垒之颠。吾时自王文昭政令命晦朔。康定之始，未欲茔于它山，就瘗于西垒之垠。吾卜兹土，后当火德。五九之间，世衰道息。浙梁相继。丧乱之时，章贡。康昌之日，复工是垒，吾亦复出是邦。东平鸠工，复使吾爱子之骨，得同河伯，听命于水府矣。京兆逸翁深浦记。渊方有版筑未成，明年今日犯维，车驾幸浙东。金人遂渡江，分两路一犯明越。车驾登海舟，驻永嘉。一犯

洪吉，太母保章贡。渊失守。既经兵火，不知钟所在。癸丑，吕源来守，下车即修城，不数月壁垒皆立，东平鸠工之言亦验。此铜钟铭得之刘偁《退斋笔录》。

城建主持者由吕源让位于杨渊，时间也从建炎四年退回到建炎三年甚至二年，铭文的载体由特殊材料制成，形状也具有自动调节功能，可以是铜镜，可以是铜钟，也可以是死者的髑髅即头盖骨，更神奇的是技术能量方面的强大，代表古代科技的最高水平，即扔进水里的髑髅，通过某种秘密手段催化后浮起来就能成为金属。如果说出现在我们面前的这些倾情表演者是江湖术士或段子名家，自然可以一笑了之，问题是他们并非寻常人物，在历史上都有着各自显赫的身份，如《独醒杂志》作者曾敏行，周必大跋称"有博古通今之学，知几应变之才"。《天中记》编撰者陈耀文，四库提要誉为"尤能於隶事之中，兼资考据，为诸家之所未及"。《文献通考》作者马端临就更不用说了，著名历史学家，就因为这部书，名气要远远超过他曾任咸淳朝丞相的老爸马廷鸾。如此响亮的招牌，如此不堪的文字，这就不仅仅是令人生疑的问题了。曾某笔下那面铜镜，竟能刻下被他恶意删改后的墓志114字（全文147字，已删去它山等关键词），尺寸想必一定不小，至少比他的脸皮要大，而到姓马的那里又只剩76字，不仅它山被新时代的愚公移走，连明州亦遭屏蔽。另，此文最早的源头为书前自序署绍兴三年二月五日的《鸡肋编》，四库断为庄季裕所著，陈耀文又称出自刘偁《退斋笔录》，而今本此书如梅尧臣序和靖诗集所谓"百不一二"，全书仅存佚文四条，作者又署侯延庆。这样一个圈子绕下来，准保连鲁迅那样的智慧脑袋也会成为一桶糨糊，怪不得当年他对这本做过阉割手术的《鸡肋编》如此愤怒，而这正是幕后的别有用心者想要达到的效果。或许，唯一事实清楚、较少争议的只有那位被派去帮吕源圆谎的杨渊，可惜漏洞越补越大，城究竟有没有筑只有鬼知道，反正金兵还没打到吉州他就提前开溜了，至少现存所有南宋史著都这么认为，无论官方版本如《宋史》称"金人犯吉州，守臣杨渊弃城走"（《宋史》卷二十五高宗二建炎三年十一月丁卯），还是私人著述如赵鼎称"敌犯吉州境，知州杨渊而下弃城而去"（《建炎笔录》建炎十二月二十日），所记难得一致。其中最耐人寻味的是清袁氏贞节堂抄本《三朝北盟会编》建炎三年十一月二十三日所记"金人寇（改作攻）吉州，知军州事杨渊弃城走。杨渊闻金人犯境，即弃城去。金人驻於城下，不入城，不甚虏掠（删此四字）"。这个版本跟前面介绍过的《续资治通鉴长编》四库二稿本性质相似，可以让我们懂得历史是怎样到了清朝才炼成的，括号内文字为馆臣原批。按理说清人的基因不用化验就知道跟金国有秘密血缘关系，难得有作为敌国的宋代历史学家说他们祖先军纪好，不焚烧抢掠，连高兴都来不及，却偏要下令将此四字删去。奥妙在哪里？答案很简单，就因为那篇墓志的关系，既然历史的改写者经过周密规划，毅然决定让它的出土地点由明州变为吉州，如果那里城市无损，不甚虏掠，显然就失去了重筑州城的合理性，马脚就会穿帮。在鱼与熊掌不能兼得的情况下，只好舍熊掌而取鱼了。

剥去了前后的伪装，再来对付中间的鱼身部分，或许相对就会减少一些难度。至少里面最大的那两根鱼刺已经找到，即号称"唐兴元初"的"宋宝元初"和装扮成"五九之间"的"庆历之间"，尽管只是利用字形相近进行篡改，却被卡住了很多年，不像那两位吉州市长那样一眼就能识破，可见造假的艺术也跟武功一样，越是寻常的招数或许欺骗性越强。这两个年号既然已经露出原形，加上文中或出于疏忽或故行险着的"康定"，一条清晰而有效的时间链出现了。按正史，此为北宋仁宗中期所使用，彼此相连，证明铭文所记之事是何等真实。其中宝元二年、康定一年、庆历八年，前后11年，换成西历就是1038年至1048年。无论作为儿子的墓主的死亡年月，还是作为父亲的墓志的写作日期，自然都发生在这一时段中。而与之相映成趣的是，它与西夏国王赵元昊的兴起过程是重叠关系，即公开称帝于宝元元年，意外死亡于庆历八年，是不是运气特别好，又买彩票撞上大奖了。至于它精神文明方面的含义，不妨请欧阳修代为科普，因《归田录》里有一篇正好是谈这问题的：

仁宗即位，改元天圣，时章献明肃太后临朝称制，议者谓撰号者取

幽谷回音

林道纪念诗文集

天字，于文为二人，以为二人圣者，悦太后尔。（老妈垂帘听政，同圣之义）

至九年改元明道，又以为明字于文，日月并也，与二人旨同。

无何，以犯契丹讳，明年遽改曰景祐，是时连岁天下大旱，改元诏意，冀以迎和气也。（辽景宗耶律贤小字明康，西夏王姓赵名德明，避皇帝讳）

五年，因郊，又改元，曰宝元。自景祐初，群臣慕唐玄宗以开元加尊号，遂请加景祐于尊号之上。（南郊封禅，唐玄宗封禅老前辈，因以为精神老师）

至宝元，亦然。是岁赵元昊以河西叛，改姓元氏，朝廷恶之，遂改元曰康定，而不复加于尊号。（"恶之"之"恶"，或当为"讳"）

而好事者又曰：康定乃谥尔。明年又改曰庆历。至九年大旱，河北尤甚，民死者十八九，于是又改元曰皇祐，犹景祐也。（"谥尔"疑为"益辽"，九年即皇祐元年。大旱，奉化陈氏《通鉴续编》作大水）

六年日蚀，四月朔，以谓正阳之月，自古所忌，又改元曰至和。

三年，仁宗不豫，久之康复，又改元曰嘉祐。

自天圣至此，凡年号九，皆有谓也。

墓志的时间背景真相大白，宝元、康定、庆历三个年号的寓意亦已经清楚，接下来要做的就是对内容的分析，尽管忧伤而令人动情，但它依然不是故事，而是真正的历史，比今天贴上各种权威标签、陈列在国家图书馆里的任何文字都要可靠。一位父亲和一位儿子同时为皇室（或为自己）效力，时间按北宋纪年为宝元元年，西夏纪年为延祚元年。父亲的职责是司天即主持国家的精神命运与日常祭祀占卜，同时又先后两次出任当地的太守；儿子负责一项重要的建筑事务即修复经战争毁坏的皇陵。由于已经明确事件的发生地是在明州，因此这个地方可基本断定就是州西南的梅山，不过具体工作区域一为山顶（天台）一为山穴（雪窦）而已。必须强调的是，在开头的几年内天下很不太平，因那时正是西夏与宋国交战最激烈的年头，而墓主的不幸死亡，不知是殒躯战场，还是因工程事故献身，情况不明，但他兼任明州知府的父亲不愿将爱子葬于它山，只暂瘗（停棺待葬）于西皋即庐陵是可以肯定的，作为资深星象家，在康定年初需要做出决定时，他已经预测那里将有兵火之灾。果然次年好水川（亦名三川口，很容易写错为三江口）大战爆发，且以宋军惨败、主将任福战死而告终，证实他的预言是多么准确。此后情况进一步恶化，战争成为两国常态，直到喜欢文治的仁宗和腹内藏十万雄兵的小范老子都不想再打下去了，乃于庆历四年签订和约，条件是应允夏国自设国祭，并参照向契丹纳贡例，每年进贡银帛25万两匹，当然按注重礼义的宋国自己的说法该称赏赐才对。战争结束后父亲重守明州（以地方志对应之，《宝庆四明志》郡守表所载"司封员外郎张弇，司封郎中王周"当为重点怀疑对象，暂不展开讨论），并将爱子未完成的工程进行下去。不过太平日子相当有限，仅仅过了两年多一点，又有所谓攻占甘陵的东平贝卒起义，史称王则之乱，梅尧臣诗《甘陵乱》称"守官迸走藏浮埃，后日稍稍官军来。围城几匝如重鍪，万甲雪色停皑皑"，可见战事之激烈。不知跟攻占甘州的西平王兀卒（元昊别名）又是什么关系，至少两人同年同月死，就不知是否同年同月生。"僭称东平郡王，以张峦为丞相，卜吉为枢密使，建国曰安阳，牓所居门曰中京"，后来奉化本土历史学家陈橓这样告诉我们，同时还透露以"释迦佛衰谢，弥勒佛当持世"为宣传口号，将士脸上都刺字曰"宜军破赵得胜，旗帜号令率以佛为称"（《通鉴续编》卷七庆历七年）。由于战争中宋方使用了此前诸葛亮用过、此后蒋介石也用过的决河淹敌手段，证实《宋朝事实》所云"霸州以来，颇多溏水，决河东注，于我为便"确实有效（详该书卷二十经略幽燕），碰巧此时鄞县县长王安石的东钱湖工程也大功告成，"遂至决河为田，坏人坟墓室庐、膏腴之地，不可胜纪"（《邵氏闻见录》卷十一，《王荆国文公年谱》卷上庆历七年十一月条下所记同），致使"吾爱子之骨，得同河伯，听命于水府矣"。铭文所记事件的主要内容，大概就这么个样子，顺便将破译后的密电码抄在这里：

唐兴元（宋宝元）初，仲春中巳日（仲淹中祀日，按范仲淹年谱，宝元元年十一月出任越州太守），吾季爱子役（吾子受于役），筑于庐陵，陨于西垒之巅。

吾时司天文，昭政命令晦（守）明。

康定之始，末（不）欲茔于它山，就瘗于西垒之垠。吾卜兹土，后当火德（灾祸）。

幽谷回音　林道纪念诗文集

五九（庆历）之间，世衰道败，浙梁相继。丧乱之时，章贡（停工）。
康昌之日，复工是垒，吾亦复出是邦（邦。陈耀文引文亦作邦）。
东平枭工（攻），决使（河），吾爱子之骨，得同河伯，听命于水府矣。
京兆逸翁深甫（林逋）记。

很多年前读金庸的《连城诀》，对书里那部令江湖好汉闻风丧胆的
《躺尸剑谱》的威力，实在是神仰得紧。尤其里面的招数如"哥翁喊上来，
是横不敢过""落泥招大姐，马命风小小"之类，让人忍俊不禁，印象深刻。
后来才知是《唐诗剑谱》之讹，前招实为张九龄《感遇十二首》之"孤
鸿海上来，池潢不敢顾"，后招实为杜甫《后出塞五首》之"落日照大旗，
马鸣风萧萧"。但错成这样并非此谱得主戚长发文化水平不高、传写有
误，而是为阴险的私欲驱使下的恶意误导，甚至以自己女儿和爱徒为牺
牲品也在所不惜。这让我在读书中养成一个习惯，或称怪癖，就是对古
代的东西基本持怀疑态度，尤其那些获四库馆臣表彰的名作或文献，心
里总会先问一下自己，这是否有可能又是一部《躺尸剑谱》？几十年下
来，自觉收获还是有的。比如铭文作者署名京兆逸翁，逸翁就不用解释
了，京兆即大名鼎鼎的永兴军，在北宋名气甚至要超过东京，只要你是
官员，几乎没有不在那里干过的，偏偏最早的永兴即是萧山也就是西陵，
他不会告诉你。而将开头的"仲春中已"还原为"仲淹中祀"，既有年
谱宝元元年十一月任越州太守之记，亦有《范文正集》内作于是年的《赠
张先生》为证，诗称"应是少微星，又云严君平。浩歌七十余，未尝识
戈兵"。少微星者，处士之别称也。严君平者，隐逸之典型也。七十余者，
逋逸于天圣六年（1028），时年六十一，至范某守越之年（1038），时
年七十一，正合七十余之咏，不多不少。未尝识戈兵者，逋生于宋有天
下后之第八年开宝元年（968），截至元昊篡立以前，国家一直号称太平
盛世也。加上同时所作《与人约访林处士阻雨因寄》的"方怜春满王孙草，
可忍云遮处士星"，《和沈书记同访林处士》的"山中宰相下岩扃，静
接游人笑傲行"，《寄赠林逋处士》的"几姓簪裾盛，诸生礼乐循"，《寄
西湖林处士》的"巢由不愿仕，尧舜岂遗人"，则两人正式相识实始于此年，
而这位不书姓名有违常例的张先生，除了其时使用汉名张元夷名野利任

下卷·为林逋卸妆

天都大王那位，几不做第二人想。

这篇铭文，同样描写过甘陵战事，称"凶徒盗覆甘陵城，白日堂堂枭呼鸣"的郑獬，大约也看到过。按《宋史本传》，在皇祐五年获得会试第一即俗称状元以前，他的个人历史一片空白，这首赠东平前线宋军主帅明镐的诗，因此有个另类的诗题叫《代人上明龙图》（《郧溪集》卷二十五），好在那只白日呼鸣的怪枭，跟铭文中"枭攻"的枭应该是一伙的，包括解释方面，无论《说文》的"鸟头在木上"还是《汉书·高帝纪》的"悬首于木上"，这一图像不仅早为我们所熟悉，进而已能心领神会了。只因他后来还有一首《送惠思归杭州》称："湖上秋风满，归怀岂易宽。身随秦树老，梦入浙江寒。为客久应厌，到家贫亦安。石房旧书在，重拂绿尘看。"诗题自然是有问题的，暂且不管，但因结尾两句的提醒，想起墓志前面那个同样使用《躺尸剑法》的开头差点忘了，也得交代一下才是，赶紧将复原后的文字抄在这里：

建炎三年己酉，金人至浙东，破四明。明年退去，时吕源知吉州（张汝舟知明州），葺筑州城。役夫于城脚发地得铜（洞），钟一枚（中一物），下覆瓷缶，意其中有金璧之物，竟往发之，乃枯骨而已。众怼其劳力，尽投于江中。视铜钟之上（洞中壁上），有刻文云。

缶中之物就是瘗于西垒之垠的爱子尸骨，刻文即为前面已交代的铭文，或许，只有将那些后人恶意设置的障眼物如铜钟、铜镜、髑髅之类搬开后，才能看到它的发布平台实际上只是洞壁，当然风雅一点也可称是摩崖石刻或诗壁。包括无论署真名林逋或假名张元的那些杰出诗作，最初发表的地方应该也在这里。当然你也可以叫它崆峒或空同，因雪窦的窦字，字书的解释就是"空"或"入地隧曰窦"。还有他同样被剥夺著作权的那部《省心录》，当年因工作性质的关系，夜间于洞顶司天，观星察斗，白天就在洞里睡觉、思考、著述，心忧天下。四库本《省心杂言》李景初跋末称："筮仕苍梧，在舆（颜师古注《汉书》：舆，地道）则见其倚于衡（仍于衡。衡，古文洞），犹以六经，

幽谷回音 林逋纪念诗文集

佐三尺法。"宋明州大儒王应麟对三尺法的解释是"以三尺竹简，书法律也"（《困学纪闻》），即以六经为思想基础，起草国家法律文件，这才有点中书令或天都大王的派头，根本不是现在流传的那样弄些治家格言来唬人（此书情况复杂，当另著文详述）。兵乱河决，陵谷迁变，沉埋地下近百年，直到建炎四年才有幸重见天日。两年后的绍兴二年七月当沈说为《和靖诗集》作跋，尚感慨"和靖先生孤风凛凛，可闻而不可见；尚可得而见者，有诗存焉。耳（闻）是邦泯然无传，岂不为缺典哉？因得旧本，访其遗逸，且与题识而附益之，刊珞（古文假）漕廨，庶几尚友之意云"。所谓"因得旧本，访其遗逸"，大约就是在新发现的山洞内有意外收获，因以旧本《和靖摘句图》增补而刊行。沈说为德清龟溪沈与求子，其父建炎元年任明州推官，绍兴六年任明州知府（《宝庆四明志》郡守表失记），时或侍父上任，因有此一番作为，与当地因缘亦可谓不浅。用孤风凛凛形容其人及诗，令人神往追慕，而"是邦泯然无传"之婉讽，相信一定不是针对热爱文化的当地人民，而是说给北宋那些皇帝和历史学家听的。

生卒问题（续）

皇祐元年，以发明印刷术与编年史著称的赵宋皇朝在找到新的假想敌南天王后，果断地让显赫一时的西夏国王元昊、东平国王王则在上年（庆历八年）死去，双双退出历史舞台，并安排他们在同一时间死去，以便将资金人力集中在新的大型历史剧《狄青大战侬智高》的投拍上。尽管布景道具什么的没怎么变动，其水还叫横江（《通鉴续编》皇祐元年：率众五千，沿江东下攻邕州横江寨，守将张日新等战死），其山还叫横山（《倦游杂录》：皇祐末，洞贼侬智高陷横山塞），估计也就服饰方面有点不同吧，比如发髻之时新样式，或冲天寇的2.0版之类。剧情亦无出新，不过炒炒冷饭，据首位为林逋立传的曾南丰说："窃闻侬智高未反时，已夺邕邑地而有之。皇祐四年智高出横山，略其寨人，因其仓库而大赈之。"（曾巩集《与孙司封书》）怎么看也像是对西夏人天圣六年陷甘州，明道二年攻夏州之复制式改写。甚至包括剧中的正派主角即男一号，所谓正史都说是狄将军，而前不久谪守巴陵郡筑岳阳楼的滕子京却说是孙将军，即慈溪孙氏先祖孙沔，有所著《孙威敏征南录》为证。出征前向皇帝辞行，君臣有对话云："上惊其语，注目谓之曰：'昔黄巢以二千人过岭，莫能制之者。'公曰：'明朝虽非唐季之比，过虑庸何伤？'是日，公出宿国门外，遂行。"称本朝不曰"宋"而曰"明"，让人大开眼界，但这个用作地望的"明"字固然惊人，应该还不是最狠的，平定叛乱收复失地后所记"郡城惟三门，公新作北门，号曰'归仁门'，使向阙（朝皇城方向），示其有归怀之意。及辟土乃得旧址，众服公识"，才真正让人眼珠子掉下来。旧址者何？故吴越国北郭门也，俗称朝天门。具体有些什么特色，可以请生平热心为明州萱茶做推介的茶学大师蔡襄来解释，因重修后那块碑就是他写的："昔钱氏依山阜，以为治所，而双门置悬，木锢金铁，用为敌备。"（《重建州治双门记》）位置在哪里，又有《咸淳临安志》称："府治旧在凤凰山之右，自唐为治所。子城南曰通越门，北曰双门，吴越王钱氏造。国朝至和元年（1054）郡守孙沔重建，蔡端明襄撰记并书，刻石于门之右。中兴驻跸，因以为行宫。"即为后来大名鼎鼎的南宋皇城大内。而孙沔平叛乱与任杭守的时间关系，蔡某文章里亦有明确表示："公定邕广（邕州广州）大寇，还请莅杭。"而按他家乡的《宝庆四明志》，当为"寇平，沔还，迁给事中，仁宗解所御宝带赐之。请知杭州，行至南京，召为枢密副使。其年契丹使来请观太庙乐，沔建议折之（下略）"，就是说一直在京任职才是。至于这个"邕"字的意思，它与"甾"字的关系，以及为什么《正字通》说"邕雍雝壅，古俱通用"，原先藏在大梅山鹊巢里的那团佛罗髻发可能知道，可惜后来也失踪了。看来号称科技强大的宋朝没能发明互联网是对的，不然微信圈里每天不知又要增添多少假新闻。

　　不过当初的杭州（按正规称呼当作余杭郡）热闹是热闹，在蔡襄的老师兼连襟凌景阳眼里，却是另一番截然不同的风景。或者说，并非五彩缤纷的历史烟火，而是赏心悦目的艺术景观。这位太宗淳化年间的明州太守（厉鹗《宋诗纪事》称镇国军节度使，就是负责潼关防守的），时人眼里的书艺大家，当时正和一位名气比他更大的朋友即诗僧文莹去江边东津寺随喜，无意中发现僧舍壁上有一段凄怆而感人的文字，不仅笔墨出色，熠熠如神，更吸引人的是内容所传递的复杂信息，于是同行的文莹就把此事记入了他那本著名的《湘山野录》里。可惜此书干货实在太多，因而命运不佳，后来沦为典型的三无产品（无作者清晰身世，无版本流传次序，无明确卷数），虽然号称神宗熙宁年间就已成书，但据李焘在《续资治通鉴长编》里透露，徽宗崇宁二年曾被朝廷宣布为禁书，惨遭焚毁之厄，这显然是因为著名悬疑片《烛影斧声》影响力太大的缘故，有关太祖极有可能为其弟太宗干掉的秘密，当初就是他在书里最先爆的料。但既已动用国家力量赶尽杀绝，李某在书里却又能随便引用，也真是乱得可以。不过有一点可以肯定，现在我们所能看到的那些版本，全是清朝人手里鼓捣出来的东西，因此，碰到关键地方文字有些怪异，语义有些含混，那是有人要让你见识大名鼎鼎的《躺尸剑法》威力的缘故，也完全可以理解。包括魏泰在《临汉隐居诗话》里说他"尤能诗，其词句飘逸，尤长古风，其可喜者不可概举。有《渚宫集》两卷，郑獬为之序行于世，可见也"。现在也只能是"不可见也"。

　　"余顷与凌叔华郎中景阳登襄阳东津寺阁，凌，博雅君子也，蔡君谟、吴春卿皆昔师之，素称翰墨之妙。时寺阁有旧题二十九字在壁者，字可三寸余，其体类颜而逸，势格清美，无一点俗气。其语数句又简而有法，云：杨孜，襄阳人，少以词学名于时。惜哉不归，今死矣，遗其亲于尺土之下。悲夫！止吾二人者，徘徊玩之，不忍去。恨不知写者为谁，又不知所题之事。后诘之于襄人，乃杨庶几学士，死数载，弃双亲之殡在香严界佛舍中，已廿年。"（《湘山野录》卷中，句读据今通行本，仅供参考）

　　毫无疑问，此文的关键自然是从壁间抄录下来的那段原文，这谁都知道。问题是里面竟然藏有两个版本，而且字数相同，不多不少都是29字，实非事先所能想象。与其说是古人不用标点的豪爽作风给后人带来的麻烦，不如说更像是有人精心设计的结果。如果用英文AB来加以区别，"杨孜，襄阳人，少以词学名于时。惜哉不归，今死矣，遗其亲于尺土之下。

悲夫！"这是 A 版的 29 字。"惜哉不归，今死矣，遗其亲于尺土之下。悲夫！止吾二人者徘徊，玩之不忍去。"这是 B 版的 29 字。其中哪个是真的，哪个是假的，从表面看似乎有一定难度。今人标注本即以 A 版为是，可见它具有相当的欺骗性。实际上前者类同梦呓，语无伦次，基本不懂他在说什么；后者是心灵独白，语意完整，情感沉痛。如果纯粹从文学角度分析则前劣后佳，高下更可立判。何况后面还有一只不小心露出的马脚，即"恨不知写者为谁"这一句，实际上相当于已把前面那个版本否认了。要知道姓杨的可是那个年代里最轰动的一件杀人案的主犯（娶娼为妻，以双双殉情为名，骗取女方仰药后扬长而去，详张师正《倦游杂录》诡谋杀娼条），天下几无人不知。既有他的大名冠之于前，就不会再有如此愚蠢的一问。更大的疑问是，杨杀妻之事发生在仁宗嘉祐六年（1061）中进士以后，任学士则年代更晚，作为西夏战事朝中主和派领袖吴春卿（吴育，前述主张接受元昊改祭要求者）的老师，太宗淳化年间（990）即已任明州太守的凌景阳，除非像陈抟、林逋那样活到一百多岁，否则绝对不可能看到。因此，真正值得信赖的版本当为 B 版，事件的真实性也毋庸置疑，值得下这么大心血进行修理的东西，只怕想假也假不了。不过部分文字已遭咸猪手非礼是可以肯定的，以文义和常识推演之，真正的《唐诗剑谱》应该如下所示（以括弧内文字为准），而时间方面的推断则必定发生在庆历年间：

"余顷与凌叔华郎中景阳，登襄阳(庐陵)东津寺阁。凌，博雅君子也，蔡君谟、吴春卿皆昔师之，素称翰墨之妙。时寺阁有旧题二十九字在壁者，字可三寸余，其体类颜而逸，势格清美，无一点俗气。其（旁）语数句又简而有法，云杨孜襄阳（客居庐陵）人，少以词学名于时。'惜哉不归，今死矣，遗其亲于尺土之下。悲夫！止吾二（一）人，者（日）徘徊，玩（思）之不忍去。'恨不知写者为谁，又不知所题之事。后诘之于襄（庐）人，乃杨庶几学士（林君复处士），死（守）数载，弃双（其）亲之殡在香严界佛舍，中已廿年（寺已没水）。"

大约也就是从这时候开始，另一个名头响当当的人物已经化装停当，马上就要闪亮登台。如果用电影手段来表现，画面应该是这样的：重山复水，古道斜阳，杜鹃声声催人不如归去，一位饱经沧桑的老者走在返乡的路上，途中尚忍不住一次次转过身来向后眺望，因那里山脚的湖水之下，葬有他永久的伤痛，"遗其亲于尺土之下"也，而"尺土"正是对京兆逸翁爱子死后"瘞于西垄之垠"这个"瘞"字的准确形容，俗称草葬或薄殓。等到镜头切换，焦距拉近，出现在我们面前的已是一位名叫嵩和尚的明教大师，僧袍布鞋，神采奕奕，自称东山沙门契嵩，居庐山多年后来到浙江，"白云人间来。不染飞埃色。遥烁太阳辉。万态情何极"，这是明州阿育王寺长老大觉禅师对他精神形象的描绘，而自署江西沙门晓莹在《罗湖野录》里为我们勾勒的晚年大致行踪是："师自东来，始居处无常，晚居余杭之佛日山，退老于灵峰永安精舍。"另一位后世崇拜者即出版他遗著的守端曾去那里寻访遗迹，"诣师故居永安精舍之后岭端，蒙雪霜，排榛莽。于所藏阇维不坏之五相舍利小石塔前，恭备香羞茗烛等，作礼以供焉。因抽鄙思，为五言古诗凡一百韵"，其中云"宴坐君无何。遗偈见敦饬。大梅鼯鼠声。匪我相囚福"，进一步确认寺庙所在地即为梅山，而且坟塔也在那里（以上引文均见《镡津文集》卷十九附录诸师著述）。而他自己此前接到大觉告知将住持阿育王寺的来信后，在回信中称"窃聆俯从众命，临镇弊山祖席，增光吾道"，哪怕"敝山"出于某种无奈被不打诳语的出家人诳语为"弊山"，也难以遮蔽他拥有正宗明州户籍的事实。敝山者，敝乡之山也，这没文化的人也知道，而有文化的史臣却非要说他是广西藤州人，并且400年后还要安排王阳明到那里去平叛乱，也够辛苦的。包括对杭州的地方志来说，这可能也是个麻烦事，因跟林逋一样，此人也被说成是西湖文化品牌，鉴于他皇帝亲赐明教大师、著作入藏皇家图书馆的显赫身份，好客的当地人民不仅非要留下他，还要请他住在灵隐寺里，觉得只有这样才够得上他的身份和气派，至少现在留下来的主流文献都是这么写的。与其说是后人附庸风雅，进而造假篡改，我更愿相信是这所满清皇帝钟情的寺庙来头实在太大，因此无论皇家史官还是地方文人，只要写到灵峰、灵山这类字眼时，很容易就会习惯性地误成是灵隐。其中下笔谨慎者自然也有，迫于权力的压力，只好尽量想办法在二者之间进行变通或平衡，于是就出现了一些很能体现个人特色、丰富多彩的表述，如《宗统编年》所谓"杭州灵隐永安兰若传法赐紫禅师契嵩"，或《湘山野录》所谓"吾友契嵩师熙宁四年没于余杭灵隐山翠微堂"之类，堪为历史上解决主旋律与多样化关系的典范。

　　一件突如其来且不可思议的事情，简直让人有些难以接受，但真相可能确实如此，有许多微妙而意味深长的迹象，单独看待或许不算什么，但如果结合起来观察，就会发现两者之间实际上一直有着相当紧密的关联。比如史称契嵩为聪和尚弟子，实即慈云遵式，为老师写墓志称"慈云聪哲，志识坚明"，实际上已隐约透露，不过限于正史，不肯明说罢了。而契嵩之真身林逋同样如此，《和酬天竺慈云大师》诗称"林表飞来色，犹惭久卜邻"。又有《送慈师北游》诗称"知师一枕清秋梦，多为林间放鹤天"俱堪为证。包括他以鸟巢为庐的做派，实际上也是对其师的模仿。再比如庆历年间的闭户著书，一个以佛之五戒通儒之五常，著《辅教编》和《传法正宗记》；一个嗟叹"遗编坐（著）罢披三豕"（《病中二首之二》），"闲掩遗编苦堪恨，不并香草入离骚"（《蝶》），虽然后者林逋没有透露书的具体内容，但期望能为世人所知，以广流传的心愿跃然纸上，于是就有了前者皇祐年间抱书至阙上献，获仁宗嘉奖，朝臣欧阳修、韩魏公等广为延誉的一番特殊经历，其间的因果关系十分明显。

　　但相比他的夫子自道，即在写给离任杭州太守祖无择信中一不小心自称"某山林逋"，所有的这些都已变得不再重要，此信今存《镡津文集》卷九，自元初镂版行世至今，它一直就在那里，在以后的重版中也未见有任何变动，甚至包括四库版在内，但这并非因馆臣心慈手软或一时疏忽，而是有其他各种版本流传世上，无法一一销毁，因而不敢妄为罢了。同时古文不设句读、一字多义的特色，也让那些知识产权的掌控者有侥幸之心，万一出了什么问题，也有转圜、强解的余地，如在拥有余、予、吾、不佞、在下等第一人称梯队后，还要让某字也成为其中的一员，即为宋人的特色。信的全文是这样的：

　　"某启：此者伏审知府龙图罢镇名藩，即日趋诏归阙，行舟首路。某山林逋，病不能远郊驰送，徒增黯恋。仁德惓惓，奉此咨露。伏惟台

慈念察。"（此据日本米泽文库所藏元至元十九年（福州）东禅大藏等觉禅寺刊本《与祖龙图罢任杭州》）

许多年前，当我第一次看到此信时，很自然的反应就是以为自己的眼睛出了问题，在去洗了一把冷水脸后回到书桌前，发现眼前的文字依然如此，没有任何变化，才认识到事情的严重性。当然也考虑过是否有其他的可能，比如字讹、印刷错误之类，毕竟那时毕昇之徒发明的活字排版术才问世不久，偶有差误也可以理解，但随后从当事双方文集获得的其他信息，令我很快消除了这一保守的念头。即以此信当初的递交方式而论，在没有手机发送和快递上门的年代，通过国家驿站邮递为一般人的首选，而写信人（林逋或契嵩）当初采用的方法或许更简便，即由一位任钱唐县令的好友关某代劳，只要交给他就行了。今天你在《镡津文集》里读到这样的文字，如"昔年尝以其书曰《辅教编》，因关主簿景仁投于下执事者"（《再上韩相公书》），或"谨以其所著辅教编一部三册印者，又以皇极论一首写本者，仰托关主簿投诸下执事者"（《上富相公书》）；然后再与收信方祖无择《祖龙学文集》里的相关作品印证，如《赴任南康将经九江游二林先寄交代关屯田》里的"平生山水有心期，今得军麾慰所思。我欲因行访莲社，君应未讶过瓜时"，或《交代屯田，惠书问，纸尾批示：若就江州至军，兼可腹背游览庐阜，因成拙句，且答佳意》里的"庐山在境好行春，犹恨奇峰半属邻。腹背遍游烦示谕，即当先谒乐天真"，就会明白不仅此信的真实性可以信赖，而且采用的同样也是由关某转交的方法。此信的关键除了坦承自己就是林逋外，某山的"某"字为"梅"之别书，也是古人的共识，从出土金文图形来看，木上结一个果实，正是梅之象形。而字从甘木，除了说明元昊天圣六年攻陷的甘陵即为宁海西湖之上的梅山，其他还能说明什么？如果《山海经》"有不死之国，阿姓，甘木是食。郭璞注：甘木即不死树"的棒喝还不够让人醒悟，我们宁波晚清的红学大师姚燮也很愿意站出来做证，他之所以自号大某山民，正是因为名字叫姚梅伯的缘故。另信末虽然没有署明写作年月，但考之《乾道临安志》残本郡守"治平四年（1067）十月丁未以右司郎中知郑州祖无择为右谏议大夫加龙图阁学士知杭州"，接任的郑獬就是上述写《甘陵谣》的那位，熙宁二年（1069）五月到任，可知祖的离杭即此信写作时间当为此时。

　　还有更多的事件和细节不断浮现，以此时无声胜有声的方式，继续演绎着两人关系的默契与吊诡，不止于"你中有我，我中有你"，简直就是"你就是我，我就是你"。徐复当年的赠诗《同林逋宿中峰次韵》，在《和靖先生诗集》里曾反复寻找回赠之作，没有结果，没想到这首题为《寄语冲晦》的诗，原来躲在《镡津文集》里，难怪找不到了。前者称："盟梓从朝嫩，论交慰昔贤。寒花隐乱草，老木插飞烟。听雨夜床冷，弹琴秋叶前。临高问往事，历历是何年。"后者答："年老相看眼倍青。念君诗思苦劳形。人间更有无穷感。好把禅关护性灵。"一唱一和，诗情摇曳有致，内容亦颇关联。叶梦得《避暑录话》湖上有两处士的记述，以及施德操《北窗炙輠录》两处士之庐正夹湖相望。而和靖之室隐见于烟云杳霭之间的补充，一向为后世研究者所冷落，受到不公正对待，原因是此事的时间背景当在庆历皇祐间，而按主流文献那时林逋死去已有20年，人鬼相交，信奉正史的专家不屑一顾可以理解。这次也在《镡津文集》找到确凿的证据，即卷十八的《山游唱和诗》七十八首，前有小序曰："此与杨公济晤冲晦山游唱和诗，今总编于此，贵后贤披览，以见一时文会之清胜焉，东山沙门契嵩上。"杨公济即杨蟠，北宋杭州首席文化发言人，号称著有《钱塘百咏》，地方志写到任何古迹时，都要把他请出来以诗为证；而"晤冲晦"不是会见冲晦的意思，而是"徐冲晦"之伪书。因作者有明确说明，三人的相交是源于"始，公济视潜子《山中值雪诗》，爱其孤与独往，谓潇洒有古人风，遂浩然率冲晦，袖诗寻之"（契嵩《山游唱和诗集后叙》）。就是说当初不是他和杨去访徐复，而是杨携徐主动前来访他，根本不存在"与杨公济晤冲晦"一说。而文义不通的"孤与独往"四字里，藏有他生平最关键的秘密，实"孤屿独住"之伪也，后世所谓隐居杭州孤山20年，足不入城市的"信史"，就是这么炼成的。同样耐人寻味的是，这个"晤冲晦"在下文又被写作"彼上人冲晦"，又摇身一变而为"钱湖草堂沙门惟晤"，最后以"惟晤"为固定称呼。通过如此一番手脚，如同从西湖处士林逋身上分解出东山

幽谷回音

林逋纪念诗文集

沙门契嵩，他的好友徐上人冲晦也终于成功地从一位变成两位。至于草堂所在的钱湖到底指钱塘还是东钱湖，所谓契嵩的本相又是如何一番模样，看看唱和诗第九首徐复笔下的"盘石谁堆补缺岸。老松自倒成危梁"，第十四首徐复笔下的"诗会未由陪帝戚。心随云鸟入城飞"，或许就会明白。老松成梁即逋自称之"独树为桥小结庐"，帝戚的意思就用不着解释了吧。

跟高僧梵才的一番笔墨交往同样如此，但观赏性可能更强，因一个是马甲，另一个也是马甲，基本属于类似民国皮影戏那样的高超玩法，让人在惊心动魄、眼花缭乱之余，忍不住想跑到后台去看个究竟。如果要说有什么区别，前者至死不露真相，《佛祖统纪》《释氏稽古略》等重要僧史均无此人记录，享名于仁宗朝。久居京城后归老天台安隐堂时，曾掀起过一个不小的文学高潮，以诗文赠行者的名单从朝中大臣到文坛名流不下数十人。后者则真身幻身，本名化名轮番上场。今存《镡津文集》卷十一有《送梵才吉师还天台歌叙》，署名契嵩，内称"台山凌虚兮。气象淑清。宜真赏适兮。休顾浮名"。等老和尚在那里住定后写信寄诗来，回复时用的又是林逋了，这就是暗藏在南宋所编《五百家播芳大全文粹》里、知者甚少的那件《与梵才大师帖》。信中他是这么写的："累日前辱惠长韵一章，并出示古律诗一集共百余篇。某累年弃去，笔墨忽忽，惟省心腑间（省心录存），如未知有诗雅之趣。一得上人高句之辱，良用叹服，虽病且慵，读之三四过而不欲已。然'殊喜见古调'者，岂仆向之所尚，或泥于古耶？且天台不独甲于东南，实为天下之胜。千峰万壑，山水重深，云霞猿鸟之清绝，高木秀草之环奇。复居其间作高僧，能用声诗写状其融结之精妙，以内适我真常之性，其为乐可量耶？风霜摇落，园卉加芜，独坐虚斋，颇觉岑寂。然不饮酒茹荤，亦复罕睡。庶时接清谈，啜佳茗，以为慰慕也？"用最通俗的语言来解读，一个从西山重返东山，在旧居虚白斋里节欲守真，安度晚年；一个从东山重返西山，在那里洞壁看到老友的旧诗，写信来索观新作，而后者告诉他说，很长时间没写诗了，除了一本语录体文字《省心录》，其余时间都致力于佛典。需要强调的是，此信向无研究者提及，实为破解林氏生平之利器。除了可争回被四库馆臣剥夺的《省心录》著作权，还有梅圣俞诗序说的诗写成后"就

"辄弃之"的习惯，也在他的自述里获得了证实。

　　接下来要登场的是杨适，北宋明州大儒，著名的庆历五先生中的打头人物。不过在宋末王应麟将他们隆重推出来以前，无论当地或外界还真没多少人知道。其事迹最早见之《宝庆四明志》人物卷，在一个200字的简短小传中，将他不俗的一生总结为"字韩道，慈溪人。明律历，晓兵法。隐居大隐山，以文学行义闻于乡，里人皆不敢道其姓名，以先生目之。仁宗皇帝访天下遗逸，知州事鲍轲以名闻，赐粟帛。嘉祐六年知州事钱公辅又表奏适高节，授将仕郎试太学助教。州遣从事躬捧诏书具袍笏舆从，以礼起之。辞不受。年七十余没，葬大隐山。县令林叔豹为立碑祠于学（原注：出旧志）"。没什么干货不说，如果把"字韩道"改成"字君复"，还以为是《宋史·林逋传》的简本。果然，在后来补充了部分细节的王深宁《四明文献集》升级版中，不但和靖先生真的出现了，而且身世方面也越来越像："先生治经，不守章句。黜浮屠老子之说。歌诗卓越超迈。容仪甚伟，衣冠俨如。始友（名）钱塘林逋，后与同郡王致、杜醇结交，后进莫不师之。退处四十年，德行益高，名闻京师。"最后在皇帝诏州郡舆从迎之、先生辞不受的后面，还有清清楚楚的"遁去"二字。尽管年代背景已被放到了仁宗驾崩的嘉祐六年，即天圣六年的33年后，我仍然愿意将"始友钱塘林逋"看作是"始名钱塘林逋"之讹误或策略性调整。如同"里人皆不敢道其姓名，以先生目之"的"先生"两字，更有可能是"先王"一样。因只要是人，说话都有一定规律，无论是古是今，而史著更须讲求章法严谨。不说现存文献找不到两人相交的记录，就算有的话，也不可能会出现这样奇葩的语法。而先生仅为古代底层社会对读书人尊称而已，根本不会如上引说的那么夸张。至于这位先王到底是指赵德明还是赵元昊，存疑待考，不过王安石为王致（庆历五先生之一）写的墓志出于后人伪造，则是可以肯定的，因今存《王荆公文集》里没有此文，据全谢山考证，"此盖王氏后人之不学者，伪为此文，载之家乘"（《辨鄞江先生墓志》）；又，"若鄞江先生诗见于荆公墓志者，是王氏子孙私撰，托之荆公，非真笔也"（《范少师式斋墨迹跋》）。

幽谷回音

林逋纪念诗文集

王致死于太宗至道二年，这也是全谢山说的。杨适生卒年不详，据黄梨州《宋元学案》："年七十有六。遗令篆石圹，前曰宋隐人之墓。熙宁二年荥阳张峋为文表之。"但预先处置个人葬事在古代不过是一种风度和政治态度而已，并不表示已经完蛋，如本文提到的遵式、林逋、契嵩甚至包括黄梨州自己，当年都是这么玩的。倒是张峋表文所署年号有一定参考价值，跟契嵩圆寂之年熙宁五年相近。但据日僧成寻《参天台五台山记》，直至熙宁六年六月他从明州出海返回本国前，担任通事（翻译）的嵩大师一直陪同着他，还给他看自己所绘的梵才三藏像，上面有三藏自作偈并序："小师德嵩，写予真乞赞，以偈答之：示命丹旨，绘予之相。性本无生，客为可状。或谓其真，或称为假。真假两端，着何取舍。昭昭灵灵，识者非精。徒看毫末，鸡过沧溟。"（《参天台五台山记》，熙宁六年四月十六日）大师成了小师，契嵩成了德嵩，可见鲁鱼亥豕是一门影响全世界的历史学问，并非吾国独有，这也不去管它。即以正史所记为准，生于开宝元年（968）的人（《宋史·隐逸上·林逋本传》），到熙宁五年（1072）应该已有105岁，跟他老师陈抟的享年相比亦不遑多让，够长寿的了。可见古人所谓多善多福，并非没有道理。有如此强健的肉身，难怪死后遗体焚化，会烧出一堆舍利子来，"火浴之，鼻舌眼睛耳豪数珠，五物不坏。时众欲验之，烈火再锻，五物愈坚"。（《佛祖统纪》第四十五卷）

最后的雪窦

和庵主

作为17世纪最杰出的地理学家，临海人王士性的面目尽管不如他笔下的晚明江山清晰，但相比号称江阴人却从宁海突然蹿出来游历天下、陈木叔墓志誉为"生而修干瑞眉，双颅峰起，绿睛炯炯十二时不瞑"的同行徐霞客，总算要稍微容易辨识一些，或者说更让人感到可靠。他对雪窦的初次踏访始于万历十二年九月下旬，沿途见闻虽与前人邓牧、杨

下卷·为林逋卸妆

下卷·为林逋卸妆

205

守陈、李廉等没多大区别，不过点明了俗称日岭的古赤堇山为水陆转换之处；奉化西门外夫人庙石像实居路中，而其形"伛而顾，锐而肖，髻以类人也"；正殿山门前"中起一石阜，广弗盈亩，柟柏森蔚，海鹤巢之"。但后面部分出现的某个人物却是关键所在，"又行十里至妙高台，为上雪窦，旧有藤龛，僧和庵巢其中，日令双虎颈挂大竹筒来寺乞斋，为守龛弟子。今僧去而龛废矣"。但这位特立卓行的和庵早在500年前就已名扬天下，还有个伏虎禅师的雅号，更是无人不知，故"今僧去而龛废矣"这个"今"字，显然应该是"后"字之讹或伪。而对宁波历史似有特殊兴趣的明人叶盛，在将这个故事写入所著《水东日记》时，又偷偷将籍贯改成昆山，巢居年代下移至元大德年间，又在和庵前加"衣"字以混淆视听。虽然手法上不见得有多少高明，但有了这一"信史"，苏州的地方志就能堂而皇之将他归为己有："衣和庵主，昆山人，隐居雪窦，畜二虎，恒跨之以游，后徙二灵终焉"（《姑苏志》卷五十八）。"蘇"字做点手脚变成"蓟"，雪窦的清泉无须耗资国家官银就能南水北调，许有壬诗称《过街塔，原功（欧阳玄）名之曰雪窦，又谓之名利关。窦言其状，关言其实也。过之有感，赋二口号》："来往憧憧急欲飞，此关参透古来稀。老夫今日出关去，却是罢参真欲归。（其一）""石城琼璧耸浮屠，一窍开通作要途。为问几人能不窦，更从窦外觅江湖。（其二）"（《至正集》卷二十八）然后由写《日下旧闻考》作为投名状的朱竹垞装模作样考据一番，得出"元时居庸关卢沟桥俱有过街塔，按欧阳原功诗'蓟门城头过街塔，——行人通窦间'，则蓟邱城门亦有之矣"的结论，再由四库馆臣进行增补钦定，成为权威的国家文献通行于世（详《钦定日下旧闻考》卷一百七）。历史是怎样炼成的？历史就是这样炼成的。而和庵的真实身份很有可能就是和靖，藤龛即为乌巢，夫人即为天妃，双虎当双童之伪，这些正事不会有人关心。

明州和庵主从南岳辨禅师游，丛林以为饱参。及逸，居雪窦之前山栖云庵，有志于道者多往见之。雪窦主者嫉其轧己。因郡守周舍人闻其名，而问之，对云："一常僧耳。"和遂题三偈于壁，徙居杖锡山。

一曰：自从南岳来雪窦，二十余年不下山。两处居庵身已老，又寻幽谷养衰残。

二曰：十方世界目前宽，抛却云庵过别山。三事坏衣穿处补，一条藜杖伴清闲。

三曰：黄皮裹骨一常僧，坏衲蒙头百虑澄。年老懒能频对客，攀萝又上一崚嶒。

和之清名高德，出自所守。而神蕊形茄，亦何与于世？然犹取忌于时，卒致徙居。噫，名德累人，信矣夫。

由自署宋江西沙门晓莹在《罗湖野录》里提供的原始文本如上，尽管同样遭遇过污染，或许程度较轻。其中南岳即衡山，陈令举《契嵩行状》称"皇祐间去居越之南衡山，未几，罢归"。元初奉化大贤任叔实《松乡集》有《晓发衡山访子昂学士》诗，考叔实、子昂生平未有入湘之事，则衡山必在越地。黄皮裹骨用的是张元的典故，王巩《闻见近录》说他潜逸西夏前"尝与客饮驿中，一客邂逅至，主人者延之。元初不识知也，客乃顾元曰：'彼何人'？元厉声曰：'皮裹骨头肉。'"疑时以衣黄者为野僧，衣紫者为官僧，两人因而不协。向愿意与官方合作的僧人赐紫为北宋皇帝特有的嗜好，雪窦二觉延寿重显当年即双双有此殊荣，而林是执不同信仰者，难免黄皮裹身。离开雪窦后迁移杖锡，实居千丈岩绝顶，所谓"攀萝又上一崚嶒"也。黄潜《题雪窦妙高台》诗"偶为清游宿梵官，凌晨试上最高峰。旧有一僧能跨虎，近闻三洞尽藏龙"，与此相合。在那里住有多久？南宋明州僧志磐写的《佛祖统纪》里有现成答案，"宣和七年四月，四明东湖二灵山知和庵主亡。师晚事南岳辩师 [原注：嗣东林总（聪）禅师]"。同样也是南宋明州僧普济写的《五灯会元》跟着说"正言陈公以计诱师出山住二灵。三十年间，居无长物，唯二虎侍其右。正言陈公状师行实及示疾异迹甚详"。黄宗羲写《四明山志》时看不过去，在"两处住庵身已老，更寻幽谷养衰残"下发牢骚说："观此，则和去雪窦其年已老。传灯录云住二灵二十年者，非也。"但不管住千丈岩还是二灵山，30年还是20年，死在明州是可以肯定的，只是时光需要倒流回去，退回到熙宁五年六月才是。因这位和庵主，按杭州人叫法又该称明教大师契嵩，嵩的老师正是聪和尚，而"正言陈公"

也当作"令举陈公"才是。考《东钱湖志》叙此事作"宋熙宁间，正言陈文介公禾筑室读书其中，后延知和禅师居之"。大概正是因这个"熙宁间"有点麻烦，宋史《陈禾本传》讳言其生卒及履历，而《续资治通鉴长编》庆历元年（1041）十二月壬辰条下记有其兄陈秉为言者所论罢官事，做哥哥的康定年间（1040）已是同提点陕西路刑狱内殿承制，做弟弟的要到元符三年（1100）才中进士，也够惊世骇俗的了。至于"状师行实及示疾异迹"，"行实"自有今《镡津文集》卷首陈公所作行状为证，"异迹"即指死后烧出的那些宝贝，一个是"顶骨出舍利红白晶洁状若大菽者"（陈令举《镡津明教大师行业记》），一个是"见骨身舍利盈溢，光耀林表"（志磐《佛祖统纪》），竟同样也是光质相当，难分高下，大有可互参之处。

妻子一

作为公众意义上历经千年一直消之不去的积疑，主要因为保存在现今诗集里那首调寄《相思令》的惜别词，所谓"吴山青，越山青，两岸青山相对迎，谁知离别情。君泪盈，妾泪盈，罗带同心结未成，江头潮已平"。不仅艺术上可与柳永晏殊辈叫板，如果再跟历阳后园里"红烛酒醒多聚会，粉笺诗敌几招携"，或"佳人暗引莺言语，芳草闲迷蝶梦魂"的自述结合起来观察，说其中的主角从来不近女色，梅妻鹤子，避世绝情，显然难以令人信服。由于在诗词中改变性别的玩法为古人一绝，前有楚辞，后有京剧，可谓流传有序，因此善良的读者也就到此为止，除了相信他年轻时候应该有过爱情生活外，不会有更多的想法。但问题也恰恰正在这里，在林的诗集中，使用这种娴熟而自然的女性口吻并非孤例，考《虢略秀才以七言四韵诗为寄，辄敢酬和，幸惟采览》诗称"异日青冥肯回顾，夫君门第旧和羹"，《清河茂才以良笔并诗为惠次韵奉答》诗称"郊翰秋劲愈于锥，筠管温温上玉辉。聊为夫君一栖阁，老来驽缓久知非"，就不能不说情况有点严重。一个基本判断是跟明朝人对他诗集的反复编辑整理有关，想象中是把他老婆、兄长、侄儿侄孙之类的诗全编进去了。最初可能分卷区别注明，后来被人全部打乱，调整身份口气，只不过是

幽谷回音

林逋纪念诗文集

难免仍有漏网而已。这可以用来解释数量方面至今难以解决的矛盾，即从北宋《林逋觅句图》到清四库版《和靖诗集》，从梅圣俞序称"百不一二"到如今竟有330首，其中大多连宋人中等水平都达不到，更别说是"时人贵重甚于宝玉"了。因此，怀疑这首《相思令》词真正作者或为其妻，而他的回赠之作又见于《全宋词》杨适卷，用的同样也是《长相思》（相思令）的词牌，词云："南山明，北山明，中有长亭号丈亭，沙边供送迎。东江清，西江清，海上潮来两岸平，行人分棹行。"两情缱绻，下上其音，大有《诗经·燕燕于飞》之遗韵，就不知当初是谁先吟的了。黄仲则诗"后人但赏疏影诗，谁知别有相思曲"，当即由此而发。这样一个温柔深情的人，官书说他不娶无子，岂非咄咄怪事？如果宋祁《伤和靖林先生君复二首》里"姬姜生不娶（原配生子，后不娶妾），封禅死无书"说得还比较含蓄，他的晚辈好友强至《经和靖林先生旧隐》"逸民未许先贤传，犹说梁鸿有孟光"这句，相当于已经把内幕完全挑明了。姬姜者，美女之通称，喻其妻也。孟光者，儒家经典戏剧《齐眉举案》之女主角也。至于梁绍壬《两般秋雨盦随笔》所记"孤山林和靖祠塑女像为偶，题曰梅影夫人之位"，胡祥翰《西湖新志》更考出她的芳名叫马鞠香，引明末诸九鼎《鞠香墓志》"闻诸故老，传自宋时。生前吟咏，慕和靖之诗篇；殁后英灵，结梅花之伴侣"为证，并很谦虚地说："殆可征信也？"要弄清这些后人附会的说法真实与否既不容易，也无必要，但妻子是人非梅，儿子是官非鹤则完全可以肯定。

长兄一

接着要隆重请出来的自然是他的胞兄，一个只闻其声不见其形、近在眼前远在天边的人物，多年来研究中的一个诡奇现象是，既然作为正史的曾巩林逋传甚至宋史本传都承认他有哥哥，前者称"逋不娶无子，教其兄之子宥，登进士第"，后者称"逋不娶无子，教兄子宥，登进士甲科。宥子大年"。如此重要的人物，却从不见有人关注。而短短三百多字的传记，后面部分全花在一个叫李谘的人身上，且有生动的细节描写，是否属于正常也值得怀疑。如称"逋少常游临江军，李谘始举进士，未有知者，遄谓人曰：此公辅之器也"，又称"遄之卒，谘时知杭州，为制缌麻服，与其门人哭而葬之，刻临终一绝纳圹中"。《宋史》基本照抄曾某的，但改"此公辅之器也"为"此公辅器也"。正是这一细小的变化，却让人有拨云见日、豁然贯通之快，深信这句话的原文必定为"此公遄之兄也"，揣其因果，似乎最初的篡改者下手不狠，仅使出鲁鱼亥豕的看家本事，导致语句欠通。后世的同行对此不满，遂施重手，没想到反倒弄巧成拙，留下作案痕迹。对照《宋史李谘传》："卒赠右仆射，谥宪成。无子，以族子为后。"则李谘本无子，宥实林遄所生，因过继于其兄，遂称宥为侄。再考元人王逢《梧溪集》卷一《题林和靖诗意图》"研池冰合草堂深，月在梅花鹤在阴。一日盛传诗句好，百年谁识紫芝心"，下有自注"和靖未（本）尝娶，传经业于犹子，至登第。以其事如元鲁山，故云"。元鲁山即唐人元结，再考李华《元鲁山墓志铭》："公自幼居贫，累服齐斩故不及。亲在而娶，既孤之后，单独终身。人或以绝后谕焉，对曰：兄有息男，不旷先人之祀矣。"事情就更清楚了。后来李日华在《重修放鹤亭记》里坚持认为"初亦婚娶，生子"，杭世骏《订讹类编》更是公开宣称"林和靖有妻有子，《宋史》谓其不娶，以梅为妻，以鹤为子，非也"。无奈真相的力量在任何时代都是微弱的，远不敌以正史形象出现的主流的鼓噪罢了。而《宋史》又说他哥哥是唐宗室赵国公（后改越国公）李峄的后人，说他侄子李宥是唐之后裔，证实前面有关他必定血统高贵，出身于簪缨世族的推测不算怎么胡说，也与《五灯会元》记契嵩"师字仲佣，俗姓李"相合。大约五代时失国避乱，才改姓定居明州大隐山，到他这一代天下太平，或以原姓重入仕途，或因彼时弘扬文化的皇帝喜欢赐姓，林谘遂为李谘，跟李元昊又名赵元昊相映成趣。又因曾南丰说的"文集二十卷"早从人间蒸发，无法获知更多的证据，但从《全宋诗》里唯一留下的那首《送僧归护国寺》来看，"华寺住经年，归心起浩然。传衣因世出，挥尘自弥天。海客分朝供，江灯照夜禅。赤城重到日，八桂老岩烟"，受主除了其弟林遄外不做第二人想。写作年代方面，又有宋仁宗的大作可做参考，不过姓名自然会做技术性处理，其《嘉祐六年八月十五日赐林悦二首》有云："长林派出下邳先，移入闽邦远更延。忠孝有声天地老，古今无数子孙贤。故家乔木盘根大，新出猗兰

奕叶鲜。上下相承同纪载，三千年所万千年（其一）。郡莆卿家名望族，三仁而下爵王公。存孤实抗回天义，报国常摅贯日忠。德润丰姿人有异，光增谱牒世同无。古今纪载难穷尽，一代强如一代隆（其二）。"能得在任皇帝如此推重，北宋姓林的人里还有谁能当得起？而《宝庆四明志》"卷第十五奉化县志"明确记载："资国院，县西南五里，旧名护国院。唐元和十四年置，皇朝治平二年改今额。有人迹印石上，指文皆具，世传为佛迹。"又有妙峰护国院，"县西十五里，唐中和元年有神人现，遂置寺以天王名之，皇朝治平二年改今额"。两寺相近，同地同名，改额时间亦同，跟夫人庙又属重叠关系，是否为一鱼多吃，大约只有此书最后的修订者徐时栋心里清楚了。不过就算他能活到现在，你去找他探讨，估计也不会有结果，他会据理力争，微笑着告诉你说：人有分身，寺当如之，不亦宜乎？

子侄辈二

与家庭前辈满足于山林隐逸形象的做派相反，在新时代时尚标志岁赐清单与封禅大典影响下长大的李宥，从一开始走的就是传统知识分子所谓正道，即通过科举获取功名。加上有生父林逋这样经史百家皆通的奇才担任专职指导，严加督促，寒窗苦读，自然无往不利，很年轻时就实现了自己向往中的目标。不过考前名字应该还叫林宥，考后皇帝接见时才跟继父一样由林改李，变成了李宥。有关这一点在林逋的《喜侄宥及第》一诗中有明确的表达，"新榜传闻事可惊，单平于尔一何荣！五阶已忝登高第，金口仍教改旧名。闻喜宴游秋色雅，慈恩题记墨行清。岩扉掩罢无他意，但蓺灵芜感圣明"。其中，"五阶已忝登高第"如果前两字不是"吾族"之讹，按宋文官二十九阶进制，从底级起算，五阶当为承务郎，大约是中第后国家的常规封赏。"金口仍教改旧名"，金口者皇帝纶音，旧名者即林宥也。至于这顶进士桂冠戴到头上的确切时间，张安道李公墓志明确说是"祥符中"。然后是毫无例外的一连串让人眼花缭乱的外放内召转官兼任，头衔长得让你一口气念不过来。说起来，这也是古代史官增加历史厚度的不传之秘，如果像今天一样使用简称，二十四史的分量或许会减轻一半。总之，等100年后李焘写《续资治通鉴长编》时，按卷一百四十六庆历四年（1044）条下所记："太常礼院上新修《太常新礼》四十卷、《庆历祀仪》六十二卷；赐提举参知政事贾昌朝编修；龙图阁直学士孙祖德、知制诰李宥、张方平同编修。"则此前是正五品的中书舍人，此后又升学士，混得已经很不错了。而考司马光《涑水纪闻》卷三"庆历五年元旦见任两制以上官"条下，赫然列有"谏议大夫知江宁李宥"。则当年屁股还没坐热即又外放。地方是好地方，六朝旧都，江南名郡，却因系赵宋发迹之地，史臣们一口咬定不是江苏南京，竟是河南商丘。而且好景不长，两年后的王则之乱，让这个原本有着良好仕途的地方大员遭受了灭顶之灾。也是据李焘所言："时营兵谋乱，事觉伏诛。既而火，知府事右谏议大夫集贤殿学士李宥惧有变，阖门不救，延烧几尽，唯存一便厅，乃旧玉烛殿也。"又称"谏官言：江宁，上始封之地。守臣视火不谨，府寺悉焚，宜择才臣缮治之。命司农卿林潍（司天监林逋）代李宥，潍（逋）固辞不行，乃降潍（逋）知袁州（明州）"（《续资治通鉴长编》卷一百六十二庆历八年正月），然后就不明不白地死去了。而真正的历史，却记在建炎四年明州修城获得的石刻上（详前文《庆历年间的幽灵》）。如果说还有什么需要补充，就是对权力的恐惧，因死者不能开口说话，存者就可胡作非为。拿李宥来说，因家族在历史上享有特殊待遇，因此无论墓志还是本传均无生卒和葬址。只称他是李瑜的曾孙，李成的孙子，李觉的儿子。包括墓文的亮点"支出于唐，五世祖鼎，苏州刺史，因家吴；后徙营丘"，在《宋史》里也被改成"唐之后裔，自吴徙青，遂为青人"。与曾经推测的林逋世系比较，则鼎即林鼎，吴越宰相；瑜即林克己，吴越通儒院学士；成即林钊，见《黄贤林氏家谱》；觉即林逋，早年曾有为诸生讲学的经历，见《李宥墓志》（教书事详前文《身世与籍贯》）；逋子名宥，过继其兄；而自宥至鼎不多不少刚好五世。由于这些神奇的事无论葬于山上灵塔的林逋，还是葬于湖底水棺的李宥都不可能听到，更无法为他们所理解，因此再多啰唆也没什么意思。

接下来是南宋初期的国家栋梁、大名鼎鼎的内翰汪藻，绍兴十三年（1143）十二月某日，公事之余在皇城寓所里为侄子汪恺写墓志，说死者一生娶过三个老婆，"初室吕氏，次蒋氏，次李氏。朝散郎赠通奉大

夫吕全，宣德郎蒋珍，中散大夫李演之女，而观文殿学士蒋之奇、枢密使李谘之孙也。皆封宜人"（《浮溪文粹》卷十三《左朝请大夫知全州汪君墓志铭》）。从列出的官阶来看，正妻吕氏家庭背景相当有限，故只到生父为止；后来续娶的那两位，家里可是大有来头，而且越往上越厉害，因此忍不住把爷爷辈的也都请出来了。但作者或许不会想到，这可爱的摆谱在满足家族虚荣心的同时，对真心喜欢林逋先生、不为梅妻鹤子所骗的人，可是大有裨益，即意外获知大隐林氏兄弟（或称李氏兄弟）名下的后代，除《宋史》已经说了的李宥，至少还有《宋史》没说的李演。中散大夫的官阶，以宋制当在正五品以上，按通俗叫法亦称光禄卿，而李宥最后的官方头衔为"朝请大夫守太子宾客判南京留守司御史台柱国平凉县开国伯"，与此不同。此子为李谘后来自己所生，还是林逋实生有二子，以一为嗣，以一自留，嗣者死后复以留者再嗣，以存兄息？考曾南丰《隆平集·李谘传》"李宥"正作"李演"，从前以为是因形近而讹，现在看来情况不是那么简单。《黄贤林氏家谱》也称后代实有二人，"天圣六年卒，其侄林彰（朝散大夫）林彬（盈州令）同至杭州，治丧尽礼。宋仁宗赐谥和靖先生"。家谱既列林彰于林彬之前，则彰为兄彬为弟，对比正史的话，李彰自当为李宥，林彬就是李演。说是他的两个侄儿也没错，不过实出亲生、先后过继罢了。多年的积疑，至此始得消释，范仲淹《寄林逋处士》说的"几侄簪裾盛"，白珽《山居怀林处士》说的"弟侄列朝裾"，梅圣俞《送林大年寺丞宰蒙城先归余杭》说的"独见诸孙贤""几侄""弟侄""诸孙"都是很奇怪的表达，再说按正史他只有一个侄儿，更没弟弟，如今才知均是"子"字之伪，看来为了达到让他绝子绝孙的目的，有关部门也真是拼了。

侄孙辈三

作为正史野史都乐于承认的林逋遗产合法继承人，想象中，林大年的现实形象理应相当丰满，哪怕达不到可以编年谱的档次，至少什么时候生什么时候死应该清楚的。可尽管兜里有国家正式颁发的身份证，生平留下的行迹却并不比父亲李宥清晰多少，这也是多少让人感到奇怪的事情。除了曾南丰说他跟老爸一样是进士，梅圣俞说他当过蒙县主簿，林逋诗集最早是他编的，《宋史》只承认他是宥之子，官至侍御史，其他就不清楚了。好在找到林逋小友强至《林大年殿直金轮院读书有寄》一诗，可以略作补充，诗称"仕到监州兴渐多，人生四十未蹉跎。自嫌朱绂生门调，直要青云取世科。新喜雁名传日下，暂题试笔寄岩阿。山翁只作书生看，不识前呼导玉珂"。其中重点一为大年的年龄，二为林下隐居的山翁，因按朱东润《梅尧臣集编年校注》，梅《送林大年寺丞宰蒙城先归余杭》一诗作于皇祐五年（1053），而从八品副县长到六品殿直（相当于监州，通判，副市长），按现在官场起码得10年，即便古代当官容易，打个对折，也要到嘉祐三年（1058）才有可能。由于此时距祖父李谘辞世已有20年（按前述送僧归山诗，他的死也有问题），距父亲李宥辞世亦已十余年，因此诗里的山翁只能是林逋。换而言之，开宝元年（968）出生的人，到90岁时还活得好好的。又以此为基点倒溯40年推测大年的生年，则当生于天圣七年（1029），即逋逝后次年。又考王安石《临川文集》卷五十，里面保存有任中书舍人时起草的外制，其中《屯田员外郎林大年可都官员外郎制》称："敕某，士之有为者，岂必庆赏而后劝哉。然黜陟者励世之通法，而为天下者所不能废也。尔被文蓄德，从政有声，会课当迁，序官一列，往其励勉，膺此宠荣。可。"这个职位在当时也是正六品，虽然同为郎官，但从外官到内官，总是升迁。以后就是侍御使（品级不明，按金国官制是从五品）。这样，从中第后初任县主簿到最后成为朝廷内臣，一生仕历虽不如老爸的知制诰，更不如爷爷高峰时的权枢密使，但大致轨迹总算是有了。

　　本来以为穿越千年到明州去查户口的事可告一段落，偏偏有个叫李商老的家伙认为工作做得不够细致，意见很大，张安道《李宥墓志铭》确实说他有两个儿子，因正史不载，诸家回避，相当于派出所里没正式登记，不知到哪里去找。此人也真够捣乱的，所生时代早，没法用手机点差评，居然暗中使坏，将一首如同炸弹般的诗偷偷塞进自己的《日涉园集》里，诗题就叫作《林占，处士和靖先生之孙也，与予厚善，今死矣，作两绝句吊之》。诗云："爱君浑似金华客，谓我犹堪供奉班。萧寺愚溪两寂寞，一尊聊复对西山。（其一）""危脆芭蕉何足道，姓名今不

幽谷回音

林逋纪念诗文集

减西湖。茂陵遗稿他年在，曾有书言封禅无？（其二）"这样有意跟正史捣乱的东西，居然逃过宋、元、明三道防线没被发现，不过最终还是在以文字狱与小学功夫著称的满清史官手里栽了跟头。尽管没到销毁文集的程度，但给作者戴个面罩，让人看不清他的真实面容和身世情况，是必须做的工作，因为这直接关系到杭州孤山上优雅的梅妻鹤子的安危。使用的方法还是曾经施于同为逋孙的林洪身上获得成功的那套，即把作者的所处年代尽量往下拉，设置后人研究中的种种疑点，让人感觉作者的说法有问题，进而不敢相信那就更妙了。担当重任者即为四库总部指派的南宋分公司负责人王明清和陈振孙，先让他们分别从文史和版本学的角度提出观点（当然更有可能是被提出），然后再由馆臣通过为作品写提要的方式下结论，相当于发布判决书："日涉园集十卷，宋李彭撰。彭字商老，南康军建昌人。陈振孙《书录解题》以为公择之从孙，王明清《挥尘录》谓李定仲求，以不得预苏舜钦赛神会，兴大狱，彭即其孙也。二说未知孰是。《宋史》不为立传，其行履已不可考。"通过这样一番成功的运作，本来作为逋孙好友、年龄跟二李相仿甚至更大的人，居然已比他们小上了两辈，换而言之，苏东坡的朋友李商老，从此成为黄庭坚的朋友李公择的孙子。尽管如此，要完全无视诗集里那个我们熟悉的形象仍然相当困难，如《过林子幽居》的"我非当世可领袖，君合于今称楷模"；《庐山道中》的"不识西湖林处士，饱闻阴木叫钩辀。茂陵遗藁今应在，索价虽高未肯酬"；《游同安寺》的"云端僧坐夏，遂造林公庐。开图拜遗像，悲叹随卷舒"。也许林逋对他生命的影响力实在太大了，以致在凭吊好友林占的时候，满脑子出现的竟都是他爷爷的形象，也够痴情的了。

相比以上的暗中下手，有关林洪的故事堪称强权政治与市井恶俗完美合作的经典，本来此人只写了本叫《山家清事》的书，也不打算给人看，不过记述家庭祭祀和个人清修片段，短短两千来字，严格说来只是精神笔记，称不上正儿八经的著作。据杨慎《词品》，连现在的篇名也被后人强奸，原先只叫《家山清供》，考黄景仁《题钱舜举画林和靖小像》称"妻梅谩语如可凭，清供家山问谁录？"用的也是"家山"也非"山家"，"清供"而非"清事"，这就更合理了。书

里称和靖为吾翁，并列有家族世系。或许开头一句"先太祖在唐以反，生处士祖逋，寓孤屿，国朝谥和靖先生"就能把人吓个半死，因此犯下泄露国家机密罪，成为义愤填膺的史官们的围剿对象，将原句篡改成"先大祖在唐以孝旌，七世祖逋，寓孤山。国朝谥和靖先生"还不解恨，又使出浑身解数，将他从北宋中期流放到南宋晚期。由于大祖是个什么玩意儿比较费解，下面接着的不是二祖而是七世祖也笔法奇异，可见因字形局限，漏洞尚存，于是又生出妙计，让一个叫韦居安的面目可疑的湖州人编了个段子，放进所著《梅涧诗话》里，然后组织人大肆炒作，号称"泉南林洪字龙发，号可山，肆业杭泮，粗有诗名。理宗朝上书言事，自称为和靖七世孙，冒杭贯取乡荐。刊中兴以来诸公诗号《大雅复古集》，亦以已作附于后。时有无名子作诗嘲之曰：和靖当年不娶妻，只留一鹤一童儿。可山认作孤山种，正是瓜皮搭李皮。盖俗云以强认亲族者为瓜皮搭李树云"。由于此人知名度不够，影响有限，又塞进陈世崇的《随隐漫录》，作诗的无名子也被改成姜白石。考《乾隆泉州府志》卷三三《选举志》"宋特奏名"条下有林洪之名，在政和五年（1115），如晚年得第的话是正宗北宋人。还有施枢《读林可山西湖衣钵诗》称"梅花花下月黄昏，独自行歌掩竹门。只道梅花全属我，不知和靖有仍孙"，李涛《访林龙发》诗亦称"车马喧阗桃李村，谁人复识老梅尊。时中只有梅亭侄，来访西湖处士孙"（二诗均见《两宋名贤小集》），再对比他自己的诗："为怕因诗题姓名，特寻孤处隐吟身。当时只向梅花说，不道梅花说与人"（亦见《两宋名贤小集》，题为《孤山隐居》，"山"或当作"屿"。南宋其地为大内禁苑，连白居易苏东坡祠庙都遭拆迁，如真能在那里寄居，则身份可知），则避世隐身，继承先祖遗风，又有哪里不对头了？而通过这样一番恶毒的污蔑攻讦，假的变成真的，真的变成假的，这就是权力的力量。哪怕日本国帝室博物馆总长股野琢先生光绪三十四年旅行中国时，曾亲眼见到他爷爷和父亲的墓葬，在当天日记里写道，"午餐后，主人吉冈氏诱余乘舫，冲雨至一洲，石桥参差屈曲延长五六百步，结构颇壮。去上孤山巡览圣因寺、俞楼、玉澜阁、苏小小、冯小青、林和靖及其子墓而还"（《苇杭游记——杭州》），研究者也可装作

没看见。更麻烦的是，比今天西湖边的梅妻鹤子威力更强大的，是《宋史》里的本传，已经形成的历史，要想改变基本不可能。因此，说了句真话含冤地下千年的可山先生，别说至今不得平反，只怕千年以后也是枉然。

二 秋风夕阳与梅妻鹤子

——从浙东唐诗之路看刘长卿对林逋诗风的影响

张岗 李建荣

关于宋初"晚唐体"与大历诗风之间渊源关系的论述，前人多有提及，像宋代刘攽《中山诗话》评价潘阆时就有"诗有唐人风格，……仆以为不减刘长卿"的说法；清代王士禛在评价寇准时说道："诗尤多佳句，如：'印锁残阳后，人归迷翠阴。''水穿吟阁过，苔绕印床斑。''众木侵山径，寒江逼县门。'皆钱郎之选也。"认为寇准的诗有大历诗人钱起、郎士元的风格；清代纪昀指出："'九僧'诗源出中唐，乃'十子'之余响"，认为九僧诗人有大历十才子之风；清代吴之振《宋诗钞·和靖诗钞》云林逋诗"搴王、孟之幽，而摅刘、韦之逸"，说明林逋诗有刘长卿之风。

一

刘长卿（709—789），字文房，宣城人（亦有河间、彭城之说），世称刘随州，是盛唐到中唐的过渡人物，是大历诗风最典型的代表作家。

刘长卿的诗长于五律，自称"五言长城"，高棅以其为七律名家。他的诗对后世影响极大，故关注其诗歌创作的古代诗评家也颇多，像明代胡应麟云："诗至钱、刘，遂露中唐面目。"清代叶燮言："或问诗家有宗刘长卿者矣，于是群然而称刘随州矣。"刘长卿的诗留存509首，其中涉及浙东的近50首，是浙东唐诗之路所有四百多位诗人中创作浙东诗数量最多的一位。对照储仲君《刘长卿诗编年笺注》发现，刘长卿的浙东诗大多数是诗人安史之乱后南渡的作品，具有大历诗风的特点。而这些诗歌又以酬赠唱和、送别抒怀、山水风景为主。

林逋（967—1028），字君复，浙江大里黄贤村人，即今浙江宁波奉化裘村镇黄贤村人（一说为杭州钱塘人），后世称为和靖先生，北宋著名隐逸诗人，宋初"晚唐体"的代表作家。史载林逋"性恬淡好古，弗趋荣利"，幼时刻苦好学，通晓经史百家，长大后，曾漫游江淮间，后隐居西湖，结庐孤山，常驾小舟遍游西湖诸寺庙，与高僧诗友相往还。每逢客至，叫门童子纵鹤放飞，他本人必棹舟归来。林逋终生不仕不娶，唯喜植梅养鹤，自谓"以梅为妻，以鹤为子"，人称"梅妻鹤子"。林逋存诗三百余首，后人辑有《林和靖先生诗集》四卷。林逋诗中成就最高的是咏梅诗，八首咏梅诗在宋时即被称为"孤山八梅"，特别是"疏影横斜水清浅，暗香浮动月黄昏"（《山园小梅》其一）一联最为经典，被誉为"千古咏梅绝唱"，也成就了林逋在诗坛的盛名。

二

吴之振认为林逋诗"撷刘、韦之逸"。作为中国古代文论的范畴，"逸"既指行为的遁去，也指精神的超绝，尤指高远脱俗的情思与悠闲自得的情趣，这在两人的诗歌中均有体现。与此同时，也流露出凄清孤寂的情调。

（一）抒发高蹈超然的情怀，表达追慕隐逸生活的乐趣

关于"逸"字，《说文解字·兔部》释为："逸，失也。从辵、兔。兔谩訑善逃也。"段玉裁注云："亡逸者，本义也，引伸之为逸游、

为暇逸。""逸"不仅指行为的遁去，也指精神的超绝，如何晏《论语集解》云"逸民者，节行超逸也"，逸民即民众中节操品行超脱隐逸，不被世俗拘束的人，强调他们品格节操的高尚。"逸"也是中国古代文论的范畴，在皎然《诗式》卷一"辨体有一十九字"条就把诗分十九体，首标"高""逸"。从所举诗例来看，"高"就是"逸"，都指高远脱俗的情思，远离世俗的悠闲情趣以及追慕隐居生活。因此，"逸"的内涵，"是一种精神的象征。它包括人格、心态、思想、意识等，表现为一种安静恬退的操守、悠闲散淡的情怀、玄澹雅致的境界和高远脱俗的韵致"。

　　以刘长卿的浙东诗为例，如《游四窗》："对此脱尘鞅，顿忘荣与辱。长笑天地宽，仙风吹佩玉。"脱离尘世之羁束似乎成了诗人的精神追求，不管能否实现，一种高远脱俗的情趣，洋溢在字里行间。又如《同诸公袁郎中筵宴喜加章服》："白社同游在，沧洲此会稀……鲁连功可让，千载一相挥。"无论是被发而行、逍遥吟咏的董京，还是功成不居、逃归海上的鲁仲连，其节操品行超脱隐逸，不被世俗所拘束，是诗人极为赞赏的隐逸之士，也是一种精神的象征。可是，生活总要继续，不能总是停留在虚无缥缈的憧憬之中。于是，在与友人的送别中寄情于景，流露出作者对隐遁生活的倾羡与向往："山色湖光并在东，扁舟归去有樵风。莫道野人无外事，开田凿井白云中。"（《东湖送朱逸人归》）然而，再美的景色，都比不上"松声伯禹穴，草色子陵滩"（《瓜州驿奉践张侍御公……淮南幕府》）；"寒光生极浦，暮雪映沧洲"（《重过宣峰寺山房寄灵一上人》）。毕竟，那里才是真正的隐居之地。而"剡溪多隐吏，君去道相思"（《送荀八过山阴旧县兼寄剡中诸官》），"沃洲能共隐，不用道林钱"（《初到碧涧招明契上人》）则把隐逸之地和盘托出——也许，到浙东的剡溪、沃洲去，才是最佳选择。当然，诗人对于隐逸生活的向往，有时采用直抒胸臆的方式，如："徒羡扁舟客，微官事不同"（《送崔处士先适越》），"幽意颇相惬，赏心殊未穷"（《登东海龙兴寺高顶望海简演公》），"孤云将野鹤，岂向人间住"（《送方外上人》）。

幽谷回音
林逋纪念诗文集

　　林逋的此类作品以叙写淡泊宁静的生活为主，往往在情味相投的唱和酬侣之间流露出超然物外的心态。如：“兼琴枕鹤经，尽日卧林亭。啼鸟自相语，幽人谁欲听。半阑花籍白，一径草盘青。何必对樽酒，此中堪独醒”（《留题李颉林亭》），“本无高量似阳城，但爱松风入耳声。五亩自开林下隐，一尊聊敌世间名”（《虢略秀才以七言四韵诗为寄辄敢酬和幸惟采览》），“扰扰非吾事，深居断俗情。石莎无雨瘦，秋竹共蝉清。剑在慵闲拂，诗难忆细评。廖然独搘枕，淮月上山城”（《淮甸城居寄任刺史》）。秋竹清蝉，卧林啼鸟，闲云野鹤，松风涛声……诗人善于在寄和赠答中营造一种能够保持精神独立与自由的生活空间，将自守清操、异乎流俗、不求闻达、抱道自乐的洒脱情怀含蓄巧妙地呈现出来，体现了诗人出世独立的隐逸人格。林逋向来以擅长描绘西湖而著称，在其点画下，西湖的山光水色总显得清净动人：“湖上玩佳雪，相将惟道林。早烟村意远，春涨岸痕深。地僻过三径，人闲试五禽。归桡有余兴，宁复比山阴”（《和梅圣俞雪中同虚白上人来访》），“笛声风暖野梅香，湖上凭栏日渐长。一样楼台围佛寺，十分烟雨簇渔乡。鸥横残葑多成阵，柳映危桥未着行。终约吾师指芳草，静吟闲步岸华阳”（《酬画师西湖春望》）。同样写初春季节，无论是残雪初融、春潮暗涨，还是萋萋芳草、婆娑翠柳，画卷中总是散发着一种清逸超迈的情韵，表明诗人仿佛脱离了世俗生活的种种束缚，达到了怡然自得的美学境界。与表达高蹈超然的情怀相适应，林逋在诗中常用典故，使诗歌含蓄凝练、内涵丰富。如：“独有闭关孤隐者，一轩贫病在颜瓢”（《雪三首》），“此中自是蓬莱阙，何处更寻姑射人”（《孤山雪中写望寄呈景山仙尉》），“磻溪老叟能闲气，八十封侯不似无”（《偶书》），“高亢可能称独行？穷空犹拟赖斯文”（《隐居秋日》），“自爱苏门啸，怀贤思不群”（《中峰》），“况有陶庐趣，归禽语夕阳”（《郊园避暑》）。林逋还将很多隐士直接写入诗中，以表达对隐逸生活向往的乐趣。如：“若非求仲至，谁复问栖迟”（《病中谢冯彭年见访》），“几忆山阴讲，兼忘谷口耕”（《寄清晓阇梨》），“忘机亦有庞居士，园井萧疏病掩关”（《寄西山勤道人》），“次山有以称聱叟，鲁望兼之传散人”（《杂兴四首》其三）。也有一些诗运用了直抒胸臆的手法，如：“唯知隐遁为高尚，敢道文章到圣贤”（《小隐》），“悠悠咏招隐，何许叹离群”（《西湖舟中值雪》），“掉臂何妨入隐沦，高贤应总贵全真"（《杂兴四首》其三）。当然，林逋的诗中，最能体现其卓尔不群、遗世独立人格的是咏梅诗。以最著名的《山园小梅》为例："众芳摇落独暄妍，占尽风情向小园。疏影横斜水清浅，暗香浮动月黄昏。霜禽欲下先偷眼，粉蝶如知合断魂。幸有微吟可相狎，不须檀板共金樽。"（《山园小梅二首》其一）众芳摇落，唯有梅花凌寒独开，其高风绝尘、遗世独立的韵致，在梅香与水、梅影与月的多重映衬下，显得更加丰富动人。只要保持高洁的品格与清雅的志趣，无需俗世里的浮华。在林逋的笔下，梅花代表着自由的生存意识、适意的生活环境，它既是诗人自甘寂寞、高蹈超然、遗世独立的人格体现，也是宋代士人自我意识和自主精神的艺术象征，"林逋开启了梅花作为道德人格象征的历史进程"。

（二）描写闲淡清空的自然景色，表达闲雅自得的心态

"逸"也指远离世俗的悠闲情思。刘长卿的浙东诗喜欢描写清空闲淡的自然景色，寻求闲适情趣。如："旧浦满来移渡口，垂杨深处有人家"（《上巳日越中与鲍侍郎泛舟耶溪》），"故驿花临道，荒村竹映篱"（《晚次苦竹馆，却忆干越旧游》），"猿护窗前树，泉浇谷后田"（《初到碧涧招明契上人》），"竹径通城下，松风隔水西"（《寄灵一上人初还云门》）。在描写对象上，诗人似乎更加青睐任意闲散的物象，无论"旧浦""故驿""荒村"，都给人一种散淡悠然之感；在写景的着色上，不用浓烈色彩，让自然景物自身所呈现的淡净之色构成诗境的清幽之美。仿佛只要观览此景，就能领略遁迹室外的放旷与逍遥，就能体会个体生命无所羁绊的愉悦与快感。而《赠微上人》"何时共到天台里，身与浮云处处闲"；《送友人南游》"旅逸同群鸟，悠悠往复还"；《送灵澈上人还越中》"禅客无心杖锡还，沃洲深处草堂闲"；《酬秦系》"最忆门前柳，闲居手自栽"等诗，更是借"闲""悠"等字，将诗人闲逸孤高、恬淡无争的心境和盘托出。这种"闲"，可当作诗人闲适放旷、闲散自由的心理感受，抑或是闲逸孤高、恬淡无争的心境呈示。但无论怎样，都是刘长卿在感悟山水的惬意中忘却俗世烦恼，于宁静的生活中寻求安慰的体现。

林逋以品德高尚、趣味闲雅著称。他在观察和体味景物时，十分细密和深切，因此，那些描写出尘脱俗、远离喧嚣的山水景物诗往往给人一种清淡闲远的艺术美感。如："竹树绕吾庐，清深趣有余。鹤闲临水久，蜂懒得花疏。酒病妨开卷，春阴入荷锄。尝怜古图画，多半写樵渔"（《小隐自题》），"野烟含树色，春浪叠沙稜"（《送皎师归越》），"泉声落坐石，花气上行。"（《送思齐上人之宣城》），"苍苍烟树悠悠水，除却王维少画人"（《和谢秘校西湖马上》）。

这些诗善用白描，多写自然乡野风景，悠然自得，令人神往。而诗人对"闲"字的使用，似乎也是情有独钟，或描摹山水风景，或刻画居室环境。如："瞑目几闲松下月，净头时动石盆泉"（《和西湖齐上人寄然社师》），"萧闲水西寺，驻锡莫忘归"（《送思齐上人之宣城》），"冉冉秋云抱啸台，一丘松竹是闲媒"（《深居杂兴六首》其四），"死生不出千门事，坐卧无如一室闲"（《寄西山勤道人》），"门庭冷落闲中住"（《寄岑迪》），"古郡宽闲且寄居"（《寄薛学士》），"世间绝品难识破，闲对茶经忆古人"（《茶》），"腰间组绶谁能爱，时得闲游是此心"（《淮甸南游》）。林逋不拘形迹，孤高傲世，在清苦的生活中书写着对自由闲适生活的热爱，体味着与大自然亲密相处的和谐圆融。

（三）多用"秋风""夕阳"等意象，营造凄冷孤寂的意境

大历诗人在诗的词语色彩和意象构成方面，有着自己十分鲜明的特色。就刘长卿而言，最喜欢吟咏秋风、夕阳，被誉为"秋风夕阳的诗人"，特别是"秋"与"暮"的出现频率很高，这在其浙东诗中也极为明显。如："秋草行将暮，登楼客思惊"（《同诸公登楼》），"暮帆千里思，秋夜一猿啼"（《贾侍郎自会稽使回篇什盈卷兼蒙见寄一首与余有挂冠之期因书数事率成十韵》），"岸明残雪在，潮满夕阳多"（《送韩司直》），"西陵待潮处，落日满航舟"（《送人游越》），"暮情辞镜水，秋梦识云门"（《送严维赴河南充严中丞幕府》），"对水看山别离，孤舟日暮行迟"（《发越州赴润州使院，留别鲍侍御》），"匹马风尘色，千峰旦暮时。遥看落日尽，独向远山迟"（《晚次苦竹馆，却

忆干越旧游》）。每当秋季来临，黄昏之下，诗人的感受总是尤为丰富，特别是秋季的黄昏，更加引发诗人无限的情思——或触动思乡怀友之情，或激起怀才不遇之感，而"秋天的冷色调与夕阳返照的黄昏，构成了刘长卿诗歌独特的底色，形成凄清、萧索的秋色之调，让人感到寒冷的暗淡秋光，映照出诗人心灵中一个王朝的秋天"。再加上诸如"蝉声""寒禽""猿哀""孤舟""残雪"等带有凄冷、暗淡色彩词语的衬托，使诗境整体呈现出凄清孤寂、萧瑟荒寒的特点。如："草色村桥晚，蝉声江树稀"（《宿严维宅送包佶》），"寒禽惊后夜，古木带高秋"（《秋夜肃公房喜普门上人自阳羡山至》），"谁堪暝投处，空复一猿哀"（《寻白石山真禅师旧草堂》），"晴江洲渚带春草，古寺杉松深暮猿"（《送台州李使君，兼寄题国清寺》），"千里江波上，孤舟不可寻"（《送行军张司马罢使回》），"身随敝履经残雪，手绽寒衣入旧山"（《送灵澈上人还越中》）。

林逋的诗，在景色的描绘中也透露着一股凄冷、萧瑟之气。如："秋景有时飞独鸟，夕阳无事起寒烟"（《孤山寺端上人房写望》），"数家村店簇山旁，下马危桥倚夕阳"（《池阳山店》），"清猿幽鸟遥想叫，数笔湖山又夕阳"（《湖山小隐二首》其二），"疏苇先寒折，残虹带夕收"（《秋日西湖闲泛》），"行人古道上，落日破村西"（《途中回寄闾丘秀才》），"今日凄凉旧春色，可堪烟雨近黄昏"（《春日怀历阳后园游兼寄宣城天使》）。比起刘长卿，类似夕阳、寒烟、古道等冷淡色调词语的使用，林逋有过之而无不及，但林逋似乎更能将秋色、落日、落叶、蝉噪等意象密集地叠加起来，运用在一联甚至半句中，使得萧瑟清冷的感受更为强烈，如："病叶惊秋色，残蝉怕夕阳"（《旅馆写怀》），"池阳渺渺堪垂睫，莫罢秋枝一叫蝉"（《伤白积殿丞》），"牢愁漫惹空阶雨，羁宦闲伤落日春"（《答谢尉得替》），"蝉噪夕阳初"（《寄和昌符》），"落日乱蝉分"（《宿洞宵宫二首》其二）。由此可见，刘长卿对林逋诗风的影响是显而易见的。

三

刘长卿是个隐逸情结很重的人，这跟他生活的时代背景、人生遭际、性格特征有着很大的关系。出生于开元年间自视为洛阳人的他，少年时就在嵩山隐居读书，天宝中已颇着才名，甚至被举子们公推为"棚头"，但屡试不第的状况令他十分难堪，对其心理和性格造成了一定影响。经过多次失败，终于在安史之乱爆发的第三年登第与入仕。或许是社会动乱的原因，入仕不久，他便有了归隐的念头，自言"无心羡荣禄，唯待却垂纶"（《西庭夜宴喜评事兄拜会》）。跟其他大历诗人一样，安史之乱近 10 年的空前浩劫使刘长卿的心理状态发生了明显变化——追忆往昔，恍如隔世，目睹现实，颇多生不逢时之感，热切的仕进欲望为消极避世的隐逸情怀所取代。后来，刘长卿又衔冤入狱，两遭贬谪，其仕宦生涯可谓一波三折。每当诗人受伤的心灵需要抚慰时，隐逸情结都会陪伴他走过人生的低谷——抒发高蹈超然的情怀，表达对隐逸生活的向往。然而，社会的责任感又时时牵绊着诗人的心灵，加上避祸保禄的现实考虑等因素，刘长卿难以与仕途握手作别，不能像林逋那样过隐居生活，做一个纯粹的隐逸诗人，只好在动荡的时世中无奈地选择吏隐的方式获得心灵慰藉。所以，刘长卿的诗频频流露出吏隐的倾向。如《送荀八过山阴旧县，兼寄剡中诸官》称"剡溪多隐吏"，说明在当时，游"唐诗之路"，访剡溪既是文人雅士的久仰之为，剡溪也是众多唐代仕人选择吏隐的绝佳之地。不但因其风光美轮美奂，更在于清幽静谧的环境往往与世俗的扰攘形成鲜明的对照，对于像刘长卿这样企羡隐逸的诗人而言，哪怕是在想象之中，也会感受到萧然尘外的情趣，精神也会得以超脱与自适，高蹈超尘之念也就油然而生了。另外，由于安史之乱，文人多避难江东，所以地方州郡长官与隐士、僧道的交游机会大增，从浙东唐诗之路来看，刘长卿与隐士秦系、朱放，与僧人灵澈、灵一、少微、明契都有诗歌唱酬，这对其诗风"逸"之形成有巨大作用。

与刘长卿亦官亦隐的生活方式比，林逋是一位纯粹的隐士。他早年曾"放游江、淮间"，接触民间，了解人民疾苦，对当时社会有着较深刻的认识。而他主要活动于太宗（976—997）、真宗（998—1022）两朝，虽属盛世时期，但内忧外患，孕育着深深的危机。特别是，宋真宗任用佞臣丁谓大兴土木，劳民伤财，在大中祥符初（1008

年前后），又让其与主和派代表王钦若策划封禅之事，激起了林逋的强烈愤慨，他看不惯这一现实，心存抵制，加上秉性倨傲，便毅然决然晦迹于林壑，"归杭州，结庐西湖之孤山，二十年足不及城市"。所以林逋遁世归隐并不是因为他生性就好隐逸、爱恬淡，并不是完全出于自愿，而是情势所逼，迫不得已，隐逸是他壮志难酬的无奈选择，是消极抗世的一种方式。因此，林逋的诗中有悲苦之音，景色的描绘中透露着一股凄冷、萧瑟之气，而多用"秋风""夕阳"等意象，也就不足为奇了。然而，一旦回归到大自然中，便可在山水中找到知音，找到人性所追慕的宁静与温馨。据《梦溪笔谈》卷十《人事二》云："林逋隐居杭州孤山，常畜两鹤，纵之则飞入云霄，盘旋久之，复入笼中。逋常泛小艇，游西湖诸寺。有客至逋所居，则一童子出应门，延客坐，为开笼纵鹤。良久，逋必棹小船而归。盖常以鹤飞为验也。逋高逸倨傲，多所学，唯不能棋。常谓人曰：'逋世间事皆能之，唯不能担粪与着棋。'"被常人视为孤单、冷清的隐居生活，在林逋看来充满了乐趣，他喜欢吟唱自己的闲适生活与隐逸情怀，喜欢描写闲淡清空的自然景色，所以诗中自然流露出一种闲逸自适的情致，形成了平和闲淡的诗风，并成为林逋诗歌的主体风格。

当然，从文学发展自身讲，诗风的形成与继承，跟文学思想、创作倾向、文学思潮有很大的关系。就刘长卿而言，他创作的浙东诗主要集中于大历（766—779）中至贞元（785—804）中。这个时期，一方面，"当时创作思想的主要倾向，是避开战乱的闲适生活，追求一种宁静闲适、冷落寂寞的生活情调，追求宁静淡泊的诗境"。因此，写美丽的浙东山水，能把景色描写得清空闲淡，因"所见已衰飒，所感复萧条"，"寓人生凄凉之感"，便喜欢用"秋风""夕阳"等意象，营造出凄冷孤寂的意境。另一方面，与创作倾向的转变相一致，文学思想也起了变化。在诗歌领域，趋向于崇尚二谢"高情、丽辞、远韵"的审美标准。高情即"高情逸韵"，"高"和"逸"都是指超脱于世俗之外的情思以及情思中的象外之趣；丽辞指像谢朓那样的丽藻逸韵；远韵指像谢灵运那样的"情在言外""旨冥句中"、文外之旨，即诗中有可以反复体会的情思韵味。这种审美追求是诗歌思想的一个重要

发展，是当时诗人们的共同特点之一。像刘长卿"爱尔文章远"（《送严维尉诸暨》）中的"远"即指诗有冲淡的情趣，有远韵。了解了这些，也就理解了诗人为什么喜欢抒发高蹈超然的情怀，表达对隐逸生活向往的乐趣；为什么善于描写闲淡清空的自然景色，表达闲雅自得的心态。刘长卿诗风的形成与当时流行的文学思潮有着密切的关系。经历了中唐与晚唐前期（825—859），到了晚唐后期（860—907），社会政治经济已到了不可收拾的地步，诗人们普遍带着一种末世的悲哀感，一种无所作为的消沉心态，在乱离的生活环境中，追求平静的心境。他们大量写闲居、垂钓、茶具、酒具、渔具，反映其闲逸生活，追求一种冲淡的无拘束的精神境界，反映出空寂与无聊的心境。有的诗人走向归隐，避世隐居。因此，这一时期诗歌创作的主要倾向是追求淡泊情思与淡泊境界，即远离尘世、远离百虑、超脱尘世的情思与境界，这在司空图《二十四诗品》对"高古"一品的论述中也有体现，他要求作家创作时保持一种超脱于尘世之外的虚静心境。由于司空图的诗歌思想是晚唐诗歌思想的一个高峰，影响极为深远，以它为代表的晚唐文学思想、诗歌思潮不可能不对宋初诗人产生巨大影响。况且，"文风的转变往往是一个缓慢的过程，社会历史的重大转变时期，文风的转变常比政治、经济上的变化慢得多"。因此，如果说林逋的诗风是受到了晚唐文学思想的影响，而晚唐文学思想中追求淡泊情思与淡泊境界的审美标准跟大历时期追求宁静淡泊的诗境，追求高情、丽辞、远韵的审美标准有着一脉相承的关系的话，是否可以说，林逋对于大历诗风的继承，或者说大历诗风对于林逋的影响是巨大的。而刘长卿是"大历诗人'这一群'的代表"，难怪吴之振言林逋诗"摅刘、韦之逸"，看来，古代诗评家早就注意到了刘长卿对林逋诗风的影响。

　　要之，刘长卿与林逋这两位生活在不同时代的诗人，其诗歌创作的时代背景与作家的人生经历、性格特征原本不同，但在对现实愤愤不平，感觉生不逢时、壮志难酬，以及用隐逸的情怀与行动发泄不满、消极抗世等方面又有着极为相似之处，这就使得两人的诗歌在抒发高蹈超然的情怀，表达追慕隐逸生活的乐趣；描写闲淡清空的自然景色，表达闲雅自得的心态；用"秋风""夕阳"等意象营造凄冷孤寂的意境方面，有着极为近似的风貌特征。循着源流正变的历史轨迹，大历初贞元中时期的诗歌创作倾向对刘长卿个人诗风的影响，对晚唐后期诗歌思潮的影响，以及对宋初"晚唐体"的影响，都可看成刘长卿对林逋诗风影响的重要原因了。

参考文献：

1. 竺岳兵.唐诗之路唐诗总集 [M]. 北京：中国文史出版社，2003.

2. 储仲君.刘长卿诗编年笺注 [M]. 北京：中华书局，1996.

3.〔宋〕林逋著.沈幼征校注.林和靖集 [M]. 杭州：浙江古籍出版社，2012.

4.〔元〕脱脱等撰.宋史 [M]. 北京：中华书局，1999.简体字本.

5. 袁行霈.中国文学史 [M]. 北京：高等教育出版社，2005.

6. 罗宗强.隋唐五代文学思想史 [M]. 北京：中华书局，2003.

7. 李红霞.唐代隐逸与文学 [M]. 北京：商务印书馆，2017.

8. 王小兰.宋代隐逸文人群体研究 [M]. 北京：中国社会科学出版社，2013.

9. 孙绍振."疏影横斜水清浅，暗香浮动月黄昏"好在哪里？[J]. 名作欣赏，2010，（10）.